河出昆仑

以水为视角的黄河历史文化回望 上

马吉明 著

清华大学出版社
北京

版权所有，侵权必究。举报：010-62782989，beiqinquan@tup.tsinghua.edu.cn。

图书在版编目 (CIP) 数据

河出昆仑：以水为视角的黄河历史文化回望 / 马吉明著. -- 北京 : 清华大学出版社, 2025. 4. -- ISBN 978-7-302-67796-3

Ⅰ . K292

中国国家版本馆CIP数据核字第2025WA2073号

责任编辑：张占奎　王　华
封面设计：常雪影
责任校对：赵丽敏
责任印制：宋　林

出版发行：清华大学出版社
　　　网　　址：https://www.tup.com.cn, https://www.wqxuetang.com
　　　地　　址：北京清华大学学研大厦A座　　邮　　编：100084
　　　社 总 机：010-83470000　　　　　　　　邮　　购：010-62786544
　　　投稿与读者服务：010-62776969, c-service@tup.tsinghua.edu.cn
　　　质量反馈：010-62772015, zhiliang@tup.tsinghua.edu.cn
印 装 者：北京博海升彩色印刷有限公司
经　　销：全国新华书店
开　　本：170mm×230mm　　印　张：48　　字　数：592千字
版　　次：2025年4月第1版　　　　　　　　印　次：2025年4月第1次印刷
定　　价：198.00元（全二册）

产品编号：100175-01　　　　　　　　　　　　审图号：GS京（2024）2628号

阿尼玛卿雪山——星球研究所特约摄影师 @刘彦斌

黄河源鄂陵湖（远处为巴颜喀拉山脉）——星球研究所特约摄影师 @ 仇梦晗

姜通唐千湾湿地——星球研究所特约摄影师 @李威男

大地乐章,会宁梯田——星球研究所特约摄影师 @ 王生晖

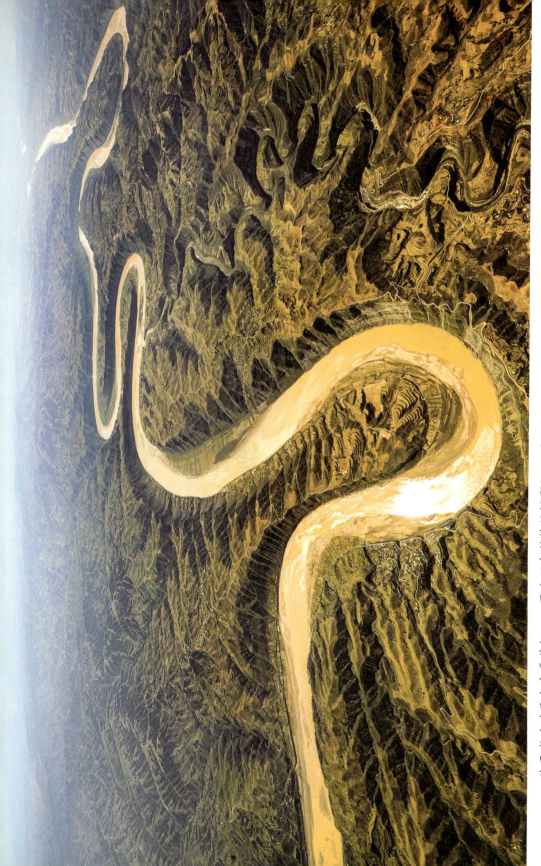

陕西省延川县上空看黄河——星球研究所特约摄影师 @许兆超

陕西黄土高原与渭河平原交汇处的沟壑麦田——星球研究所特约摄影师 @刘锐锋

桃花峪黄河大桥——星球研究所特约摄影师 @焦潇翔

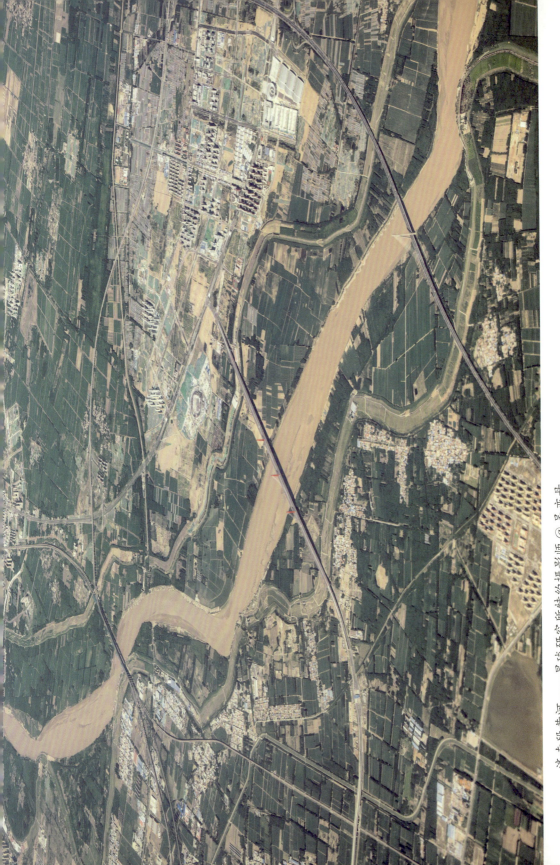

济南段黄河——星球研究所特约摄影师 @吴亦丹

自序

这是以水利人的视角所写的关于黄河文化的一本书,叙述的路线是从黄河源出发,沿河前行,直至入海。

《源远流长——沟洫水利历史文化回望》一书出版以后,得到了一些正面反馈,系里鼓励我再写一些相关方面的书,因而在某种程度上说,本书的写作就成为一项任务,也得到了学校和系里的支持。这是写此书的动力来源。

在如今的学科分类中,水利属于工科,其课程的设置主要以数学力学为基础,外加一些学时并不多的专业课。这无疑是工科的视野,也无可厚非。但水利的本质是"趋利避害",为社会服务,为人类自身服务,并要做到与大自然和谐相处,因而就具有很强的社会属性。再考虑到现今对通识教育的重视,因而能够引导学生加深对历史纵深的了解,拓展知识面,扩宽视野,无论对于学生将来的发展,还是对行业的发展,都有益处。这是我写作此书的初衷。

黄河是中华民族的母亲河,黄河文明是我国的主体文明,本书引用了大量的考古发现,这些无可辩驳的"硬证据",展示着中华民族悠久的历史和灿烂的文化,相信这些内容,可以强烈地增强以水为业的水利工作者的自豪感。黄河文明是河流文明，文明与水相伴生，文中我尽可能地分析了水文地理因素——主要是河流——对文明发展所起到的无可替代的作用。

本书引用了大量黄河流域水利开发的史料，这事实上构成了黄河流域的水利开发简史。诚然，有专门的水利史书，但视点有所不同，我的重点是将这些史料放置于社会背景下，叙述水利开发所带来的巨大社会进步，以及古代著名工程在历史上的继承性，旨在强调水利活动对国家富强和社会进步所起的促进作用，也表现先人在方案优选上的智慧和极远的视野。此外，还有引以为戒和以史为鉴的内容，这是历史所具有的重要功能。

本书有不少篇幅讴歌了现代水利工程。1949年之后，新成立的共和国所取得的辉煌成就之一就体现在水利方面，包括防洪减灾、灌溉供水、引水发电、航运养殖、改善生态等。新中国水利事业的发展，不但是农业的命脉，而且成为国民经济及社会发展的重要支撑。

本书有文学性的描写，如引入了不少诗文，或因其美感，或因其融合于景，或因其通达于情，或因其具有强烈的表现力。与山水打交道的人最需要放歌，可以是浑厚豪放的抒怀，也可以是婉约细腻的低唱，一言以蔽之：诗言志。

行文中，以夹叙夹议的方式写出了自己的一些认识、感悟、看法。之所以写下这些粗浅的观点，在于有"观今宜鉴古"的认识，在于自己有几十年的从业经历，从黄河上游到下游，我走过了许多地方。我希望这些粗浅的认识或观点，能够带来哪怕一点点的启发。因为属于自己的看法，就不一定对，这是需要事先说明的。

有鉴于上述原因，不揣固陋，我以融合"文-史-工"于一体的方式进行叙述，既考虑到水利学科的工科特色，又兼顾文史所特有的魅力，因而，本书默认的读者对象是水利专业的学生及涉水从业者。本书在撰写中规避了工程领域的专业术语，让水利活动变成具体的"事儿"或一个切入点。如果您是文史爱好者，想通过具体的"事儿"或切入点知道一些涉水历史，从而了解水利这个行业、中国大历史与水利的关系以及历史上雄才大略的帝王对水利的重视（其实是国家对水利的重视）。那么本书也适合您的阅读。

本书中引证的古文献难免会给阅读带来一些艰涩感，这些古文材料基本上是作为佐证材料存在的，您将其忽略，则艰涩问题不再存在，且基本上不影响阅读。特别是，每章都进行了分节处理，您随便翻开书，读完一节就可获得一个完整的故事，如此，就容易多了。

从大禹治水至今，水利一直是源远流长的事业。陕西李仪祉先生纪念馆内有一方彩面石刻——善治秦者必治水，善治秦者先治水。言简意赅地突出了治水的重要性。窃以为，这里的"秦"字，可以置换为"国"字，秦的发音，本也是西文"China"的来源。

水惠之于人，其善大焉，又兼及万事万物，故先哲有言"上善若水"。愿源远流长的水利事业能稳步持续发展下去。

个人水平有限，错误在所难免，殷切希望得到各位读者的指教。

马吉明
于清华大学荷清苑
2024 年仲夏

目录

第一章　河出昆仑	1
第二章　河湟浸润，明珠璀璨	23
第三章　从西宁到积石	50
第四章　从刘家峡到河西走廊	83
第五章　贺兰山下阴山前	134
第六章　探步河汾	209
第七章　渭水东流	274
第八章　工程视角之外	335
第九章　三河有证，岁月丰碑	412
第十章　沁水清、丹水清	440
第十一章　嵩岳之下，河洛之间	481
第十二章　水润殷都，泽洽安阳	593
第十三章　大三角洲——千里大平原	630
后记	743

第一章　河出昆仑

河出昆仑说，本出于先秦古籍。张骞通西域后，言所见于阗东流之水注中国河。因博望之说合于经书，故汉武帝命名河水所出之山为昆仑。中国河，黄河是也，中国川源百数而河为宗；昆仑山乃万山之祖，中国第一神山。于是，河与昆仑一体，在中国文化中，在中国人的心中，一直有着极为崇高的地位。诗人言："黄河之水天上来。"穷河源，成为后人的追求。

一、抵达格尔木

感谢现代科技的发展，使我能找出数码照片中所含的信息，时在2009年8月。

在青海考察工程项目，连日来，日程满满，西宁、拉西瓦水电站、龙羊峡水电站、德令哈。前往格尔木，我又坐了大半天汽车，可谓鞍马劳顿。

时在半下午，离吃饭还有些时间，我与几个朋友到街上走了走。格尔木的大街，宽阔整洁，车、人都不算多，可进入一个小市场后，却发现熙熙攘攘。或许是到了人多的环境，有些热，感觉格尔木的太阳距离地面近，紫外线照射强烈，皮肤上有点灼烧感。

回到宾馆，在大厅内看到了毛主席的书法巨照：《念奴娇·昆仑》[①]。我会背这首词，有些触动，因为来到了离昆仑山很近的城市。

[①] 杨金亭主编《中国抗战诗词精选》，北京燕山出版社，2007，第59页。

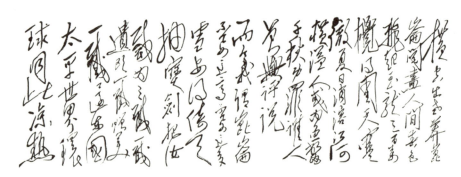

毛主席手书《念奴娇·昆仑》

抵达格尔木后的日程同样安排得紧张，但有一项安排让我颇感兴趣：参观昆仑山 8.1 级地震遗迹。大地震遗迹在昆仑山玉珠峰一带和昆仑山口。水利工程，必然要涉及抗震设计，能看一下震级如此高的遗迹现场，当然很有意义，何况还能看到"万山之祖"昆仑山的真容。或因为有点兴奋，很晚才入睡。

二、玉珠峰与昆仑山口

抵达昆仑山玉珠峰的时间在中午前后。天气晴好，太阳明亮，天穹深邃，显出深蓝色。玉珠峰，海拔 6178 米。

玉珠峰在所行道路左侧的不远处。尽管山势连绵，却无高耸入云的感觉。有人告诉我：山很高，看半山腰之上即有白雪覆盖。

玉珠峰，山峰海拔 6178 米，山前为青藏铁路

玉珠峰标识碑

我四下观察，戈壁状的地表，荒凉而缺少植被，有洪水流过的痕迹，远近都没有雪，唯有玉珠峰的上半部，白雪皑皑，雪线明显。雪线高低对流域产水有重要影响，竖立"玉珠峰"石碑的那一侧，山表裸露，山顶部也无积雪。

这时，有了意外的发现：原来青藏铁路就横亘在玉珠峰前。立时，我的心灵产生了震撼。

玉珠峰前的地面平旷，铁路的路基不高，看起来也无特别之处，何来震撼之感呢？

这有原因。我是学工程出身，深知道，在冻土高原复杂地质条件下，在高海拔缺氧地带修筑铁路所面对的挑战。但是，智慧、勇敢的中国人民高水平地建成了青藏铁路。青藏铁路，连同南水北调、西气东输、西电东送，并称当时中国"四大工程"。这是展示在世界面前的辉煌成就。

从"玉珠峰"碑继续前行,不多远,就有了重峦叠嶂的感觉。与刚才看到的景象不同,只见山顶乱云飞渡,自忖天上必定玉龙飞舞,鳞甲纷纷,让我再次想到《念奴娇·昆仑》诗句:"飞起玉龙三百万,搅得周天寒彻。"

车行的右侧,有相对辽远的原野,不知为什么,又想到了《封神演义》里的姜子牙。"莫非姜太公或于这一带修道?"自忖道。

《封神演义》里,姜子牙学道昆仑山玉虚宫,后奉法旨下山兴周。如今的昆仑山上确实有玉虚峰道场,玉虚峰高5980米;还有西王母"瑶池",一个自然的高山湖泊,湖泊的存在,告诉我们,神话传说中包含着自然地理的真实成分。或也可能,现在的山峰名、湖泊名受到了神话的影响,故二者能够对得上。那也体现了文化的影响啊!

我还在天马行空地乱想时,车停了下来,已经到了昆仑山口西8.1级地震遗迹保护现场,现场竖立有纪念碑。

地震达到8.1级,我想,稍微对震级有了解的人,都会知道其强大的破坏力。此次地震发生在2001年11月14日,是50年来中国发生过的最大地震。只见巨石撕裂、断裂带延及远方,让人感受到大自然不可抗拒的恐怖力量。而在水工设计图上,断层只是轻描淡写的一条线,标以F。查看资料后知道,这里的遗迹,是中国保存最完好的地震遗迹,地表破裂带长度达426公里,最大水平错位6米左右,局部地段出现多条破裂和裂缝[①]。我拍下了照片,其中一幅解释了本次地震的原因:

近300万年来,青藏高原急剧隆升,在昆仑山地区逐步形成颇具特色的地壳结构和构造地貌格局,如今仍发育着强烈的构造运动和地震活动,是地球表面现今构造活动性最强的构造单元……

---

① 田勤俭、张立人、郝平、王赞军、王志才:《昆仑山口西8.1级地震地表破裂参数相互关系的新认识》,《地震地质》2005年第1期,第20-30页。

昆仑山口西 8.1 级地震纪念碑

对昆仑山口西地震的解释和描述的碑文

震慑于大自然威力,我注视着眼前撕裂的巨石,再抬眼远望渐渐隐去的地表断裂带残迹,一言不发……

昆仑山口也有地震残迹。当我站在昆仑山口的时候,觉得处在了一种神秘氛围之中。

标识昆仑山口的石碑,因地震而断裂

此处是在旷野一块平坦的地面,或如篮球场一般大小?在旷野地带,我自认为没有估算距离与面积的能力。其一侧连着山岩母体,另一侧以不太深的沟壑为界。地面散布着多处宗教性质的建筑或雕塑,如白塔、神兽、纪念碑等,许多彩色经幡和白色哈达就系在这些神秘的建筑和雕塑之上。风不停地吹,经幡不停地动。其中标示当地高程的石碑被拦腰折断,底部竖立,上半截则掉落在地上,原样摆放,正是昆仑山口西8.1级地震的残留物。这个碑是怎样受到地震力作用的?为什么会拦腰断裂?我一时不好理解。

公路的标牌上写着当地的高程:海拔四千七百六十七米;标牌下的公路则通向看不见尽头的远方:可可西里,那世界上出名的无人区。

就个人来讲，这是我所攀登过的最高的山。鉴于昆仑山在中国自然、历史和文化上的地位，我心里一时充满了敬畏。在此后的时光里，但凡提起昆仑，敬畏之情即复如初。

三、昆仑，与天帝沟通的神山

昆仑山乃中国第一神山。是历史，是文化，是信仰，是事实。

段义孚在其享誉世界的名作《恋地情结》中指出，把山岳看成天与地融合的地方，在全世界数不胜数，"它是中央之点，是世界的中轴，蕴藏着神圣的力量，人们的魂魄可以沿着它穿越几重天。"在苏美尔，有"通灵塔"，是具体而微小的山；在古印度，有须弥山，其象征为婆罗浮屠等佛塔；在中国与朝鲜半岛，则为须弥山与昆仑山。①

须弥山本是婆罗门教和佛教的术语，佛教大约在公元前后传入中国，此前中国早有五岳崇拜。唐晓峰明确指出，在被五岳崇拜取代之前，昆仑崇拜居于第一的位置，因而昆仑山是人"沟通天帝的第一神山"②。所以许多的古文献，特别是先秦文献，对昆仑山的性质多有述及。只是，人为何需要同天帝沟通呢？主要在于认知能力低下，认为天帝（或神）具有主宰性③，其无所不在，这也就是所谓的"天意"吧。

《山海经·海内西经》这样记述：

海内昆仑之虚，在西北，帝之下都。昆仑之虚，方八百里，高万仞……面有九门，门有开明兽守之，百神之所在。④

所谓下都，就是天帝在下方的都邑，这就为人涉足昆仑留下了空间，

---

① 段义孚：《恋地情结》，志丞、刘苏译，商务印书馆，2018，第104页。
② 唐晓峰：《从混沌到秩序：中国上古地理思想史述论》，中华书局，2010，第110-115页。
③ 代长斌：《人神沟通与人神和处——古汉语词汇中天人观念论之一》，《长春师范学院学报》（人文社会科学版）2009年第5期，第83-85页。
④ 谷瑞丽、赵发国注译《山海经》，崇文书局，2020，第209页。

天地之都邑，必有神奇之处。

唐人所编《初学记》中所引《河图·括地象》之文字，将昆仑的性质描绘得十分清楚：

昆仑山为天柱，气上通天；昆仑者地之中也，地下有八柱，柱广十万里①，有三千六百轴，互相牵制，名山大川，孔穴相通。②

通天地，有柱轴，连山川，这里，作者把整个宇宙看成了一个有机的"结构"，一个统一体，其互为联结，互为"受力"，而维持这个统一体巨大无比的"中心"（就是昆仑山），故曰"天柱"。

昆仑是天帝所都，登之有许多的好处。这个好处在《淮南子·地形训》中总结得很清楚：

昆仑之丘，或上倍之，是谓凉风之山，登之而不死；或上倍之，是谓玄圃，登之乃灵，能使风雨；或上倍之，乃维于上天，登之乃神，是谓太帝之居。③

且不说登上三重，即或是登上一重，有不死之效，足使人向往了。史籍中记述、引用最多的大概是穆天子，穆天子登昆仑山，或有长生的追求吧！古籍的记述，包含了人神沟通的好处，这是驱动力，是表层的东西；深层的东西则是神秘与敬畏，人对未知的东西不可能不感觉到神秘，人不可能没有敬畏之心，这就上升到宗教层次了。依据神话的思想，人需要同天帝沟通。

昆仑山是神山，因而有神话伴之，神话和现实世界发生了联系。英国著名历史哲学家汤因比先生在《历史研究》中指出，神话和宗教意味着创造；著名哲学家罗素则更为明确地指出，斯巴达神话对柏拉图的政

---

① 里为市制单位，1 里 =500 米。
② 《初学记》卷五《地理上》，中华书局，2004，第 87 页。
③ 刘文典：《淮南鸿烈集解》卷四《地形训》，冯逸、乔华点校，中华书局，2013，第 135 页。

治哲学有影响，甚至于神话所赞颂的思想有相当部分转化为卢梭、尼采等的学说①。如此看来，神话对人有启迪作用，尤其是对哲学家有影响，进一步，则对人类思想史有影响。

昆仑山神话，无论在中国神话体系，还是在世界神话体系中，都占有极为重要的地位。在中国，和昆仑山相关联的流传最为广泛、也最为精彩的神话故事，就是"共工怒触不周山"，故事充满了英雄主义的悲情。不周山，即昆仑山。载之于《列子·汤问》：

> 然则天地亦物也。物有不足，故昔者女娲氏炼五色石以补其阙，断鳌之足以立四极。其后共工氏与颛顼争为帝，怒而触不周之山，折天柱，绝地维，故天倾西北，日月星辰就焉；地不满东南，故百川水潦归焉。②

这里，女娲、颛顼、共工等神话人物与昆仑山产生关联，颛顼、共工又不完全是神话人物，颛顼是五帝之一，共工是善于治水的氏族首领，这就拉近了昆仑与人之间的关系。至于"天倾西北"，包含着天文学的知识，地球东转，则日月星辰向西运行，这是相对运动；"地不满东南"，则明确了中国的地势为西高东低，江河东流，海纳百川。这神话，不正是古代天文学、地理学知识的表达吗？

汉武帝元光年间，黄河于瓠子（今河南濮阳西南）决口，二十余年不能堵塞，洪泛四溢，需要再续禹绩，建立奇功。堵河的困难，让汉武帝想到了昆仑，他需要同天帝沟通，希冀上天能够眷顾人间，于是，汉武帝到泰山行封禅之礼，这是帝王的职责。

借助于昆仑而与天帝沟通，为什么要上泰山呢？

---

① 伯兰特·罗素：《西方哲学史》（古代哲学），何兆武译，天津人民出版社，2014，第107-113页。
② 杨伯峻：《列子集释》卷五《汤问第五》，中华书局，1979，第150-151页。

自五岳崇拜代替昆仑崇拜之后,泰山就取得了"五岳独尊"的地位,这是"哲学"上的"扬弃",是对昆仑崇拜思想的继承。

《史记·孝武本纪》:

初,天子封泰山,泰山东北阯古时有明堂处,处险不敞。上欲治明堂奉高旁,未晓其制度。济南人公玉带上黄帝时明堂图。明堂图中有一殿,四面无壁……上有楼,从西南入,命曰昆仑,天子从之入,以拜祠上帝焉。于是上令奉高作明堂汶上,如带图……天子从昆仑道入,始拜明堂如郊礼。①

此段说得明白,按所献之图建一明堂,再上置一楼,天子从西南进入,就进入了"昆仑道",在楼上,就可以祭拜天帝了。"郊礼",就是天子祭拜天帝之礼。

何以要如此呢?昆仑实在是太远了,即便是从西周丰、镐二京算起,中央政权所在地最西也不过是长安、咸阳周边,西周、秦、隋、唐之外,大一统王朝的中央政权都是在"东方",崤函之东。

《穆天子传》:

西王母告周穆云:山去咸阳三十六万里,高平地三万六千里。

《史记》:

昆仑山去嵩高五万里,高万一千里。

如此之高、如此之远,在中原地区选择合适地方以代替昆仑,也实在是没有办法,可归属于"望祭"。望祭,不限于昆仑,名山、大川、五岳、四渎,都有望祭。

此处愿多述一句,留下与上天沟通的渠道,其思想在后世也得到了继承,个人认为,天坛就是明证。天坛在天安门之南,在南郊祭天,是文化遗存。

---

① 《史记》卷十二《孝武本纪》,中华书局,1982,第480页。

或因汉武帝的虔诚，封禅泰山之后，汉武帝亲临瓠子黄河决口处，顺利地堵上了黄河决口。功成之后，筑宫堤防之上，号曰宣房宫，《史记》记载详细，"自是之后，用事者争言水利"即出于此，汉武帝时期，水利因此一场治水大役而大兴。

以上种种，使得昆仑为万山之祖、海内第一神山的说法有了依据，祭拜昆仑的神效也得到了验证。元朔三年（公元前126年），张骞出使西域归来，他向汉武帝报告了所见到的现象：

河出昆仑。

四、黄河与昆仑山的关系渊源

河出昆仑，本出于古书的记载。《山海经》曰：

西南四百里曰昆仑之丘，是实惟帝之下都……河水出焉……[①]

晋人张华在《博物志》中给出了河、江、济、淮之源，同样认为河出昆仑：

四渎河出昆仑墟，江出岷山，济出王屋，淮出桐柏。[②]

《山海经》河出昆仑之说，经由《水经注》的引证，说得更具体、更明白。《水经注》：

山海经曰："昆仑墟在西北，河水出其东北隅。"尔雅曰："河出昆仑墟，色白，所渠并千七百一川，色黄"。[③]

汉武帝建元三年（公元前138年），为了联合大月氏夹击匈奴，张骞奉旨出使西域。经过13年艰苦卓绝的努力，张骞回到长安，向汉武帝报告了他所看到的河流状况，《史记·大宛列传》记下了这一

[①] 吴任臣：《山海经广注》卷二《西山经》，栾保群点校，中华书局，2020，第85页。
[②] 张华：《博物志校证》卷之一《水》，范宁校证，中华书局，2014，第11页。
[③] 郦道元：《水经注校证》卷一《河水》，陈桥驿校证，中华书局，2007，第2页。

史实：

于寘①（tián）之西，则水皆西流，注西海；其东水东流，注盐泽（今罗布泊）。盐泽潜行地下，其南则河源出焉。多玉石，河注中国。②

于寘即今日之和田；河，为黄河的专称。于寘之东水东流，是观察到的事实；认为其归于黄河，则是一种想象。张骞持此想象之说，盖因黄河在先秦之前，已奠定了在川源中的尊位。川源最著者，四渎，而河为四渎之宗。此外，还基于罗布泊的水位保持稳定。古人无法解释，为什么东流之水入罗布泊，而罗布泊冬夏不减。

《汉书·西域传》：

其水（盐泽）亭居，冬夏不增减，皆以为潜行地下，南出于积石，为中国河云。③

既然盐泽水位稳定（亭居），冬夏不减，所注东流之水哪里去了？于是，潜行地下，南出积石就成了合理的解释④。

在张骞通西域路线图中，标示出了葱岭、昆仑山脉、于寘的位置。鉴于张骞通西域的大功，汉武帝封其为博望侯，"因前使绝国功，封骞博望侯"（《史记》），后人多以博望侯尊称张骞，而"凿空西域"，则成为中国历史上彰显博望侯功业的专有用语。这事实上是一种探险，西方人在撰写世界探险史时，张骞是浓重的一笔，称这是中国人对西域的发现，具有世界意义的商道南线主要基于张骞的开拓，开拓出了两条国际

---

① 引文中有"于寘"和"于阗"两种写法，忠实于原文。
② 《史记》卷一百二十三《大宛列传》，中华书局，1982，第3160页。
③ 《汉书》卷九十六《西域传》，中华书局，1962，第3871页。
④ 此处之积石山与青海、甘肃交界处的积石山不是一回事，后者一般认为是《禹贡》"导河积石"的积石山，为区分，称后者为小积石山。传说小积石山是大禹导黄河治洪水的最上游。今甘肃有积石山县。

交通线,即"从东方的中国通往中、西亚各国的伟大的丝绸之路"①。

河源之博望之说,影响深远。

张骞通西域路线图②

当时的人们需要通神,而沟通天帝的任务只有天子才有资格担任,这是从西周起的天子特权,是所谓的"周礼"。《东周列国志》中写有秦伯、鲁侯僭用郊禘的事,平王知之而不敢问,成为王室日益卑弱的标志性事件,由此推知,连诸侯都不具有祭祀天帝的资格,遑论一般人同天地的沟通。张骞的见闻,使经书的记载得到了证实,中国人心中占据第一位的"河"出自第一神山,黄河也可以称为神河吧,无疑加重了此山、此河在汉武帝心目中的地位。或因之吧,《史记·大宛列传》这样记述:

而汉使穷河源,河源出于寘,其山多玉石,采来,天子案古图书,名河所出山曰昆仑云。③

这句话,简单来理解就是,汉武帝结合汉使(张骞)的讲述,以古书为根据,将河源所出之山命名为昆仑。这是权威性的命名,是影响深

---

① 约·彼·马吉多维奇:《世界探险史》,屈瑞、云海译,海南出版社,2006,第8页。
② 郭沫若:《中国史稿地图集》上册,中国地图出版社,1996,第33-34页。
③ 《史记》卷一百二十三《大宛列传》,中华书局,1982,第3173页。

远的命名。

郭世谦先生于《山海经考释·凡例》①中说：

《山海经》一书各部分所反映时代虽然不同，然全系先秦旧籍……尤其汉武时通西域，以西域河为黄河，名于阗南山为昆仑，影响甚巨。

无论中国古籍中在昆仑上有多少附会，昆仑的位置有多不确定，但不能不承认汉武帝的权威性，他使用的是命名权，河所出为昆仑。至此，确定了昆仑的位置。事实上，如今的昆仑山脉，沿袭了汉武帝当年的命名。"该山脉西起帕米尔高原东部，横贯新疆、西藏间，伸延至青海境内，全长约2500公里，平均海拔5500～6000米，宽130～200公里。"②

博望侯首穷河源，可河源到底在哪里？后人如何看待博望侯之说？这是需要继续探究的问题，是个科学问题，与山的命名不是一回事。

《河源志》说元朝之前本无河源志③。官方组织考察队，对黄河进行官方探源工作，是在元世祖忽必烈时期。此次探源取得了非常大的成绩，认为星宿海即为黄河源——非常接近现今的看法，今日之河源，是在星宿海区域选定一条河流——玛曲，西延、确定出源点，立下河源碑；此外，元朝探源一并给出了黄河的主要经行路线，尤为可贵的是指出"细黄河"水流已浊，可使今人推知当时水土流失状况；"绕昆仑之南""复绕昆仑之北"的描述，与今日地图上所表示的黄河主流路径完全一致，此是在群山万壑中辨认主流、画出图本，对古人，殊是不易。《宋史·河渠一》的记载如下④：

---

① 郭世谦：《山海经考释》，天津古籍出版社，2012，凡例第1页。
② 陈文俊：《历代诗人咏洋州》，三秦出版社，2018，第3-4页。
③ 潘昂霄：《河源志》，载李修生主编《全元文》卷九一七，江苏古籍出版社，1998，第294-296页。
④ 《宋史》卷九十一《河渠一》，中华书局，1985，第2255-2256页。

第一章 河出昆仑

　　黄河自昔为中国患，《河渠书》述之详矣，探厥本源，则博望之说，犹为未也。大元至元二十七年，我世祖皇帝命学士蒲察笃实西穷河源，始得其详。今西蕃朵甘思南鄙曰星宿海者，其源也，四山之间，有泉近百泓，汇而为海，登高望之，若星宿布列，故名。流出复潴，曰哈剌海，东出曰赤宾河……其水犹清，骑可涉也。贯山中行，出西戎之都会……所谓"细黄河"也，水流已浊。绕昆仑之南，折而东注，合乞里马出河，复绕昆仑之北，自贵德、西宁之境，至积石……东北流至兰州……绕朔方……折而南，出龙门，过河中，抵潼关。东出三门、集津为孟津，过虎牢，而后奔放平壤。

　　元朝探河源重要的原因，是元世祖想在河源处营建一城市，中外互市，互通有无，物、贡循水路直达京师，成就一番前无古人的繁荣事业。这在之前，没有可能，因为河源属于"域外"，而今则在一统政权的域内，可以进行此设想。元朝《河源志》曰①：

　　世祖皇帝至元十七年（此处与《宋史》有别），岁在庚辰，钦承圣谕（自注：疑钦当为亲），黄河之入中国，夏后氏导之，知自积石矣，汉唐所不能悉其源，今为吾地，朕欲极其源之所出，营一城，俾番贾互市，规置航传。凡物贡水行达京师，古无有也，朕为之，以永后来无穷利益。

　　笃实以招讨使之身，佩戴金虎符前往探河源，足见朝廷的重视。据载，笃实知悉诸国语言，元世祖可谓知人善任，故能有所成功。之后，人多将星宿海为河源的功劳归之于笃实。

　　其实，唐朝之前，人们已经知道星宿海为河源，只是没有志之。《新唐书》中述及有关河源的用词颇多，如贞观九年（公元635年），李靖、

---

① 潘昂霄：《河源志》，载李修生主编《全元文》卷九一七，江苏古籍出版社，1998，第294-296页。

侯君集、李道宗等征吐谷浑，经过一个月的奋勇追击抵达河源区扎陵湖。《新唐书》载[①]：

> 君集、道宗行空荒二千里，盛夏降霜，乏水草，士糜冰，马秣雪。阅月，次星宿川（今星宿海），达柏海（今扎陵湖）上，望积石山，览观河源。

无怪乎《昆仑河源考》认为，唐师征吐谷浑，追亡逐北之期，望积石、观河源，"此必前人有是说，故因经行而一观之，不然何以知其为河源而从容驻师以眺望之载？"

看这段文字，让人想起汉大司马骠骑将军霍去病追击匈奴的河西之战。李靖、侯君集、李道宗的西击吐谷浑之战，再现了当年大汉铁骑的雄风，"行空荒二千里"，极具动态，似看到了万马奔腾。至于"望积石山，览观河源"的场景，则是一种胜利之后雄师列阵的沉寂、安静，同时则蕴含着一种可随时迸发的强大势能。

贞观十五年（公元641年），文成公主从长安出发远嫁松赞干布，前往拉萨，持节护送的是江夏王李道宗。途经柏海，送亲队伍在此"筑馆"等待。"弄赞率兵次柏海亲迎，见道宗，执婿礼甚恭。"（《新唐书·吐蕃上》）。松赞干布在此亲迎文成公主，这是在河源举行的具有巨大历史意义的迎亲礼。

清朝河患愈重，所以康熙、乾隆两朝再探河源，"有清首重治河，探河源以穷水患"，目的性很强。

乾隆年间探河源，"西踰星宿更三百里"向星宿海上游方向，再延伸了三百里，这是新的成果。清朝人承认了元朝人的初探成果，却又认为这是重源，仍保留《汉书》张骞通西域后的旧说，有些矛盾。《清史稿》

---

① 《新唐书》卷二百二十一上《西域列传·吐谷浑》，中华书局，1975，第6226页。

记述如下①：

  圣祖初，命侍卫拉锡往穷河源，至鄂敦塔拉，即星宿海。高宗复遣侍卫阿弥达往，西逾星宿更三百里，乃得之阿勒坦噶达苏老山。自古穷河源，无如是之详且确者。然此犹重源也，若其初源，则出葱岭，与汉书合。东行为喀什噶尔河，又东会叶尔羌、和阗诸水，为塔里木河，而汇于罗布淖尔（今罗布泊）。东南潜行沙碛千五百里，再出为阿勒坦河。伏流初见，辄作黄金色。

  清人持重源的态度，乾隆的意见很关键，谕曰：②

  今复阅《史记》《汉书》所纪（记）河源，为之究极原委，则张骞所穷正与今考订相合，有岂可没其探本讨源之实乎？

  凡蒙古地名人名译对汉音者，均照改定正史，详晰校正无讹，颁布刊刻，并录入四库全书，以昭传信。特谕，钦此。

  乾隆态度如此明确，恐怕有深层次的原因。

  《汉书·沟洫志》载："中国川原以百数，莫著于四渎，而河为宗。"如果单纯采纳最新的探源成果，即西逾星宿更三百里为黄河源，则会丢掉和田至罗布泊东流之水，同时也会一并丢掉从罗布泊至昆仑山南"伏流初见"这一段，如此黄河就要失去约四千里的长度。清人入主中原有年，以正统自居，必然奉河为宗。昆仑与河一体，有利于疆域的扩大与统治，岂愿丢掉汉武之钦定的结论？这在需要上、感情上都做不到。何况，"患有不可胜言者"，大河变短了，何以对天下圆说河患之多、之频、之重？何以治河比过去更加艰难？

  后乾隆年间礼部侍郎齐召南所撰《水道提纲》③，还是写明了"黄河

---

① 《清史稿》卷一百二十六《河渠一》，中华书局，1977，第3715页。
② 《东华续录》（乾隆朝），清光绪十年长沙王氏刻本，第2223页，中国基本古籍库。
③ 齐召南：《水道提纲》上册，胡正武点校，国家图书馆出版社，2017，第57-123页。

源出星宿海西巴颜喀拉山之东麓，二泉流数里合而东南，名曰阿尔坦河①（今玛曲），星宿海西阿尔坦河之"本源"，乃"真河源也"！这已是今天认可的最终成果。

我不知道乾隆是如何接受《水道提纲》"真河源也"这几个字的，大约还是《清史稿》的解释：黄河之初源，出自葱岭；而阿尔坦河之源，只是重源。

这里也需着重指出，《水道提纲》同时载明："巴颜喀拉山即古昆仑山，其脉西自金沙江源。"如此，一道昆仑山，两处黄河源，黄河与昆仑山仍为一体。

清《水道提纲》截图

清末民初，有"学者第一人"之誉的郦学大家杨守敬先生同样坚持博望旧说，"言河源者，当以《汉书西域传》为不刊之典"②。

---

① 《水道提纲》用"阿尔坦河"，《清史稿》用"阿勒坦河"，均为蒙古语音译。《清史稿》为民初所编，晚于《水道提纲》。

② 杨守敬、熊会贞疏，杨甦宏、杨世灿、杨未冬补：《水经注疏补》上编卷一《河水一》，中华书局，2014，第1页。

但，谬误的归谬误，文化的归文化，科学的归科学。

显然，罗布泊的水伏流两千多里，复出而为黄河源是不可能的。

在科学昌明的时代，以科学精神"穷源"是必须的。

和田、罗布泊、黄河源位置示意图

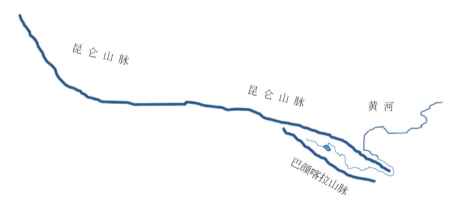

昆仑山脉、巴颜喀拉山脉和黄河位置示意图

黄河源一带本是一片湖沼之地，溪流纵横、小湖星罗棋布，到底什么地方算河源，追求"源点"到流量趋近于"零"的点也确是"难点"，必须听从权威部门的解释。

河源区示意图（据《关于黄河源头的界定》① 改绘）

  1936 年出版的《黄河志》②说"黄河干流自西北高原东流入海，全长四四七三千米，源出青海巴颜喀拉山东麓噶达素齐老峰之下"，此生疏的"噶达素齐老峰"即《清史稿·黄河》中"噶达苏老山"③；为配合南水北调西线的查勘测量，1952 年黄河水利委员会黄河河源查勘队确认历史上的玛曲就是黄河正源。玛曲，藏语，孔雀河的意思，一个美丽的名字。

  水电部〔73〕水电水字 100 号文件中，对黄河源的提法是"黄河发

---

① 王玲等：《关于黄河源头的界定》，《人民黄河》2009 年第 1 期，第 12-14 页。
② 侯德封：《黄河志》第二篇，国立编译馆，1936 年，第 2 页。
③ 《清史稿·黄河》中"噶达苏老山"疑应为"噶达苏齐老山"。在《清史稿》中，同样是述及查河源一事，《清史稿·博灵阿》中有更为详细的解释，原文如下：乾隆四十七年，高宗命侍卫阿弥达诣西宁祭河神，再穷河源。还奏："星宿海西南有水名阿勒坦郭勒，更西有巨石高数丈，名阿勒坦噶达素齐老。蒙古语'阿勒坦'为黄金，'噶达素'为北极星，'郭勒'为河，'齐老'石也。崖壁黄金色，上有池，池中泉喷涌，酾为百道，皆黄金色。入阿勒坦郭勒，回旋三百余里，入星宿海，为黄河真源。"另在《水道提纲》中用的是"噶达素七老"，见文中截图小字注释。

源于约古宗列曲①(玛曲)"②。

1978年青海省人民政府和青海省军区经考察后,建议将卡日曲作为黄河的正源。

1985年,黄委会根据历史传统和各家意见确认玛曲为黄河正源,并在约古宗列盆地西南隅的玛曲曲果,东经95°59'24",北纬35°01'18"处,竖立了河源标志。③

这是黄河流域管理机构黄河水利委员会的认定,也就是官方的认定。

1999年,在黄河发源处竖立了"黄河源"碑,花岗岩材质,由时任总书记江泽民题字。碑体高1999毫米,表示1999年立碑,碑厚546.4毫米,隐含着黄河干流长度④。

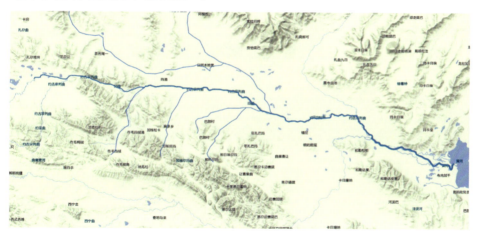

黄河源区地形示意图

---

① 藏族有民歌:"黄河水从哪里来?约古宗列;约古宗列曲的老家在哪里?雅合拉达合泽。"雅合拉达合泽属巴颜喀拉山脉,主峰海拔约5440米。(张含英:《征服黄河》,中国青年出版社,1955,第6页。)
② 王玲等:《关于黄河源头的界定》,《人民黄河》2009年第1期,第12-14页。
③ 黄河志编纂委员会编《黄河志》卷二《黄河流域综述》,河南人民出版社,2017,第24页。
④ 陈维达、彭绪鼎:《黄河源碑竖立玛曲曲果》,《人民黄河》1999年第11期,第30页。

至此，河源确定①。

水流本是由"扇形面"上积聚而来，这是流域的概念。从昆仑山脉和巴颜喀拉山脉走向和黄河源的关系来看，以大尺度的眼光来考察，黄河源处于巴颜喀拉山脉北麓和昆仑山脉南麓所构成的流域之间，更何况，乾隆年间认定巴颜喀拉山就是古昆仑山。

黄河源地区为带状盆地地貌，平均海拔4473米，盆内地势平坦，盆缘山势险峻②，处于青藏高原，为我国地势的第一级阶梯。河水劈开重峦叠嶂，连接起独立的古湖，穿过二十余个峡谷，流过沙漠平原，跨越三大阶梯③，终于形成一条从青藏高原直到太平洋的雄浑大河，成为哺育中华民族的伟大河流。

到此，我们可以明确说：

河出昆仑！

---

① 关于河源，2008年又有新进展，认为卡日曲为黄河正源，比原勘定的河长36.54千米，发源于青藏高原巴颜喀拉山脉塔鄂热西北2.2千米处，即"日嘉玛治赛"山处，行政隶属为青海省玉树州称多县扎朵镇。这是科学考察团的结论，未看到官方的确认文件。

② 钱程等：《基于ASTER-GDEM数据的黄河源地区构造地貌分析》，《中国地质》2012年第5期，第1247-1260页。

③ 陈梧桐、陈名杰：《万里入胸怀·黄河史传》，华东师范大学出版社，2019，第21-33页。

第二章　河湟浸润，明珠璀璨

河出昆仑，沿途接纳涓滴细流，在崇山峻岭间蜿蜒切割，百折不挠，终于形成一条巨龙，以排山倒海之势，呼啸向前。河里的每一滴水，原本都借太阳之力来自大海，它们要凭借自身之力再回归大海，完成生命的轮回，如此永不停息。大河呼唤着支流，支流呼应着大河：湟水、大通河……在互相召唤的过程中，这些河流在祖国广袤的大西北，勾勒出了一幅美丽无比的图画，称为"河湟地带"。这一水草丰美的地带，是黄河上游一处重要的文明发祥地，这里有传颂久远的美丽故事，有映衬天光云影的高原水库，有芳香醉人的青稞美酒，还有绚丽多彩的"花儿"……

一、抵达西宁

中午从北京机场出发前往西宁，飞机上发了简单的午餐，很快，人们开始休息。我在旅途中很难睡着，于是，戴上耳机听音乐。靠窗户坐着，顺便"背负青天朝下看"，天气晴好，几无云层，下方一览无余。

从北京直飞西宁，不知道飞行的具体路线，总体的印象是飞机多在崇山峻岭的上空飞行，所经历的绿色平坦的地方少，途经山岭多呈现出棕黄的色调，表明地面植被状况较差。推测飞机起飞不久就进入了胡焕庸线的西侧。在如今以绿色为美的今天，很难说鸟瞰到的干旱半干旱地貌是一种美丽。

或因离发动机比较近，那耳机中的音乐也似带着一种轰鸣，没什么悦耳的感觉，索性摘掉耳机，专注自己的心思。说来也怪，那发动机的轰鸣居然不知去向，而脑子里则开始自伴自唱：

我家住在黄土高坡，大风从坡上刮过，
不管是西北风还是东南风，都是我的歌，我的歌……

顺利飞到西宁，还没有来得及辨明方向，就随人流出了机场。

机场有人接。刚上车，接待方就热情地开始介绍西宁的名片、西宁的特色，比如：是避暑的好地方，有"中国夏都"之称，尤其是羊肉好等。

到宾馆住下，时候尚早，于是，我来到旅馆门口，想先看看"大美青海"的街景。"大美青海"的用语，见于央视报道、机场广告等地方。

旅馆的门厅高于地面不少，因而能以俯视的角度观看楼前的道路。这显然是一条主要交通道，路上车流密集，再加上天气已经转阴，有下雨的迹象，人们的行色更为匆忙。街道两边，高楼林立，招牌纷杂，多有霓虹装饰……初来乍到，对西宁尚不了解，单就旅馆一带来看，未看出什么特别的地方，街景与北京大体相同。

在此借题发挥一下，中国的城市多以"古城"自诩，是一份骄傲，西宁也不例外，但从城市风貌来说，即或是北京，也只是一个现代化的大都市，很难说保存了多少历史的色调，省会一级的城市就更不用说了。若由此来衡量，国人在保护古建筑、古文化遗存方面，确实更该下一番功夫。

二、古老的地方、古羌族的活动中心与"禹生石纽"

西宁，单从名字直观理解，就知道是一个有历史、有故事的地方。边陲重镇，名称大多含有历史的寓意。纵览中国历史，消弭西部边患一直是令中原政权头疼的事。为了"西陲安宁"，地处"西海锁钥"的西宁，逐渐发展成了一个重要的所在，不但是交通要冲，也是军事要地，再渐渐变为地方重镇。若从黄河文化的角度来考虑，这里是黄河上游文化荟萃之地。九曲黄河，文化是一个整体。

确实，西宁一带是历史文化悠久的地方，古称"羌戎之地"，也谓之湟中。湟中之谓，即与河流发生了联系。湟水在西、北、南三个方向，汇集流域产水，独开一面东向寻找黄河，最后融入黄河，使自己有了奔向大海的力量。同黄河的其他一级支流一样，湟水及湟水的支流旁，最早汇聚了择高地而处之的先民，于是诞生了傍河地带的文明之光，因而今天的人们，在河湟地带发现了星罗棋布的历史遗迹、历史遗存：有新石器时代的，有青铜器时代的……可谓是丰富而多彩。

西宁一带，有各类遗址达 170 余处[1]，如闻名遐迩的朱家寨遗址。朱家寨遗址，听起来像个普通村子的名称，可它实在是不普通，这个地处西宁的考古文化遗址，是一处著名的仰韶晚期文化遗址[2]，是 1923—1924 年，由瑞典学者 J.G. 安特生（J.G. Andersson）发现的，也是他在中国主持发掘出的面积最大的一处文化遗址。1923—1924 年，安特生在甘肃的考古发现成果颇丰，同期他还发现了马家窑文化（曾称甘肃仰韶文化）、齐家文化等，后安特生写下了《甘肃考古记》（Archaeological research in Kansu）。

朱家寨遗址对安特生的人生历程影响非常大，这里转引他在《黄土地的儿女》（Children of the Yellow Earth）中的一段话："西宁河谷朱家寨遗址丰富而又独特的发现，是我人生的重要转折点。它使我决定在甘肃多留一个夏天，它也是一连串伟大考古发现的开端，正是这许多的伟大

---

[1] 许淑珍：《西宁地区的古代文化与考古研究》，《青海社会科学》1995 年第 6 期，第 80-83 页。

[2] 李贝、栾丰实：《安特生甘青史前考古的实践与价值》，《甘肃社会科学》2019 年第 2 期，第 175-182 页。

发现，使我完全放弃地质工作而把我的余生献给考古研究。"①引文中出现的省名为甘肃，是因为青海是后成立的，青海建省于1928年。

大禹陵的石纽碑

西宁一带，秦汉之前，为古羌族活动的中心地带。羌族是中华民族中的重要一员，在历史的长河中，不乏高光的时刻。在中华民族形成的历史过程中，羌族有着非常大的贡献，有材料认为，大禹就可能为羌族。2007年，著名史学家李学勤先生在四川北川羌族自治县举行的"全国大禹文化学术研讨会"上，就根据材料谈到过"禹生石纽"的故事②，石纽

---

① 李贝、栾丰实：《安特生甘青史前考古的实践与价值》，《甘肃社会科学》2019年第2期，第175-182页。
② 李学勤：《禹生石纽说》，载《中华古代文明的起源：李学勤说先秦》，生活·读书·新知三联书店，2019，第94-98页。

在哪里[①]? 其一说就是北川。于今我们诚然没法判定大禹是否属于古羌人,但阅读古代材料,重要的是发掘其历史价值、文化意义和现实价值。从"禹生石纽"说,我们可读出中华民族间的融合信息,因而大禹就能成为民族团结的象征,能成为凝结民族向心力的纽带。民族融合,是中国历史进程中不容置疑的事实,整个湟水谷地,正是汉、藏、蒙、土、回、撒拉等众多民族一代代繁衍生息的地方。兄弟民族是一家,民族团结,是中华民族伟大复兴的重要保证。

大禹陵禹穴与石纽说明碑

既然是古代的边陲之地,就不免上演一幕幕的战争场面。这里有西汉名将霍去病痛击河西匈奴的刀光剑影,有东晋十六国时期走马灯似的民族政权更迭,有唐初李靖、侯君集、李道宗追击吐谷浑的战马嘶鸣……"河湟何计绝烽烟,免使征人更戍边。"霍去病初筑西平亭,为西宁之始。西陲安宁,成了一种期盼。

西宁,曾归属凉州管辖(首府在今武威),让人想到人们熟知的王之涣的《凉州词》:

[①] 宁夏青铜峡大禹文化园资料认为,石纽在河南。

其一

黄河远上白云间，一片孤城万仞山。
羌笛何须怨杨柳，春风不度玉门关。

其二

单于北望拂云堆，杀马登坛祭几回。
汉家天子今神武，不肯和亲归去来。

《凉州词》是当时流行的一种曲子，不是诗题，也不关乎地名。王之涣词中描述的内容，空阔辽远，悲怆苍凉，充分展现了古代边塞的"大场面"，那就把它"赋予"边陲前哨鄯州（西宁）吧！有几分契合：西宁属于黄河流域，诗中点明了黄河；西宁三面皆山，环山而俯视之，不就是流水绕"孤城"吗？诗里有"和亲"的字眼，文成公主西入吐蕃和亲，成就汉藏间一段佳话，公主泪别汉家江山的地点就在西宁附近的日月山。

三、明珠璀璨、高原创业史

第二天，从西宁出发，前往拉西瓦、龙羊峡水电站。

行文及此，我的思绪首先回到了小学阶段。父亲的硬皮笔记本内有彩色插页，内容是青海的电力建设，我经常翻看。带着这样的思绪，我找到了记录此次青海旅行的PPT：《青海纪行》。十多年前，我用PPT写下简单的旅行摄影文稿，文稿的第一页上写道：

2009.8.24—2009.8.31，我到青海去了一趟，目的是考察太阳能光伏发电与水电的结合。这是我第一次去青海。记得小时候常看父亲的笔记本，其中有一幅插图，表现的是青海省架设高压输电线。当时尚不知青海在何处。没想到，这次的工作竟与青海的电力建设有关。

小时候的记忆是那么的牢固，动笔写青海的旅程，居然先想到了小时候。人之生命历程是一条连续的曲线，不自觉忆及"相关"的"画面"，也可理解吧。

汽车在高速公路上行驶，路况良好。依稀的印象，初时尚能见到不多的农业种植地。清晰的印记，则是沿途或草原、或戈壁的地理景观。主要是戈壁，草甸匍匐于地面，多有砾石。我留心着窗外，忽然听见工作人员介绍说：前边就是日月山，日月山为大唐与吐蕃的分界，过了日月山，就到了吐蕃地界。

大约是日月山景区离公路还比较远吧，我隔车窗远观，景色缥缈，还没来得及想象汉家公主如何登上日月山、回望大唐江山的情景，汽车已越过日月山垭口——其实是什么也没看到。但我设想，公主回望长安不见家，难免情催泪下。至如今，闺女出嫁，离开娘家的那一刻，不也是泪流满面吗？做这样的设想，还因为有相应的传说故事：说是文成公主的泪水，化作了西流的"倒淌河"，注入青海湖。日月山为分水岭，天下河流水常东，而发源于日月山西麓的河却西去，故曰"倒淌"，今有倒淌河镇。故事情节简单，但颇符合人性，也具浪漫主义色彩。

车再往前，视野更为开阔，只见有大片的羊群，散缀于戈壁草原之上。这些匆匆掠过的车外景色，使我有了日月山为农牧分界的粗略印象，后再详查西宁周边地形图，知日月山为湟水谷地的西边缘。我想，既然是农牧交界带，文化必然多元、多彩、灿烂，因而这一带的黄河文化，当以民族融合为最大特色。

车窗外的草原与羊群

河出昆仑——以水为视角的黄河历史文化回望

黄河上游水电站示意图

先去的是拉西瓦水电站。

拉西瓦，是藏语"鸡冠形山坡"的意思。沿公路行驶，不知这"鸡冠形山坡"指何处，因而失去欣赏大自然杰作的机会，只觉得，戈壁漫漫，远及天边。夜晚下过小雨，雨渍水洼尚存，杂色野花开放于青草间。戈壁上的野草，算不得致密，却也覆满地面。稍远，有大片的油菜，开出黄花，花不算鲜亮。更远处，是连绵的山，山顶有云，灰蒙蒙的，层次不够分明。山下有羊群和牦牛，移动缓慢。天地高山，牛羊荒原，构成了一幅尺度极为广大的青藏高原旷野图。

到了正在施工的拉西瓦水电站工地，一个现代化的拦河大坝横亘在眼前，我的兴致因自己的业务而被拉高，我教"水电站"课程已经20多年了。专业课老师须有与时俱进的精神，需要不断地向现场学习，向实际学习，实际工程比专业书更能快速地反映出科学技术的进步，这是水利专业课的特色——写到教科书上的东西，都是成熟的东西，但也往往落后于时代。大学落后于社会的现象,其实不是某一专业的个例,有鉴于此,对于工科大学来说,向社会学习是必须的。

工地留影:施工中的拉西瓦水电站

大坝已经拦水,但还没浇筑到坝顶。天空飞架缆索式起重机,仓面正在浇筑,这是眼前可看见的施工场面。看不见的施工场面在地下,即地下厂房的施工和各种洞室的施工——将来西南地区的水电开发和大多数抽水蓄能电站的建设,基本上都会采用地下厂房的方案,地下工程,将成为水电"看不见的战线"。这一方面是中国水电地下工程水平之高的明证,另一方面也反映了水电对环保理念的重视(采用地面厂房,对山体表面的扰动大)。"开挖是雕刻、浇筑是雕塑",这是建设者的理念。雕刻是技术,雕塑是艺术,二者结合,成为"大国工匠"的精神固守,为的是对工程负责,对后人负责,对国家负责。

我这里连用了三个"负责"。在继续行文之前,先插入一段文字,可理解为电影的旁白,既为了说明这三个"负责"的分量,也为了说明这三个"负责"是历史的传承:

龙羊峡水电站自1986年下闸蓄水运行至今已13年多，经历了3次较高水位（2575.04m、2577.59m、2581.08m）、3次3级左右的水库诱发地震活动期和两次外围构造地震，影响到坝址为Ⅳ度和Ⅴ度强烈度的地震作用，总的来说近坝库岸、大坝和两岸坝肩岩体、引水系统和发电厂房等工作状况正常。基于安全鉴定的评价认为龙羊峡水电站工程总体是安全的，各建筑物工作状态未见明显异常，已具备进行竣工验收的条件，存在的问题在运行中需要不断解决，以利于工程的健全和安全运行。[1]

13年多的安全运行，其间经受了多次的高水位考验和地震考验，给出的意见是龙羊峡工程"已具备进行竣工验收的条件，存在的问题在运行中需要不断解决，以利于工程的健全和安全运行"。

我读出这段话的态度是谨小慎微。

《诗经》曰："战战兢兢，如临深渊，如履薄冰。"

年长的水电建设者大都知道这句话的后八个字，这是周恩来总理在葛洲坝工程问题上所持的态度。1980年12月，作为学生的我去宜昌观看万里长江第一坝——葛洲坝——的大江截流，记得宜昌的街上用大字写有"万里长江第一坝"这样的口号。还记得，在一个水电单位的门口，用红字写有毛主席关于葛洲坝开工的批示：

赞成兴建此坝。现在文件设想是一回事，兴建过程中将要遇到一些预想不到的困难问题，那又是一回事。那时要准备修改设计。[2]

龙羊峡水电站的设计单位：水电部西北勘测设计院（现在的名字：中国电建集团西北勘测设计研究院有限公司，简称西北院）。黄河上游的水电站设计基本出自该单位（诸如龙羊峡、刘家峡、李家峡、公伯峡、

---

[1] 曹光明：《龙羊峡水电站枢纽工程顺利通过竣工安全鉴定》，《大坝与安全》2001年第1期，第44页。

[2] 林一山：《周恩来与水利建设》，2020年08月27日，详参 http://zhouenlai.people.cn/n1/2020/0827/c409117-31839399.html，访问时间：2023年6月30日。

积石峡、拉西瓦等水电站），这是国内一流的水电设计单位。我熟识该院为龙羊峡做设计工作的许多老专家，也有同学参加过龙羊峡水电站的设计工作。

龙羊峡水电站的施工单位：水电四局（现在的名字：中国电建 中国水利水电第四工程局有限公司，简称：中国水电四局）。这是转战在西北高原上的一支铁军，黄河上游的水电站大多由水电四局建设。我也有同学参加了龙羊峡水电站的建设工作。

这里写龙羊峡水电站，实际上是为了衬托拉西瓦水电站，它的设计和施工单位与龙羊峡水电站完全相同，我想说的是水电建设国家队的事业传承。

龙羊峡水电站建设者纪念章

水利水电工程是一个与山水打交道的行当，这里是青藏高原，除了对每个参与者是考验，对施工机械也是考验，是的，施工机械也畏惧高寒、缺氧，由此可知这里施工条件的艰难，因而这里的建设者确是具有大无畏精神的英雄。大的水电工程几乎都是国家重点工程，因而每一位参与者都是共和国功劳簿上的英雄。现在我们常说黄河文化，我想，黄河文化不仅指历史的久远、文化积淀的厚重、既往的种种辉煌，还应当包括今日的艰苦奋斗、今日的灿烂辉煌，而今日的灿烂辉煌中，就包含

33

水工程文化。

离开拉西瓦工地,向龙羊峡水电站进发。拉西瓦上游三十余公里处就是龙羊峡水电站。

初知龙羊峡,是在 1981 年早秋,我在武汉水利电力学院读书,刚升入大四。那时学校的橱窗内,常贴新闻照片,这些新闻照片应当出自专门的新闻部门,因为反映的都是国内外大事,大的单位都会在橱窗内张贴这样的照片。当时,看到了施工中的龙羊峡取得抗洪胜利的新闻照片。那年的秋天,正在施工的龙羊峡工程遭遇了自 1904 年以来的大洪水,洪水严重威胁着施工中的龙羊峡工程,威胁着兰州至包头沿黄河地区人民的生命财产安全及工农业生产①,这是让人揪心的大事。印象里,新闻照片中的人物有时任电力工业部长的李鹏,李鹏正在现场领导抗洪工作。于是,我就记住了这颗日后创下多个第一的高原明珠:"黄河第一坝、亚洲最大的大坝、单机容量最大、海拔最高的电站以及中国最大的人工湖。"②当然,这些"第一"都是曾经,代表"第一"的数字在不断更新,代表"第一"的纪录在不断被打破,代表着中国

当年刊登抗洪信息的《龙羊峡报》

---

① 张优礼,朱学良:《黄河上游 1981 年 9 月大洪水简况》,《人民黄河》1982 年第 2 期,第 15-17 页。
② 葛文荣:《天上龙羊 大地丰碑——龙羊峡大坝的前世今生》,《中国国家地理》龙羊峡附刊,2017 年。

的水电事业在不断取得新成就。

我不想用太多的技术术语来描述龙羊峡水电站,只用几个数字做一点对比,就可以知道此"龙头"电站的地位。进行工程对比,是水电界常用的方法。

华北地区最大的水库——密云水库——是北京人生活的重要依靠,总库容为43.75亿立方米,相当于150个昆明湖。

龙羊峡水电站的总库容247亿立方米,相当于6个密云水库;黄河多年平均天然年径流量580亿立方米,龙羊峡水库可装下小半条黄河水。

高原上最大的水库——龙羊峡水库

从这些数字,可以知道龙羊峡水库所具有的巨大库容。或问,要这么大的水库干什么?主要是为了防洪。汛期龙羊峡水库与刘家峡水库联调,可以免却或减小中下游几千公里的水灾,包括洪水灾害和凌汛灾害。这是国家层面考虑的问题,防洪属于国家事,属于"顶层设计"。再问,蓄积那么多水干什么?为了水资源的有效利用。如今这个星球上,水已成为稀缺的资源、宝贵的资源,成为牵动地区、国家神经的资源。

1992年国际水资源大会上通过了关于淡水资源的都柏林原则，其中第一条是[1]：

淡水是一种有限而脆弱的资源，对于维持生命、发展和环境不可或缺。

这一条，把水的重要性充分表述了出来。

还有就是龙羊峡水电站巨大的发电效益。不仅仅是自身的发电效益，还在于，它在提高梯级电站发电量方面所起到的不可替代的作用。

在此，就大型水利枢纽工程的效益，多一点发挥，即将工程的发电效益对比于所带来的防洪效益和水资源效益。

按照规划，黄河上游"龙羊峡—青铜峡"河段的主要开发目标是发电，即"水力资源的开发成为本河段的首要任务"[2]，水力意味着水能，能源开发带来的是驱动力，黄河上游梯级水电的开发，为青海（梯级电站主要在青海）、为西北、为整个国民经济的发展起到了巨大的作用；更进一步，青海、甘肃地区富集太阳能光热资源、风资源，水电与太阳能光伏发电、风力发电相结合，必将使这一地区成为我国重要的可再生能源基地。

但我想强调一下这些水库的社会效益，主要体现在防洪效益和水资源效益上。

电力很重要，人人都理解，按过去的口号，即"电力是先行"。但电力具有商品属性，通过市场，可"变现"，也有可替代的方案，如由火电来代替，但水库的社会效益主要体现在水库的防洪效益和储存水资源方面，具有公益的属性，也很难有可替代的方案。

---

[1] 佩特拉·多布娜：《水的政治——关于全球治理的政治理论、实践与批判》，强朝晖译，社会科学文献出版社，2011，第83页。

[2] 黄河志编纂委员会编《黄河志》卷六《黄河规划志》，河南人民出版社，2017，第266页。

时代是发展的，人们的认识在发生变化，社会环境、社会需要也在变化。个人认为，很多情况下，水利水电枢纽工程的开发，应当更强调防洪效益和水资源的综合利用价值（诸如灌溉、城乡供水、生态、养殖等），对如今的社会来讲，防洪效益和水资源的综合利用价值显得更为重要。譬如龙羊峡水库，有6个密云水库那么大，密云水库当年的"匆匆"上马，为的是防洪，如今其防洪功能诚然仍是重中之重，但密云水库所储存的水资源，成了北京城重要的生命之源，由此，我们就可以理解"变化"的意义，理解诸如龙羊峡水库这一类工程的重要性了。

1982年我大学毕业，我的舍友自愿报名去龙羊峡工地。自愿到艰苦的地方去工作，令人敬佩！

抵达龙羊峡库区，首先映入眼帘的是用汉藏两种文字雕刻的"龙羊峡"石碑，立碑处高程2986米。高原地带，人们最重视高程。

此时，天已变得出奇得好，能见度出奇得高，可仍有呼呼的大风在刮。天上的云呈现出非常强的立体感，与平原地带所看到的大不相同，且云卷云舒，似在瞬息之间。红色的石碑、红色的刻字，淡蓝色的天、淡蓝色的水面，水库的远景边界是相对平旷的山，色灰白，没有突兀的奇峰。哦，青藏"高原"，不只是有插入云天的奇峰，还有平顶的山，更广阔的"原"。虽说高湖接天，但却在我们的脚下，无疑，这座人造湖为地球这个蓝色星球上海拔最高、尺幅最大的美丽长卷，是中国人民用自己的双手创造出的人间奇迹！

时间宽裕，我得以在坝上静静地欣赏长峡风光，坝的上游，是相对宽阔的水面，河道远处，缥缈无际，不知通向何处，水天相接。龙羊峡水电站距上游羊曲水电站有一百多公里，长长的峡谷，都属龙羊峡水库的库区范围，目力岂能极尽？

我于思索中，脱离同行的队伍，来到坝的下游，站立河岸长久俯视河谷。与上游截然不同，这里的河道之窄，似乎扔一块石头就能越过对岸，从技术角度看，这里真是最优的坝址位置，水库肚大口小、两岸岩石坚硬，壁立如削、峡谷深切，这就是"龙羊"的本来意思了。"龙羊"藏语的意思是"峻崖深谷"，当年的地勘人员根据发音而为峡谷和水电站命名。这种命名方式在水电界并不罕见，最早一批勘探人员往往到达的是人迹罕至之地，当附近无村镇时，命名就是个问题，比如鲁布革水电站的"鲁布革"就是布依语的音译，意为"山清水秀的布依族村寨"。这当然是个很美丽的名字，但我还听到一个颇具资历的老水电人说，"鲁布革"的意思就是"不知道"，当年地勘人员询问地名，老乡用民族语言回答"不知道"，而地勘人员就以其音命名之。无论何说正确，它都指向同一个结论：挖开第一块岩石的地方是需要付出艰苦卓绝努力树立起丰碑的处女地。

龙羊峡是黄河上游龙羊峡—青铜峡河段的第一个峡谷，龙羊峡后是一个接一个的峡谷，"川峡相间，河床比降大，蕴藏着丰富的水力资源"[①]。

在此，不妨回味一下王之涣的诗：

白日依山尽，黄河入海流。

山就是青藏高原。

跃下青藏高原，流出千山万壑之后，黄河进入沙漠地带，似在舒缓筋脉；接着，以其重新蓄积的力量，劈开了晋陕大峡谷；及至接纳了汾河、渭河，补充了力量之后，又劈开了豫西大峡谷，直至"奔流到海不复回"。这就是入海的路径，这就是水的力量，沿途是座座电站，串串明珠。

"以天下之至柔，驰骋天下之至坚"，我想起了《道德经》中的表述。

当初，由甘肃刘家峡水电工地前来龙羊峡的水电四局先遣队只有9人，他们面对的是荒无人烟的高原、野狼出没的山谷、高寒缺氧的环境、

---

① 黄河志编纂委员会编《黄河志》卷六《黄河规划志》，河南人民出版社，2017，第266页。

常年不息的狂风、块块砾石与漫漫黄沙……但勇敢的中国水电人，最终创造出了人间奇迹：

> 龙羊峡水电站是人类有史以来在青藏高原修建的第一座大型水电工程，它代表着20世纪80年代中国水电施工的最高水平，更是共和国第一代水电人在高寒、高海拔之地用血肉点亮的第一颗水电明珠。①

这就是中国水电工人在西北高原的创业史！

龙羊峡位于青海共和县。共和县成立于民国十八年（1929年），取"五族共和"之意，全县有22个民族共同和谐地生活在一起。

在去格尔木的路上，我曾于车上遥望青海湖淡蓝色的湖面，只是未曾到湖边，难以体会到其大海一样的缥缈无际。如今青海州一级的行政区划，有四个以青海湖的方位命名：海东市、海西蒙古族藏族自治州、海南藏族自治州、海北藏族自治州，可见青海是以"海"为中心的一个省。远在周、秦，羌人环湖游牧，除水草因素外，推测鱼盐之利是一大因素，盐，哪个人、哪个部族、哪个时期都离不开；历史进程中湖滨的刀光剑影，恐怕更在于鱼盐之利。

众所周知，吐谷浑人是一个游牧的部族，这个善于游牧的民族，从今天的蒙东游牧到西陲，凭借武力，建立起了自己的政权。历史上吐谷浑几经跌宕，鼎盛时期，曾"自号可汗"，建立起具有固定王城的"伏俟城"，这个王城就在青海共和县。固定王城，显然是仿效中原政权，是文化力量的影响。是的，吐谷浑重用儒生，其勃兴，除自身因素外，"也是吐谷浑统治者大力吸收汉族先进文化的结果"②。虽然吐谷浑消失于历史的尘烟中，但历史的遗迹犹存，历史不因烟尘去，西风残照旧宫墙。

---

① 《历史上的今天——龙羊峡水电站成功截流》，来源：央视新闻客户端，2021年12月29日，详参 https://mp.weixin.qq.com/s/QU0qIzkd0ic1JFJSuJP90Q，访问时间：2023年6月30日。

② 周伟洲：《吐谷浑史》，宁夏人民出版社，1985，第118页。

幼时听说过薛仁贵征西、征东，知道其三箭定天山、降服高句丽的传奇故事，没想到右威卫大将军、行军大总管征西之地就在大非川（今共和县）。《旧唐书》："夏四月，吐蕃寇陷白州等一十八州……辛亥，以右威卫大将军薛仁贵为逻娑道行军大总管……领兵五万以击吐蕃。"无奈将帅不和，寡不敌众，先胜后败，"薛仁贵、郭待封至大非川，为吐蕃大将论钦陵所袭，大败，仁贵等并坐除名"[①]。

十万汉军零落尽，独吹边曲向残阳。

刀光剑影已经走远，留给后人的，是追忆、是思索。

再次来到拉西瓦水电站已是若干年之后的 2014 年。

仍是从西宁出发，仍走旧时的路。经行日月山下，陪同人员仍有类似的介绍语，而我仍是远眺日月山峰，车飞驰而过。

拉西瓦水电站已建成为一座现代化的电站，峡谷新貌，碧水蓝天。进入地下电站，让我这个参观过许多电站的"资深""水电站"课程的教师也颇为吃惊，我感佩祖国水电事业的发展、水电事业所取得的巨大成就。我敏锐地观察到了一个标牌，是全国发电装机容量突破 8 亿千瓦的标志，由国家能源局与中国电力企业联合会共同授予。拉西瓦水电站"是黄河上最大的水电站和清洁能源基地，也是黄河流域大坝最高、装机容量最大、发电量最多的水电站"，其中 6 号机组于 2009 年 4 月并网发电，成为中国电力装机容量 8 亿千瓦的标志。[②] 如同龙羊峡水电站，又是一个个的新纪录。

黄河上的水电开发有不少标志，如公伯峡水电站于 2004 年 9 月 23 日首台 30 万千瓦机组并网发电，标志着中国水电装机容量超过 1 亿千

---

① 《旧唐书》卷五《高宗纪下》，中华书局，1975，第 94 页。
② 《我国电力装机容量突破 8 亿千瓦》，《电力技术》2009 年第 9 期，第 70 页。

第二章 河湟漫润，明珠璀璨

拉西瓦水电站6号机组标牌：全国发电装机突破八亿千瓦标志性机组

蓄水后的拉西瓦水电站

瓦；[①] 再如龙羊峡水电站目前已是世界上最大的光水互补电站，为中国清洁能源的开发树立了一面旗帜，很显然，龙羊峡水电站远远超过了其最

---

① 《公伯峡首台机组发电中国水电装机突破一亿千瓦》，《水电站机电技术》2004年第5期，第49页。

初的开发目标——更多的大型水利枢纽在新的背景下能够担负起新的功能，从而超越其既定目标。这需要水利人的智慧，水利人要有大的眼界与目光。现在，中国的可再生能源装机容量，包括水力发电、风力发电、太阳能发电，全部居于世界第一的领先水平；而风 - 光 - 水三者的互补，青海在全国最具发展前景。

个人看法，以三峡水电站建成为标志，中国的水电建设已经全面居于世界领先水平，包括勘测、规划、施工、管理、运行、机械制造和研究；虽然如此，水电可持续发展的问题将会成为新的挑战，既来自生态、环境、移民，还来自社会的关心和关注。是的，社会的关心和关注会成为一种挑战，这也是社会进步的表现。如何做到水电的可持续发展，考验着水电人的智慧。

离开拉西瓦水电站，继续参观其他梯级。

在某些山口，可见到明显的洪积扇。大量的洪积物呈扇状散布开来，大块堆积物的表面布满裂痕，呈暗红色，细颗粒堆积物经过水流的分选堆积于远处。在干旱或半干旱的山区，山口前出现洪积物本是自然现象，但洪积物如此之明显，说明了该地区生态的脆弱、水土流失现象的严重。

人在自然面前力量渺小，既不能征服之，可多一些敬畏和关怀，比如在这些区域实行轮休农业，推广免耕农业，这对减少水土流失是行之有效的办法，政府可给予一些补贴；当然也要控制在山上牧羊，即不要超载过牧。

途经一些丹霞地区，多彩的丹霞地貌多次让视觉受到冲击，其形状之多姿，色彩之斑斓，只能让人钦服大自然的匠心巧思，尤其是那舒服暗哑的红色，对人的心灵是一种带着温度的轻柔按摩——对这种地景，要以自然遗产的眼光而视之，同水一样，同属大自然的馈赠，其具有"永恒"的价值，其与水最大的不同是其不可再生性。

我看到过一篇文学报告《命脉：中国水利调查》[1]，其中有一段令人心碎的叙述，是关于龙羊峡的，说有个地方叫葫芦峪，有200多名英烈长眠在了那里，他们为建设龙羊峡工程流尽了最后一滴血。英烈，是的，他们是和平时代的英烈，是共和国建设的英烈，今人多看到高湖缥缈，碧波万顷，灯火辉煌，可更应该知道的是，有多少无名英雄为祖国建设流尽了最后一滴血，他们将与青山同在。

"为有牺牲多壮志，敢教日月换新天。"

山河新颜，在于英雄壮志，在于碧血丹青，后人应当记住他们，缅怀他们，也一定会记住他们。如今，在刘家峡水电站和龙羊峡水电站，都矗立着"水电英雄纪念碑"，上面用烫金大字写道：

"水电英雄永垂不朽！"

我想借助《天上龙羊　大地丰碑——龙羊峡大坝的前世今生》[2]中的一段话而稍加改写：在那样的一个年代，参加建设龙羊峡这样伟大、这样艰苦的工程，是中国人精神的一种凝集，是信仰、是精神甚至是生命的堆积。

建设感动中国，水电建设感动水电人，我自己的眼眶先湿润了……

今将清华大学水利系系歌全文录于此：

> 从那黄河走到长江，我们一生走遍四方，
> 辽阔的祖国万里山河，都是我们的家乡。
> 露宿峡谷和山岗，遍尝神州的风光。
> 一旦修好了水库电站，我们就再换一个地方。
> 前面是滚滚的江水，身后是灯火辉煌，

---

[1] 陈启文：《命脉：中国水利调查》，湘潭大学出版社，2012，第29-32页。
[2] 葛文荣：《天上龙羊　大地丰碑——龙羊峡大坝的前世今生》，《中国国家地理》龙羊峡附刊，2017。

我们的生活就是这样,战斗着奔向前方。

从那黄河走到长江,我们一生走遍四方,
辽阔的祖国万里山河,都是我们的家乡。
带来光明和希望,迎来田野的芳香。
改造自然,造福人类,永远是我们远大理想。
前面是滚滚的江水,身后是灯火辉煌,
壮丽的事业我们骄傲,豪迈地奔向前方。

这首歌的歌名是《水利建设者之歌》,这首歌对每一位水利建设者都适用,他们把丰功伟绩,写在了祖国的山川大地上。

沿途还见到一些红色砖房,人去屋空,久无人居住的样子,显然是被遗弃的,有些不解。我问陪同人员,说是水电建设完成后,为电站建设提供"后勤"服务的"打工者"遗弃的,他们开小饭店、开理发馆、卖小商品,跟随水电建设的队伍为生,水电建设者转移战场,他们也一同随着转移。我想,"前面是滚滚的江水,身后是灯火辉煌"一样适用他们,他们同样是受人尊敬的建设者,是生活、生命的强者。

再赴龙羊峡,水库畔

龙羊峡、拉西瓦、李家峡、公伯峡……一座座梯级水电站走过来，这次，我走到了积石峡，黄河青海东部最后一座水电站。

积石峡，这璀璨的明珠，照亮了一方水土，照亮了西北高原，照亮了城市乡村。

到达积石峡时天已经接近黄昏，第二天才能参观电站。

暮色中我看着眼前的山，脑子里涌出一句话：

"导河积石。"（《尚书·禹贡》）

史籍明载，大禹从这里导引黄河。

这是文化的传承！

我似乎看到了神迹，肃敬之情充满全身。

四、湟水一瞥

如果说西宁因水而生——与其他伟大的城市一样，您一定没有疑问，湟水、北川河、南川河在此相聚，这就为逐水草而居的古人、今人提供了必要的条件，只不过，古人是为了基本的生存，而今人是为了更有品质的生活，今人更需要绿水青山、天光云影。霍去病在这里设置军事据点西平亭（元狩二年（公元前121年）），镇守边关，是因为看上了这块水草丰美之地；曹魏文帝时期（黄初三年（公元222年））开始在这里筑城，复通西域，同样是因为这里有肥美的水草条件：盆地的地形，湟水与多条支流交汇，交汇处地形平坦，事实上属于河谷平原，有着生活、生产的方便性。如今的西宁城，一个有着200多万人口的现代化大都市，若没有湟水的持续滋润，要维持晨曦彩霞下的高楼林立和晚霞消尽后的灯火霓虹是不可能的；更有甚者，青海约2/3的人口都生活在富庶的湟水谷地。正因为此，到西宁后，我心里一直记挂着湟水，我要看看湟水，可我的工作日程中恰恰不包括湟水，来到湟水的近旁而失去感受湟水的机会，不能听一番湟水悦耳的流淌声，会使我难以释怀。幸而，有下午宽裕的时间，于是，谢绝集体晚餐，匆匆打车前往。

湟水从西向东穿过整个西宁市区，成为这座美丽城市的母亲河。我去的是河流的哪个地段，无论是当时还是现在都说不清，总之是到了湟水边。只记得河道弯曲，有一条支流与主流汇合，河宽适中，河两岸停满了红色的游船，那船多呈现出动物的形状，高高昂头。这样的造型，可能是为了吸引孩童的兴趣。河内的水非常清澈，水静，让人难以察觉到流速的存在。由此判断，河道下游有控水建筑物的存在。而湟水的流量要比想象的小——如今，这几乎已经成为每一条黄河支流、次级支流的普遍状况，越往下游，情况越严重。由于上游用水过多或无序拦截，导致众小流域向上一级河流输送流量减少，综合的结果是黄河干流流量锐减，这不但对黄河干流的生态环境造成影响，更严重的是许多小河流不再具有健康的生命力，事实上有更为微小的河流已不复存在，挽救微小河流的生命力，已到了刻不容缓的地步。

虽然河里有许多游船，但却没见到游人，有些不解，时在八月，白昼正长，天气全然没有北京的燥热，小学生也正在度暑假，可为什么缺少游人呢？抬眼西望，天边有不太明显的绯红，暮云低垂，时不时飞来几滴雨，我这才意识到，天色已经不早了，有下雨之虞。

晚上，天果然沥沥淅淅下起雨来，处理了几封邮件后，我得以继续思索湟水。

我确实到了湟水边，确实感受到了湟水的气息，但又觉得所见到的湟水与想象的湟水有很大的距离。对我来说，对某些关心的事或物，事先心里会有个图像，及至所见，现实与想象之间有差别，那是正常的。但具体到湟水，这种差别太大，盖因我想象的湟水是西北狂野的湟水，而我看到的却是现代都市的平静河流。我不想破坏脑子里长时间想象的图像，就把它写下来：

一条宽阔的大河，有着缓缓的黄土岸坡，坡上花草间生，草是青色的，花是蓝色的，河蜿蜒、流平缓，麦子青、菜花黄，时有蜜蜂飞虫穿行花草间。之所以这样想象，是因为读到作品所描绘的湟水，浇灌出青、甘地区的富庶，经行之地，一片田园牧歌。

过去的湟水果真是那样吗？一定是的。

五、花儿与少年

上大学期间，学校的大喇叭里常播放一首小提琴曲《花儿与少年》，听得多了，就记住了主要的曲调。作为听觉的艺术，算是"听懂"了，因为我听过一个著名音乐指挥家的讲座，他说：你喜欢听就是听懂了。

我喜欢。

虽如此说，我对曲调的名字多少还是感觉疑惑，为什么将"花草"与"人"连接起来？字面上，"与"字连接了并列的成分，但却不是性质相同的"同类项"，故觉得"别扭"。到了青海，又看到"花儿"一词，见到的一些宣传资料上提到了"花儿会"。既然是"会"，大约就是对歌类的演出节目吧？或者，民间的音乐节？

当我在图书馆查阅资料时，才知道有关"花儿"的文献实在是太多了，有源流、有通论、有美论、有研究论文、有总集、有器乐曲、有曲令集、有歌手调查……有传承基地，是第一批中国国家级非物质文化遗产，同时也被联合国教科文组织获准入选人类非物质文化遗产代表作名录……想不到，有关"花儿"的内容是如此的丰富，"花儿"被赋予了如此明亮的"高光"。

《辞海·艺术分册》对"花儿"一词的解释是："流行于甘肃、宁夏、青海的一种山歌。是当地汉、回、土、撒拉、东乡、保安等民族的口头文学形式之一。在青海又称'少年'，对其中的词儿称'花儿'，演唱称'漫少年'……"省略的内容是对特征的介绍。[①] 这当然是权威的解释，但根据所翻阅到的资料，总觉得还是偏简单了一些。

小提琴曲这样出名，那么，有没有名为《花儿与少年》的"山歌"呢？

请看一首歌词：

春季里（吗这）到了（这）迎春花儿开，迎春花儿开，

年呀轻的个女儿们呀，踩呀踩青来呀，小呀哥哥！

小呀哥哥呀，小呀哥哥呀，手拖上手儿来……

这首歌上的标注是青海民歌，朱钟禄词，吕冰改编。当看到这首歌词的时候，我才知道，这歌我会唱啊！无意中学会的，不知道歌名，因而从未与小提琴曲联系起来，真是迟钝！再品味歌词，原来"花儿"就是一群"女儿们"，少年就是一群"小哥哥"……活泼的青春律动，已经活生生地展现在眼前。

无论是小提琴曲《花儿与少年》，还是民歌《花儿与少年》，都可谓红遍全国，根本的原因，在于其有根植民间的深厚土壤，有久远的历史源流——花儿的产生可追溯至明初。

通过阅读较多的"花儿"文献后知道，"花儿"是各民族共有的"宝贝"，是民族兄弟"手拖手"一起烘托起来的合奏乐章，因而是各民族融合、团结的象征。尽管各地、各民族流传的"花儿"有风格的差异，但其共同的名字就是"花儿"，如流传于青海的叫"河湟花儿"。关于"花儿"的原产地，有地域之争，这说明，各地均认为其是宝贝。"花儿"是黄河水浇灌出的艳丽之花。

---

① 夏征农主编《辞海·艺术分册》，上海辞书出版社，1988，第261页。

我经行日月山下六次,还没有登临日月山;我感受到了湟水的湿润,却没有看到激荡在山间河谷中的湟水;我看到了麦子样的青稞,却未品尝过芳香醉人的青稞酒……我期待着下一次的青海之行。

大美青海!

第三章　从西宁到积石

积石是山，积石是峡，积石是关，积石是渡，积石是县。

相信任何对历史、地理有兴趣的人，对"积石"所具有的象征意义都会了然于胸；如果要以历史为时间轴，以地理为大地坐标，由此建立起一个坐标系，基于历史、基于文化、基于自然地理，积石无疑是最好的坐标原点。

一、途经的区县

从西宁到拉西瓦电站、龙羊峡电站，第二章中已述及。当再次踏上这条路时，我仍然很兴奋，因为拉西瓦电站已经完建，我有了进入地下厂房参观学习的机会，这对更新讲课内容大有好处。此外，我还要到李家峡、公伯峡、积石峡水电站去，有了更多学习、思考的机会。积石峡，就是《尚书·禹贡》中称为"积石"的地方，鉴于《禹贡》在古文献中的地位，只是"积石"这两个字，就足以使人怦然心动。

汽车在黄河岸边的道路上行驶，路随地形，忽左岸、忽右岸，夹岸东行。

时间过去若干年了，如今回忆起来，除了对水电站有清晰的记忆，路途都经过了什么地方，"何所闻而来，何所见而去"，不可能都记得清楚，因而只能对着地图一遍遍地考古——这实在不是一个好习惯——以核对大脑中的印象，并证之以照片。

全程经行了青海西宁湟中区（湟中县）、贵德县、尖扎县、化隆回族自治县、民和回族土族自治县，以及甘肃的积石山保安族东乡族撒拉族自治县（见位置示意图）。核对地图的过程中，方知晓自己经行了不少有名的地方，比如有特殊地貌的地质公园等。既如此，现在进行灯下的回忆，就觉得有了亲身经历之感，不显得空虚，可方便地写出相关的一些人和事，过去的，今日的，并做些必要的思考。

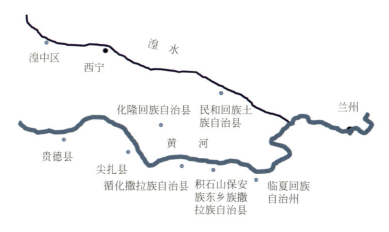

沿河地理位置示意图

下笔，才觉得有点难，按行走路线来写诚然符合时间的顺序，但涉及青海、甘肃两省多个区、县，自己看着地图尚不免迷失路径，怎会不让人一头雾水呢？思前想后，觉得应当按所见内容分块来写，其好处是不必关心所处的行政区划位置，能这样写出来，也说明了印象的深刻，因为，除史料外，写出的所见所闻，都经过了时间的淘刷和沉淀。

二、天下黄河贵德清

沿途中，我很注意公路两旁的标牌。印象是到了贵德县地面，车越过了一道桥，视觉上，河宽只在数丈①之间。桥只是普通的桥，不具有

---

① 丈为市制单位，1丈≈3.33米。

建筑特色。鉴于河中水太过清澈，水深，呈深绿色。河水大，北方少见，觉得稀奇。

我问这是什么河，有人告诉我是黄河。

这不免让人心生疑惑，也不免让人失望，尽管河水不小，何以黄河会这么窄呢？这不是山间河谷啊！山在远处，眼前是平川地貌。

疑惑归疑惑，总得尊重事实。

这时，看到了一条横幅挂在路边：天下黄河贵德清。红底白字。

我以为横幅是河边饭馆进行的"幽默"宣传，是别开生面的一种生意营销，因而就没有为这道横幅拍下照片，现在想来觉得遗憾。当时并不知道，"天下黄河贵德清"，俨然是贵德县的名片。

黄河之黄在于泥沙含量大，贵德河清在于水的洁净。贵德之西尚不是泥沙的主要来源区，黄河泥沙，尤其是粗泥沙，主要来源于中游，在青藏高原地带，黄河大体上是在"石质"河床中穿行；再加上龙羊峡水库、拉西瓦水库的拦蓄，因而贵德河清也在情理之中。只是感叹，在黄河梯级开发的今天，河段变清已是常见现象，何以"黄河清"成了贵德的名片呢？

这来自贵德人的敏锐。

黄河之黄是世人的固有印象，因而黄河之清就是不一样的特色，敏锐地抓住这个特色予以宣传，就成了文化上的升华。

贵德处于青藏高原向黄土高原过渡的西端，处于黄河大方地向世人展示胸怀、展示面容的上游河段，因而这"天下黄河贵德清"的凝练，在空间上就占到了地利，可谓是居高临下，具建瓴之势，再加在时间上占得先机，因而就容不得任何一家存在争议了，可比拟于"天下黄河富宁夏"的历史总结。

桥边风光：天下黄河贵德清

司机是一位很和蔼的中年人，上下车都会笑眯眯地同我们无言打招呼，难能可贵的是他不问客人而能善解人意。再上车前行不远，司机自行将车停下，笑指前方，让我们看前边的风光。随着他手指的方向望过去，高原地区一处少见的景观出现了：远处是灰蒙蒙的山，山色偏红，山上缺少植被，而山下却有一条绿色林带延伸过来，没头没尾，高矮错落；而林带的前边，则是一条大河，河宽、河浅、河清、河中有沙洲。在西部沙漠地带，常听见一个词，叫"绿洲"，所谓绿洲，就是清流浇灌出的一片沃土，披绿色，宜人居。很显然，眼前这条林带，是因为水的滋润才存在的绿色生命线。

远山近水绿带沙洲

我又产生了疑问,这是黄河吗?比之于前边的狭窄,何以现在又这么宽阔呢?与黄河下游的河道太过相似。其实,黄河从上游到下游,其多姿、多变、多彩的身段,正是魅力所在呢!

这次,我没有问任何人是什么河,试想,在这青藏高原地带,谁的胸怀有这么广博,能以甘甜的乳汁滋润出这一眼望不到头的绿色?只能是黄河啊!

我只是过客,驻足观赏一下而已,不能知其四季。时在仲夏,绿与清构成了眼前的主调,想那春末夏初,此处一定也有"关关雎鸠,在河之洲"的爱园吧!继而会有父母带着爱子游曳。至于秋来,温度的剧烈变化,必定会使这眼前的一抹浓绿转换为迷彩的色调,七色兼具而黄红抢眼。渐渐地,那宽阔的河,会束窄,一边是水,另一边是冰;再晚些,那眼前灰蒙蒙的远山就要白雪皑皑了。

三、丹霞掠影

此行所见地貌,最具特色的无疑是丹霞。

初见的丹霞紧贴着黄河,有着棱角分明、极富张力的外貌,似乎是刻意布置在河边的人工雕塑,只是那山体太高大,才不会让人产生误解。以往,看过太多如枫叶般绯红的丹霞照片,而眼前的所见,似乎黄色的调子偏多了些,红色的浓度少了些。虽色彩有些弱化,但形体却获得了加强,显得筋脉偾张。大自然真是神奇,同样有着红色的面孔,风蚀而成的雅丹是圆形,即使有沟壑也是平滑过渡,而眼前的丹霞则彰显着自己不同的性格,它的面孔上保持着筋脉,凸显出极为劲爆的内力,这自然就让人想到西北汉子的坚韧、力量与顽强。

再见到的丹霞却是在一处地质公园,是在山区,公路穿行其中。**它集我国西北地区、青藏高原和黄土高原构造运动、气候演变与侵**

蚀、剥蚀及黄河形成、发展等地质环境演化历史于一体，犹如一本翔实的（地）记载着青藏高原隆升与气候演变等事件的"万卷书"，对我国西部新生代以来环境演变具有很高的科学价值。[①]

这一段话，来源于《地理教学》中的一篇文献，其递进式的描述让人想到，在青海学习、从事地质研究与环境变迁工作的人所具有的得天独厚的条件，能够近距离地阅读大自然所"撰写"的"地质学"，真是有幸！

我学过地质却不从事地质工作，我热爱美好的自然环境却也不从事环境专业，我欣赏大自然的美好遗存却又不是风景园林专业人士，更不是美学家，很显然，专业的局限使我只能对眼前的地貌进行简单的表象描述，如此，既算得忠实于所见，也可为自己的贫乏和无奈来个自嘲式的预先解脱，再加上是"行览"，走马观花，也只能粗略为之。

先说说天然地质公园中之所见，真有点抢眼呢！首先是那一个接一个的极具个性的山峰，有的状如硕大的犀角，孤单而突兀，若以建筑形态来考察，其缺乏人工雕塑常会用到的"基座"，整座山就是一个"犀牛角"；有的则独立山顶，恰似守护要塞的烽火台；还有的似动物的头颅，在乞望苍穹，化动为静。至于山上植物，或树木，或灌木，或草甸，都以自己的方式进行了涂抹，分出浓淡，给山体施以绿色；而山顶云气，虽尽为白色，却变化万千，使眼前的山有了缥缈之感，有了虚实之分，于是，有限的景深反而增加了奇峰沟谷的无限延展，无论在纵向还是在横向。

在大自然面前，人难以企及之处，就在于，大自然的艺术创造每每出乎人的意料，从而让人感受到因生疏而产生的视觉冲击力，这恰恰就契合了每个独立个体的艺术眼光和欣赏要求，是的，每个人都有艺术眼

[①] 百善：《青海坎布拉国家地质公园》，《地理教学》2011年第20期，第2页。

光,且没有高低之分。既如此,风景就难以尽述了,我不好说孰优孰劣,但我不能不提及的、令所有人都会觉得新奇的,是那巨大无比的水平沉积层的叠压升高,那由沉积而隆起的厚实山体,其一定掩藏记录了丰富的地质信息。而同时,由平的山顶淋漓而下的水流,将山体沿铅直方向刻蚀出道道线条来,其与水平的沉积层一起,共同组成了交织的图案,给那硕大无朋、厚实无比的地质之书包裹上了神秘的封皮,但却又故意暴露出大大小小的孔洞。很显然,是大自然不甘于自己的寂寞,通过剥蚀、融蚀、风化、冻融等的作用,为其掩藏的地质信息留下了窗户,以满足一些人的探微猎奇之心。

一种丹霞地貌

若说这一带丹霞色彩总体上偏黄,那么,在平原地带的狂野之处突然出现的丹霞则是一种明快的红,让人猝不及防,面积广大、连续不断,至于形象外貌,却又是一种特色:山脚处,有的如同巨人的脚趾,或如南方榕树的根系,既连续,又有平滑圆润的过渡;山高处,有的酷似希腊奥林匹亚宙斯神殿前的立柱,也有的幻如埃及卢克索一带于红色山崖上开凿出的神殿。总之，足够你想象、任凭你想象，那变幻的想象图案，正是视觉冲击带来的结果。

看来，从青藏高原向黄土高原过渡的这一带地方，有着很广泛的丹霞，每一处的丹霞，或因产状的不同、所含成分的不同，或受成因、侵蚀营力的影响，都有着自己独具的特色，也因此，听说常有美术学院的学生来这一带写生，由此我悟出一个道理，人诚然可以创作，但艺术水平不会超过大自然。

其实，我所看到的，还只是公路边的景色，更多更美的景色，只怕是藏在深处人不知、藏在"深闺"人不识。

四、翻耕与免耕

穿越黄土地区的行程，促使我想了很多。

汽车一路下坡，高程渐低。平旷而略显倾斜的地块，倾向河谷，河谷在车行的右侧。眼前是极为干燥的黄土地景（landscape）[①]，土表裸露，无杂草，粗糙而不平，是耕作过的农田，但眼下却无庄稼，也没有秸秆的残迹。莫非农田在休耕？我不知道。

这是我此次行程中所观察到的最重要的黄土地景，下面将简略写出自己的看法，或有参考意义：

如此干燥的土地，缺水严重，农业产量不可能高，而频繁的农业耕作会破坏土壤结构，土壤本身也是复杂的生态体系，加上西北地带多风，风蚀与水土流失现象共存，必使土壤侵蚀更严重。水土流失或土壤侵蚀会进一步导致土地贫瘠、影响农作物产量，流失掉的土壤最终会输送到

[①] 地景，一个地区的外观以及组成这种外观的所有事物。常常分为只涉及地貌、天然植被和土壤等的"自然景观"和"人文景观"。解释详参阿瑟·格蒂斯、朱迪丝·格蒂斯、杰尔姆·D.费尔曼：《地理学与生活》，黄润华、韩慕康、孙颖译，北京联合出版公司，2017。

河流之中，又会淤积河床。

我想，在这样的地区，最好是少些农业耕作，耕作方式也宜改变，如采用轮休农业、免耕农业①。但这需要政府的补贴，需要有适当的政策，还涉及复杂的社会问题，比如剩余劳动力的出路问题等。为支持自己的想法，为方便读者，下面长篇引述一下有关北美免耕农业发展的数据以及减少侵蚀方面的论述②：

在20世纪60年代，美国几乎所有的农田都实行犁耕农作；但是在过去的三十年间，免耕法在北美农民中迅速传播开来。1991年，33%的加拿大农场采用保护性耕作和免耕法；到了2001年，该比例上升至60%。同一时期，美国采用保护性耕作的农田从最初的25%上升到33%以上，其中18%采用免耕法；到了2004年，41%的农场采用保护性耕作，23%的农场采用免耕法。如果按照这一增长速度推算，只需再过10年的时间，美国的大多数农场都将采用免耕法。即使如此，在全球范围内，目前仅有5%左右的农场采用了免耕法；其余95%的农场如何转变，将决定人类文明的进程。

免耕农作可以极有效地减少土壤侵蚀……一项由田纳西大学的研究员进行的实验表明，与常规烟草种植法相比，免耕法使土壤侵蚀速度下降了90%；在亚拉巴马州进行的实验发现，采用免耕法的棉花种植地的土壤流失速度，是常规耕作地块平均水平的一半到九分之一；在肯塔基

---

① 我国一直重视水土保持工作，《黄河志》卷八为《黄河水土保持志》，内容丰富。保土耕作法历史久远，可追溯至西周。"新中国成立后，黄河流域各地，在继承古代传统耕作措施的基础上，不断推广、改进，并创造许多新的深土耕作法。50年代共推广10多种，1958年水平梯田广为修建后，保土耕作措施逐渐减少。70年代中期以后，仍有沟垄种植、抗旱丰产沟和草田轮作等措施，在部分区继续推广。"黄河志编纂委员会编《黄河志》卷八《黄河水土保持志》，河南人民出版社，2017，第213页。

② 戴维·R.蒙哥马利：《泥土：文明的侵蚀》，陆小璇译，译林出版社，2017，第220页。

州进行的一项研究显示，免耕法竟然使土壤侵蚀速度下降了98%。尽管侵蚀速度受到土壤、作物类型等多种当地因素的影响；在一般情况下，地表覆盖物增加10%，可使侵蚀速度下降20%，而地表覆盖率达到30%，可使土壤侵蚀速度降低一半以上。

划重点：免耕农业能极大地减少土壤侵蚀，有利于生态。

事实上，我国进行免耕农业研究的大有人在，免耕农业也有很长的历史，人们或许因司空见惯而未加注意，比如在中原地区，秋玉米就是在麦收之后以免耕法予以种植的，但秋玉米收获后继播冬小麦则要翻耕。记得我在农村的时节，曾有几年推行提前播种，即在麦子行将开镰之前开始点播玉米——这当然也是免耕。有研究指出，"留茬少耕或免耕秸秆全程覆盖耕作技术"，具有很好的经济效益和生态效益，"能够提高土壤肥力，促使旱地高产，建议大面积推广，以解决西部地区的干旱、水土流失及尘暴沙化问题"。[1] 与传统的翻耕技术相比，保护性耕作技术，包括深松耕和免耕法，对于旱作麦田来说，"可以影响土壤微生物群落丰度和空间分布，并且显著影响土壤理化性质，进而影响土壤微生物空间结构。同时，土壤水分和碳氮含量分别显著影响土壤细菌和真菌丰度"[2]。这些引证，都是专业人士的研究结论，很显然，所述的效益是正向的，是耕作方式的改善，有利于土壤的健康和可持续发展。农业耕作方式确实在进步，目前，在我的家乡，收麦之后采用的就是免耕碎秸秆覆盖技术。从历史角度看，西北地区较快的农业发展，对西北的生态环境造成了干扰，对生态系统、生态景观带来了负面影响，继而影响到社会、经济，乃至文化的持久繁荣，因而西北地区各方面由繁荣走向衰落就成了

---

[1] 李立科、王兆华、赵二龙等：《西北农业耕作技术的切入点——留茬少耕或免耕秸秆全程覆盖技术》，《农机推广与安全》2002年第4期，第7-9页。

[2] 李彤、王梓廷、刘露等：《保护性耕作对西北旱区土壤微生物空间分布及土壤理化性质的影响》，《中国农业科学》2017年第5期，第859-870页。

不可遏止的趋势[①]。尽管如此，须秉持历史唯物主义的态度，西北的开发是历史的需要，是必须的。重要的是，应把历史作为一面镜子。

翻耕土地，是传统的农业技术，一定有其必要性和优点，但也是一种文化，随着人们认识的提高，即使是传统的技术和文化，也有审视的必要，也有需要修正或改进之处，也需要"扬弃"。这也是一种"证伪"，"证伪"正是科学的特征。个人看法，在西北地区，少扰动土壤结构才是方向，一言以蔽之：少扰动土壤对微观的生态和宏观的生态都有好处。翻耕和免耕，加上休耕，有优化的空间。

五、旧时屯田事

古人说：行万里路，读万卷书。多年来，我一直保持着一个习惯，每去一个新地方，总要了解一点当地的历史文化。

沿河东行地带，历史既久，世事纷纷，民族杂居，该重点了解些什么呢？于是，我想到了自己的专业，我一个以水为业的人，就检阅一下《水经注》吧。

我有不止一个版本的《水经注》，为的是对照阅读，便于学习。所谓的阅读，多数情况下是将《水经注》作为工具书。今检阅之，果然发现了与自己经行地带相关的记载，大约是说，黄河流经了被称为大榆谷、小榆谷的地方，这地方水草丰美，是羌人世居之地。检阅相关文献，知其在贵德县、尖扎县相邻一带的黄河畔，我既然是沿河而行，而恰恰经过了这两县，推测在贵德地面臆想的"关关雎鸠"之处，可能就属于二谷的范围。

既是水草丰美之地，又近塞外，因而就少不了控制权的争夺，一时

[①] 吴晓军：《生态环境影响：解读西北历史变迁的新视野》，《甘肃社会科学》2005 年第 5 期，第 196-199 页。

间，或为中原政权所得，或为羌人占据，反复易手。

《水经注》曰：

> 建武以来，西戎法犯者……以其居大、小榆谷，土地肥美，又近塞内……北阻大河，因以为固，又有西海鱼盐之利，缘山滨河以广田畜，故能强大……亲属离叛，其余胜兵不过数百，宜及此时，建复西海郡县，规固二榆，广设屯田，隔塞羌胡交关之路，殖谷富边，省输转之役……遂开屯田二十七部，列屯夹河……①

这是一个建议，显然，这也是一个广有眼光的长远规划。

这段话大意是，自东汉光武帝以来，西戎（羌）成为边患，缘由在于西戎占有了肥美的二谷之地。该地区北阻大河，西边还有青海湖的鱼盐资源，再通过不断地扩大山边滨河之地，于是强大起来。现在羌人衰落，众叛亲离，趁此机会，应在这里进行大规模的屯田。屯田，一方面可以隔断羌胡间的联络；另一方面，可以富边，省却粮草转运上的艰难。朝廷批准了这个建议，于是，在黄河两边夹河屯田。

这一段话，使我大感兴趣，"屯田二十七部，列屯夹河"说明了这样一件史实：屯田规模大，地点在近河的两岸地带。既如此，必然涉及水利，极大的可能是利用小流域营田。支流汇入干流处，往往会有一定规模的平原，其土质肥沃，具有用水的便利条件，如可实现自流，干流未必有这样的条件，地高水低，反而没有了用水的方便性。黄土干旱地带，没水而进行屯田，成效就太小了，因之，我谓这样的屯田为"水利屯田"。

我们把视野适当放远、放大，时间起于西汉武帝年间，地域扩充到整个河湟、古河州地带，不必太拘泥于今日的行政区划。从历史角度看，

---

① 杨守敬、熊会贞疏，杨甦宏、杨世灿、杨未冬补：《水经注疏补》上编卷二《河水二》，中华书局，2014，第120-121页。

从西宁到兰州,大部分属于河湟地区,或河州管辖(河州古城在今甘肃省临夏市西南)。

屯田之策,汉文帝刘恒首开其端,乃是接受了晁错的移民实边之策;继而汉武帝刘彻广开之,区域涉及河湟、河西、南疆、北线边境等广大的地区①。曹孟德曰:"夫定国之术,在于强兵足食。秦人以急农兼天下,孝武以屯田定西域,此先代之良式也。"②魏晋时期,曹操所谓的"定国之术"进一步发扬光大,屯田更偏西,"楼兰尼雅"出土文书证明了戍卒在楼兰地区的水利屯田,尽管规模很小③。

今谈屯田,必言及孝武(汉武帝),就在于史迹的众多。作为一种"良式",屯田在中国延续了两千年之久。

两千年太久,只能撮其要者言及本文所涉区域——河湟屯田。在中国南方的语境中,田、地有分别,"田"就意味着有浇灌的条件,地则是旱地。

我们来看看西汉年间在屯垦方面大有建树的赵充国。

赵充国本为陇西上邽人,后移居金城,故能对西北家乡干旱的气候、民族习惯了如指掌,"通知四夷事"。我把这看作赵充国日后重视屯田、重视边疆建设的基础。赵历仕武帝、昭帝、宣帝三朝,是朝廷的柱石之臣,曾辅助大将军霍光拥立汉宣帝,《汉书》中有赵充国的长篇列传。初任御林军,后随二师将军李广利北击匈奴,回师途中,汉军陷入重围,阵前赵充国勇冠三军,率劲卒突破重围,汉军得救,"身被二十余创"。这比《三国演义》中为救孙权身中十二枪的周泰还猛。回京后,"武帝亲见视其创,嗟叹之"。后赵率兵再击匈奴,俘获西祁山王(匈奴王)。

---

① 刘汉东:《汉代西北屯田及其土地形态演化探论》,《郑州大学学报》(哲学社会科学版)1989年第5期,第94-100页。
② 《三国志》卷一《魏书一·武帝纪第一》,中华书局,1982,第15页。
③ 林梅村:《楼兰尼雅出土文书》,文物出版社,1985,第5-6页。

尽管赵充国军功卓著，但与其屯田之功相比，军功还当居其次。他是于湟中屯田的第一人①，并且系统提出了湟中屯田的十二大好处——这对边疆其他区域，不无参考价值。后世将《汉书》中赵充国上书朝廷有关屯田的内容连缀在一起，称为《上屯田奏》或《屯田三奏》，其影响极大，为后世所重视，包括康熙皇帝②。赵充国在湟中实行的是军事屯田，至三国，曹操将屯田扩展为军屯与民屯两种，民屯也是准军事性质的，一则收留流民，二则也使军队有后备。

神爵元年（公元前61年），羌人叛乱，赵充国请缨出征，时年76岁。

抵西羌，根据实际情况，老将赵充国定下"不战而屈人之兵"的策略。后朝廷陆续增兵至6万人，令其速战，赵以"以今进兵，诚不见其利，唯陛下裁察"为名而不出战。后待羌人懈怠，赵驱兵向前。羌人望风而逃，汉军未损一兵一卒、未放一箭一矢而定西羌，远胜于后辈薛仁贵的"三箭定天山"。神爵二年，于破羌人之处设"破羌县"（今青海乐都区），属金城郡。

击败羌人先零部后，赵充国曾算过一笔账：其麾下边防军达6万人，月用粮199630斛，食盐1693斛，饲料250286石——大约骑兵居多，实在是不堪重负。因而上书朝廷，建议罢骑兵，以步兵"分屯要害处"，没有战事之时，则浚挖沟渠，修缮邮亭，建造桥梁道路。大汉并不出产良马，骑兵一直是弱项，而数千里输送给养，路途耗费量，远超抵达前线者。中国历史上，应付西北边患，一直都存在着给养问题。

赵充国的建议最终得到了朝廷的采纳，并获得了良好的效果。事实上，赵充国是在河湟地区进行大规模的经济建设，由于其手下士卒多来

---

① 芈一之主编《黄河上游地区历史与文物》，重庆出版社，2006，第52-61页。
② 张军：《论赵充国河湟屯田的成效——兼论〈屯田奏〉的理论意义》，《青海社会科学》2002年第5期，第84-87页。

自中原，因而也将中原先进的水利、农业技术带到了边疆地区，从而促进了边疆地区的开发。

赵充国极为注重团结当地羌人、尊重羌人利益，这为边疆稳定、民族融合打下了良好的基础。赵充国在边疆的所作所为，为后代所仿效①②。

《后汉书·马援传》：

> 朝臣以金城破羌之西，涂远多寇，议欲弃之。援上言，破羌以西城多完牢，易可依固；其田土肥壤，灌溉流通。如令羌在湟中，则为害不休，不可弃也。帝然之，于是诏武威太守，令悉还金城客民。归者三千余口，使各反旧邑。援奏为置长吏，缮城郭，起坞候，开导水田，劝以耕牧，郡中乐业。③

这里，突出了东汉伏波将军马援的战略眼光，马援为东汉初年安邦定国的柱石之臣，为后人留下了"马革裹尸""丈夫为志，穷当益坚，老当益壮"的豪迈故事。

马援时任陇西太守，马太守认为，破羌之西，田土肥沃，具有灌溉的条件，不能因为"多寇"而弃之。奏请设置官吏，兴修水利，劝以耕牧，于是，郡中乐业，归附者众。

毫无疑问，河湟之地，属于半干旱地区，缺水。然至武则天时，河湟所出，反输太仓，以备关中凶年④；至唐玄宗开元之时，"入河湟之赋税，满右藏；东纳河北诸道租庸，充实满左藏。财宝山积，不可胜计。四方丰稔，百姓乐业"⑤；天宝年间，"是时中国盛强，自安远门西尽唐境

---

① 《汉书》卷六十九《赵充国传》，中华书局，1962，第2971-2995页。
② 张得祖：《抚羌安边屯田河湟的赵充国》，《群文天地》2013年第11期，第39-41页。
③ 《后汉书》卷二十四《马援传》，中华书局，1965，第835-836页。
④ 马志勇：《漫话河州屯田》，《档案》2013年第4期，第25-29页。
⑤ 王谠：《唐语林校证》卷三《夙慧》，周勋初校证，中华书局，2008，第309页。

万二千里,闾阎相望,桑麻翳(yì)野,天下称富庶者无如陇右"①。这一段时期,正是所谓的唐盛之期。

读到此古文献,使我大为诧异,历史上的河湟、陇右,原来是富庶之地啊!大唐之盛,盛在西北,盛在西北的营田,盛在西北的丰稔,今人不可不知之。之所以能如此,是因为超越了靠天收,水利起着支撑作用,特别是黄河水利对宁夏的支撑(见本书"第五章 贺兰山下阴山前"有更为详细的叙述)。

写至此,我想到了一个词:后院。陇右、河湟之地,又何尝不是中原的"后院"呢?我们知道,西晋"八王之乱""永嘉之乱"后五胡乱华,"衣冠南渡"。可南辕北辙跑到西羌之地的"衣冠西渡"者也不少呢!虽说是"西渡",可事实上是达到了开发西北、"实边"的目的。即使是到了近现代,广袤的西部、大西北也是中国的"大后方"。

《晋书·张轨传》:

及京都陷……中州避难来者日月相继,分武威置武兴郡以居之。②

张轨虽被追认为前凉的开国之君,却是忠于中原政权晋朝的封疆大吏(领护羌校尉、凉州刺史),所以才有中州避难者日月相继来到治下。除却流民,还有"被邀请"的难民:"永宁中,张轨为凉州刺史,镇武威,上表请合秦雍流移人于姑臧西北,置武兴郡。"武兴郡统八县,姑臧为今武威市凉州区;"又分西平界置晋兴郡。"③ 晋兴统十县,晋兴郡治所在今青海省民和县,我沿黄河东行经过了这一带。从"武兴郡""晋兴郡"的名字就知道是对中原政权的忠诚,恰如福建晋江、洛阳桥等名字表现了对中原家乡深切的怀念和厚重的感情。正因为这种"后院"作用,陈

---

① 《资治通鉴》卷第二百一十六《唐纪三十二》,中华书局,1956,第6919页。
② 《晋书》卷八十六《张轨传》,中华书局,1974,第2225页。
③ 《晋书》卷十四《地理上》,中华书局,1974,第434页。

寅恪先生指出：

> 盖张轨领凉州之后，河西秩序安定，经济丰饶，既为中州人士避难之地，复是流民移徙之区，百余年间纷争扰攘固所不免，但较之河北、山东屡经大乱者，略胜一筹。故托命河西之士庶犹可以苏喘息长子孙，而世族学者自得保身传代以延其家业也。①

中原人进到河西地区，同时将先进的文化带到了那里，这自然包括农业技术、灌溉技术。河西地区、远及西域一带变得富庶，当与中原人士的大量迁入有关。"后院"收留了中原人，中原人落地生根开发了"后院"，到后来"反哺"中原，也在情理之中。

张轨在河西地区发展汉文化、保留汉文化方面，贡献尤为突出。

陇右、河湟、河西一带的发展对隋唐愈发重要，主要是水利屯田的发展成为唐帝国重要的经济基础，也成为"安史之乱"爆发后唐帝国得以重塑的重要依靠②。

英国哲学家罗素的一个有名的论述是，在考虑历史重大事件时基本的研究应是水文地理学③。现在，可来个时间上的倒推：盛唐陇右之富及河湟赋税的增加，其依赖的基础是从唐初即有的屯田规模的扩大；此前，则是隋大业年间的大肆屯田，"置河源郡、积石镇，大开屯田，留镇西境"④。而关陇集团的崛起，也须得经济基础的支撑，这就是从北周即开始的大力营田，如河州总管"（李）贤乃大营屯田，以省运漕"⑤。营田，

---

① 陈寅恪：《隋唐制度渊源略论稿 唐代政治史述论稿》，江苏凤凰文艺出版社，2020，第28页。
② 陈梧桐、陈名杰：《万里入胸怀·黄河史传》，华东师范大学出版社，2019，第209-269页。
③ 罗素：《辩证唯物主义》，载汤因比等：《历史的话语——现代西方历史哲学译文集》，张文杰译，广西师范大学出版社，2002，第157页。
④ 《隋书》卷六十三《刘权传》，中华书局，1973，第1504页。
⑤ 《周书》卷二十五《李贤传》，中华书局，1971，第417页。

就离不开水。

一句感悟：历史上，西北安定，重在屯田；"开屯之要，首在水利"（左宗棠）。今之新疆生产建设兵团，亦农、亦工、亦兵，为古代"良式"之继承与再发展。西北地区土地极为广袤，发展西北，必发展西北水利，元明清以来，多有官员、学者论之，于今仍有参考意义[1]。发展西北水利，有利于社会安定，有利于富国强兵，有利于生态改良。

考虑到当时的生产力水平，河湟之地如此之富庶，除了屯田规模大，还有良好气候条件的影响，水的利用更是重要的因素，人工灌溉可以大幅度提高农业产量。从唐前期开始，黄河上游青海、甘肃地区一直都在营田，伴随着营田，必有相应的水利事业。事实上，黄河干支流、湟水、洮河流域水利事业一直在发展[2]。竺可桢先生的研究证明，隋唐时期的气候条件确实比较温暖，作物生长期长[3]，这有利于提高农作物的产量，较温暖的气候为西北地区带来了较多的降雨，带来了相对丰富的水资源，这为水利的发展提供了自然的条件，继而成为农业的支撑。

西北地区的水、水利的重要性，可从下一段引文获得较深的认识，该引文为清郦学大家全祖望所撰《刘继庄传》中的一段话（刘继庄为清地理学家）：

其论水利，谓西北乃二帝三王之旧都，二千余年，未闻仰给东南。何则？沟洫通而水利修也。自刘、石云扰，以讫金、元，千余年不知水利为何事。故西北非无水也，有水而不能用也。不为民利，乃为民害；旱则赤地千里、潦则漂没民居，无地可潴、无道可行，人固无如水何，

---

[1] 详参王培华：《西北水利议——元明清江南籍官员学者的思想主张》，河南人民出版社，2019。
[2] 姚汉源：《中国水利发展史》，上海人民出版社，2005，第218-220页。
[3] 竺可桢：《中国近五千年来气候变迁的初步研究》，《考古学报》1972年第1期，第15-38页。

水亦无如人何! ……有圣人者出，经理天下必自西北水利始；水利兴而后足食，教化可施也。①

水的问题，是西北的大事，无论是现在，还是将来；无论对于生活还是生产、生态。

"水是生命之源、生产之要、生态之基。"（《中共中央　国务院关于加快水利改革发展的决定》）

水的问题在西北地区是如此的重要，不能仅看到是因为水才有绿洲，才有农业的发展，还要看到森林、草地对水的涵养、对水土的保护，故而无节制的开荒、毁林发展农业，大片的宜牧宜农地区的消失，也是唐朝以后西北地区逐渐转困的原因之一。河患的增多也与生产方式有关，东汉王景治河后黄河的安流也与生产方式有关，尤其是黄河中游地带。总之，在西北地区，山水林田湖草沙的关系极其复杂，在对待这个复杂的关系问题上，需要学习、总结的东西尤多。

写到此，或有疑问，西北地区的垦荒、屯田，甚至农业生产，对生态造成了一定的负面影响，对此，该怎么评说呢？我以为，什么历史阶段干什么事，发展与环境的矛盾永远都存在，完全规避矛盾、完全避免负面影响，则社会无法发展。看到问题，尔后优化发展，就是正确的做法。西北生态脆弱的问题，说到底，地理与气候的影响才是最主要的。

六、小积石山

青海东部、甘肃西部沿黄地区流传最多的故事是大禹治水，因而大禹治水的故事是这一带共有的文化富矿，需共同挖掘、深度挖掘。

之所以会这样，有史籍的记载作为"理论"的支撑，包括大禹的出生，

---

① 全祖望：《刘继庄传》，载刘献廷《广阳杂记》，汪北平、夏志和点校，中华书局，1957，第6页。

大禹的成长，大禹的劈山导河。

"夫作事者必于东南，收功实者常于西北。故禹兴于西羌，汤起于亳，周之王也以丰镐伐殷，秦之帝用雍州兴，汉之兴自蜀汉"（《史记·六国年表第三》）；

"大禹出西羌。""夏禹生于石纽，长于西羌，西夷之人也。"（《后汉书·逸民列传第七十三》）；

"导河积石，至于龙门"（《尚书·禹贡》）。

黄河源一带有大积石山；青甘交界，有小积石山。大禹导河的最上游是哪个积石山呢？单凭古籍给出的条件，难以获得一个确定的答案，难以给出确定的"解"。皇皇巨著《禹贡锥指》也只是辑录多家的聚讼，未能给出定说。现在一般人们趋向认为大禹导河的最上游为小积石山，甘肃省临夏县在北洋时期曾被命名为导河县，即源于"导河积石"的记载，算是一个"收敛解"。正因为此，现今的甘肃积石山县有大禹广场。但地理位置更偏西的贵德县，也建有大禹治水雕塑广场，贵德县已远在更上游的地方了。

既然最早的古籍（历史）认定了"导河积石"（地理），这里又是青藏高原向黄土高原过渡的地带，那么，我们就可以将"积石"视为由历史、地理构成的坐标系中的原点。

将大禹导河的"最上游"视为小积石山，并不意味着大禹治理黄河的第一神斧也是从小积石山开始的，挥动"第一神斧"才意味着"施工"的开始。有观点认为，大禹劈下的第一神斧是从黄河壶口瀑布开始的。这涉及如何理解"导河积石"和"既载壶口"的问题，历史上有很多的争吵，这个争吵从孟子时代就存在了。这个看似无聊的"争吵"，其实涉及一个认识问题，即"经史非神话"（章太炎）。正因为中国历史、中国文化是将大禹看作活生生的人，而非超自然的神，因而才会有争论大禹在什么地方首开导河"第一神斧"[或称耒耜（lěi sì）]的问题。

个人认为，对于文化符号，不一定要有"唯一解"，"多组解"也好吧！大禹治水，在中国，是文化符号，是文化象征。对于古文化，尤其是传说时代的古文化，本身就以传说为色彩，并带有一定的神性，能够挖掘出文化意义才是目的，而不是为了独家"占有"，即以大禹治水为例，其神迹、神绩实在是太多了，禹迹遍布天下，这有什么不好呢？禹出西羌，而禹之父鲧却在崇（河南登封一带），禹都安邑（山西夏县一带），而禹穴却在绍兴会稽山，这每一条说法都有古籍的支撑，甚至都有古物遗存，都属大禹圣迹，还是那句话：禹迹茫茫，化为九州，禹文化的广泛传播，既是互相间文化交流的实证，也是中华民族一家的象征。

如果说，大禹神斧劈开积石峡留下足迹斧痕是"天然"的，后代官民的纪念物是"人文"的，那么民和县的喇家遗址则是"考古"的。喇家遗址是一处齐家文化中晚期的大型聚落遗址①，在2000—2001年发现，是一处灾难遗址。此遗址保存了地震灾难的信息，保存了一场大洪水的信息。简单描述该灾难，当时一场地震导致积石峡产生了一处高达240米的堰塞湖，地震和堰塞湖的溃决，导致下游约26公里外的一处大型聚落遭受灭顶之灾。以科学手段测定的大洪水发生年代在公元前1920年前后②，目前我国官方认定的大禹建立夏朝的年代是公元前2070年（字典所附的《我国历代纪元表》），二者相差150年，个人认为这不算大。

那么，能否认定此次洪水就是大禹治水的洪水？

我不这样看，科学的归科学，文化的归文化。

---

① 夏正楷、杨晓燕、叶茂林：《青海喇家遗址史前灾难事件》，《科学通报》2003年第11期，第1200-1204页。

② Wu Qinglong, Zhao Zhijun, Liu Li, et al., "Outburst Flood at 1920 BCE Supports Historicity of China's Great Flood and the Xia Dynasty," *Science*, vol.353, Issue 6299 (August 2016): 579-582.

积石峡与喇家遗址位置示意图

  原因在于，基于历代口传的故事，大禹治水是经过了十余年的时间，人类生活需要长期与洪水作斗争，大禹联合部落共同治水也需要花费较长的时间，这符合逻辑，也只有经过时间过程、实践过程，大禹的声望才能建立起来。但喇家遗址的大洪水是由于堰塞湖的溃决，堰塞湖溃决的大洪水只能是短时的，不可能延续太长的时间。我相信发表于《科学》(Science)上的高水平论文关于古洪水研究的成果，但外延及大禹治水、大禹建立夏朝是牵强的，尤其是孤立的突发灾难事件与有着时间延续性的"稳定"的政权相结合，说不通，地点与"有夏之居"也相距甚远。

  那么，我所谓的喇家遗址"是考古的"，与大禹有什么关系呢？或者有什么意义呢？

  其关系、意义在于，在大禹时代，在青藏高原向黄土高原过渡的地带，也存有高等级的礼器与礼仪制度，如发现有大玉刀[1]；有高水平的史

---

[1] 叶茂林：《青藏高原东麓黄河上游与长江上游的文化交流圈——兼论黄河上游喇家遗址的考古发现及重要学术意义和影响》，《中华文化论坛》2005年第4期，第55-58页。

前面食加工技巧——粟类粮食做成的面条[1]，这当然很重要，这实实在在的考古证据告诉人们，4000年前面条已是人们的美味佳肴。特别值得注意的是，大禹时代，青藏高原东边缘地带存在的高等级的部落政权，或能与中原政权相媲美，因为"大型石刀、石磬，均为王者之器"[2]。这无疑告诉人们，青藏高原地带也是中华文明的发祥地之一。是的，中华文明是多元的，"多元起源、互补共进、中原核心、一体结构"[3]。那时的青藏高原，当存在着远胜于今天的宜居的自然环境，"距今4000～5000年前为气候波动和缓的亚稳定暖湿期"[4]。

七、积石关、积石渡

"导河积石"（《禹贡》），当然是指大禹劈开峡谷，导引黄河东流。积石峡长25公里。

积石山为农牧的自然分界，可认为是中原的最西端。明《河州志》载黄河"至积石，始入中国云"。《读史方舆纪要·古大河》："河源发于昆仑，至积石而入中国。"积石山乃"古今华戎之大限也"。

与"积石"相关的史料太繁杂，"斩不断，理还乱"；这里的历史变迁太复杂，有行政的、有军事的，涉及古代的郡、州、军、镇、驿，还涉及现在行政区划和地名的变化，如积石山县为1980年所设，1961年以前其地归属临夏县，临夏县又属古河州。故而下笔写积石，不是一件容易的事，需要化繁为简。功夫不负苦心人，终于理出"一关、一渡"。

---

[1] 吕厚远等：《青海喇家遗址出土4000年前面条的成分分析与复制》，《科学通报》2015年第8期，第744-760页。
[2] 郭晓芸：《专家谈大禹故里》，《中国土族》2007年第1期，第12页。
[3] 中国社会科学院考古研究所：《中国考古学·新石器时代卷》，中国社会科学出版社，2010，第799页。
[4] 同上书，第78页。

一关是积石关（临津关），为积石峡谷口之东设置的关隘（今有关门村在）；一渡为积石渡（临津渡），为黄河上的渡口。河州二十四关图于1983年被发现，使我们可以知道旧积石关的位置，其西距大河家镇约6公里，临崖壁，面黄河，正是"一夫当关，万夫莫开"的险要关隘。积石关为河州二十四关第一大关，也是明朝与关外茶马互市的地方①。

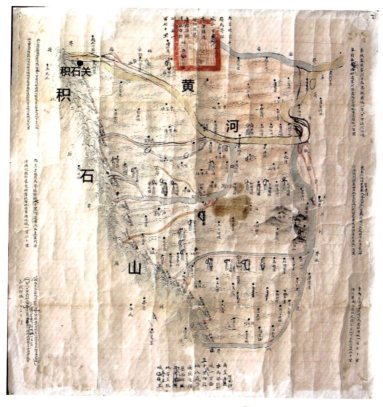

积石关位置示意图②

---

① 临夏州档案信息网：《河州二十四关图》，2015年5月6日，详参 http://lxzdag.com/article/184/，访问时间：2023年6月30日。
② 同上。

积石峡水电站、关门村和喇家遗址位置示意图

历史的原因、地形的原因,官家在这里设置了边关,在西域未归属中原政权之前,可理解为今日之"边防"或"海关"。欲渡黄河就需要先过"海关",如此,积石关就成了"积石锁钥"。然后,在积石渡渡过黄河,就可以西行入西域。关、渡相距不远。

《河州志》载,积石山:

> 两山如削,河流经其中,西临番界,险如金城,实系要地。隋立河源郡①,命刺史刘权镇之。唐李靖伐吐番(蕃),经积石。宋元立积石州,洪武改为关。易马番夷路经此。禹庙建于斯。②

引文说地形,说沿革,说关隘,说禹庙。明人不知禹庙创修年代,只是在弘治年间重修,《河州志》记曰:"系古迹。"显然,文越短,史

---

① 《隋书·河源郡》:"河源郡(置在古赤水城。有曼头城、积石山,河所出)。统县二。"《隋书》中积石山当为大积石山,位于青海。[见《河州志校刊·沿革》"隋置枹罕郡"(第2页)]。隋置枹罕郡在大业三年。[见郭黎安:《〈隋书·地理志〉所载旧置郡县考(秦雍部分)》,学海,1992(4):83-88,62] 据此,河州(或枹罕郡)当与河源郡没关系。
② 吴祯:《河州志校刊》,马志勇校,甘肃文化出版社,2004,第5页。

越久。

《潼关卫志·形势》引《山海关志》载:"畿内之险,惟潼关与山海关为首称"①。这里强调的是"畿内",且此两关都与水发生关系。那么,视野开阔至"边塞"呢?如果再考虑水的因素,积石关也当与潼关、山海关并列媲美,边防的重要性不亚于"畿内",积石关的重要性当不在潼关、山海关之下,诚如古人所言:"地险天成第一关"。

大业五年(公元609年),隋炀帝西巡,经河州至鄯州,所取道路即经过了积石关(临津关)②。此次隋炀帝出西域,不是如去扬州般的游历(此说颇有可供商榷之处),而是去开疆扩土,身后带着数十万大军。此前的大业三年(公元607年),隋炀帝西巡榆林,亲至启民可汗大帐,并派大臣裴矩前往西域诸国交好,先从"外交"上孤立吐谷浑,这是大业五年隋炀帝成功征服西域的前期外部条件。有认为隋炀帝西巡榆林至可汗大帐属于好大喜功,实不能同意。隋炀帝这个人可能好大喜功,但就涉黄沙,至榆林,不避舟车之苦进行"外交"活动一事看,则是有预先谋划的大战略眼光。

隋炀帝西巡击败吐谷浑之后,设置了西海、河源、鄯善、且末四郡。其中河源郡的镇守官员为刘权,刘权有广开屯田的历史记录。

刘权是个超级猛人,《隋书》多嘉许之,称其有侠气,重然诺,并载有刘权单船造访鄱阳湖贼营的传奇,颇似小说演义中的关云长单刀赴会。击败吐谷浑后,刘权"逐北至青海,虏获千余口,乘胜至伏俟(sì)城"。伏俟城(王者之城),即位于共和县的吐谷浑王庭,处于河流入青海湖的冲积扇上,滨湖,有大片丰美的水草,为联结内地与西域、西藏、

---

① 唐咨伯修、杨端本纂《潼关卫志校注》,三秦出版社,2015,第7页。
② 雷恩海等整理《陇右唐诗之路》,《光明日报》2019年10月28日13版。

漠北之交通要枢。往事越千年，西风残照，残垣犹存①。

刘权"大开屯田，留镇西境。在边五载，诸羌怀附，贡赋岁入，吐谷浑余烬远遁，道路无壅"②。"大开屯田"，必有水利伴之。

置新郡，是拓土开疆，屯田、边民怀附，是治理成功。无论后世将隋炀帝说得多么不堪，其开疆扩土之实，总是载于史册。此次西行，隋炀帝有《饮马长城窟行》长诗：

肃肃秋风起，悠悠行万里。万里何所行，横漠筑长城。……树兹万世策，安此亿兆生。……千乘万旗动，饮马长城窟。秋昏塞外云，雾暗关山月。……释兵仍振旅，要荒事万举。

古人说"诗言志"。为便于理解隋炀帝的诗，现引述一段《读史方舆纪要》："昔人言：欲保秦、陇，必固河西；欲固河西，必斥西域。"尽管隋炀帝定都洛阳，但本身出身关陇集团，属军事世家，必定更看重西域，这样才能确保"敦煌以东，风尘无警"③。

虽则"河源郡"置于隋代，但南丝绸之路却早已存在，因"西临番界"，积石关、积石渡早为陇西通吐蕃之要冲。这里有高僧的脚印，有诗人的游吟，有清角吹寒，有战马嘶鸣，有茶马互市，有边民往来。写到此，我想利用理工科的思维引入一个说法，即"文化湍动度"，这是我自创的词汇，类比于"流体力学"中雷诺数所涉及的物理参数，意在说明文化的交流程度，它与不同文化背景、不同民族的人员交流速度（包括战争）和频度呈正相关（相当于流体的速度），与发生交流的地域辐射范围呈正相关（相当于具有长度量纲的物理量），而与人员的"黏滞性"呈负相关（相当于运动黏滞系数），所谓"黏滞性"则是人群的封闭程度，

---

① 芈一之主编《黄河上游地区历史与文物》，重庆出版社，2006，第203-204页。
② 《隋书》卷六十三《刘权传》，中华书局，1973，第1504页。
③ 顾祖禹：《读史方舆纪要》卷六十三《陕西十二·甘肃行都司》，中华书局，2005，第2973页。

越愿意交往，则封闭程度越低。尽管是借助于"流体力学"中雷诺数的表达式而进行的描述，但却不是一个数学式子，也不能用来量化计算，但却有益于对影响因素进行分析，方便分析影响因素的正负方面。

至唐，杰出的军事家李靖，西征吐蕃，出积石，过黄河。李靖后演变成神话人物托塔李天王……多少风流人物在这里留下了痕迹，只能略之了。

《陇右唐诗之路》是颇具新意的专家文章[①]，拓宽了"陇右唐诗之路"的概念。既然积石是这条路线上重要的一站，则陇右唐诗中必然包含许多与积石有关的美丽篇章，随便搜寻一下就会发现，杜甫、高适、岑参、刘禹锡……这些熠熠闪光于文学史的名字，为冰冷的边塞关隘带来了一份温情、一份高光，拉近了积石与中原的距离。

又岂止是唐诗呢？"览百川之洪壮兮，莫尚美于黄河。潜昆仑之峻极兮，出积石之嵯峨。"这是魏晋人的豪言；又岂止是诗作呢？"美哉，山河之固，金城形胜，莫有过此者，皆大禹圣人之功也！"这是明人的赞语！历代美文多矣，只是《题积石》的诗作就不知凡几，集之，必定蔚为大观。

据《陇右唐诗之路》一文，从临州（今临洮）至河湟，是三条"唐诗之路"中易走的一条，这条路线又分河、湟、洮三线，主要为沿河槽地带而行，可称为河流路线。看来河流除了能够提供水上交通，河谷地带也成为古代陆路交通的重要选择，积石渡即是临州—河湟线路上最重要的一个渡口。

我的眼前一直浮现隋大军西渡黄河后的战争场面，长久的历史时期内，羌人、中原人、吐谷浑、吐蕃……在富庶的河湟地进行的战争不知凡几，战争是残酷的，可战争却又提供民族间融合的动力，长期的共融

[①] 雷恩海等整理《陇右唐诗之路》，《光明日报》2019年10月28日13版。

生活，即或是人类学家再也难以说清楚彼此间的血缘关系，这就是我提出"文化湍动度"概念的原因，何须分那么清楚呢？湍动诱发的掺混使得彼此成了一家，民族一家亲，各民族优秀的文化都是中华民族灿烂文化的组成部分。

积石关处的古大禹庙今已不存，积石关隘也只留下断壁残垣，《水经注》中所记述的古白土城、古临津城也只有荒草中残存的遗址。尽管风吹雨打，自有凭吊者，洪流激荡，江河万古，神禹永在。

过去，我曾写过《源远流长·黄淮诸河龙王庙——嘉应观》①一文，其中涉及"黄河清"的内容，所述"河清"起自河州积石关。当时的感觉是，积石关其远也，不知在哪里。不承想，我现在即行走在前往积石山、积石峡水电站的路上，积石不再是虚幻的所在。《清史稿》有关于积石的记载：雍正八年五月，"敕建河州口外河源神庙成，加封号。是月，河清，起积石关讫撒喇城查汉斯"②。

河清，一直以来被看作祥瑞的象征。

历史上的河清与今日之河清有着本质的不同。

历史上的河清，大概率是枯水年。现在的河清，主要是梯级水库拦截的结果。还有着任重而道远的目标：减少水土流失，改善生态环境，使流域产水变得清澈。

"导河积石"、神禹庙、河源庙、关、渡、战争、互市……无疑都为积石编年史的内容，这本编年史，很厚。

---

① 马吉明：《源远流长——沟洫水利历史文化回望》（清华大学出版社），后文直接引用，不再标注。
② 《清史稿》卷一百二十六《河渠一》，中华书局，1977，第3725页。

八、梯级明珠

除了更上游的龙羊峡水电站、拉西瓦水电站，沿河行依次抵达了李家峡水电站、公伯峡水电站、积石峡水电站。

李家峡水电站是黄河上游水电梯级开发中龙羊峡之下的第三级大型水电站，其美丽的湖光山色实在令人难忘。到达李家峡，时在上午，水面起了一层薄纱，氤氲蒸腾，于是那插入湖中的半岛就有了柔焦效果，半岛是丹霞红的山体，山上分布有绿色的植被，其上空则是很浓的几大团白云，水面蔚蓝，风平浪静，远望，缥缈无际，我当时脱口而出："海客谈瀛洲，烟涛微茫信难求……"这缥缈无际的人造水库，何异于大海啊！

氤氲蒸腾的李家峡水库

公伯峡水电站则是黄河梯级开发中龙羊峡之下的第四级，其30万千瓦机组并网发电，标志着中国水电装机容量超过1亿千瓦，也点亮了国家实施西部大开发过程中，我国"西电东送"北部通道上的第一盏明灯。

公伯峡水电站厂房内标牌

积石峡水电站

　　积石峡水电站也是一座大型水电站,为梯级开发中的第五级。坝高100米,峡谷太深,积石峡水电站的大坝如同一个矮个子,看不出雄伟。水电站在峡谷出口部位,出了积石峡就完全到了农耕文化的地带。或许山体含有较多的黄土成分,山体显得破碎,尽管两岸陡峭,但岩面不整齐,不是平滑连接的曲面——完全可以理解为大禹的斧痕,加上山表植被稀少，未能营造出高峡平湖的美丽风光。但远处白云笼罩，绿色隐现，山出浮云上，显出巍峨之势，想峡谷深部必有令人惊奇的风光，否则不会引来千古诗人数不胜数的吟叹。

　　站在坝顶往下看，大坝下游水不多，水面呈浅绿色，峡谷狭窄，说明水比较深，流动缓慢。我关心的一件事是：河水下泄要满足生态流量的要求，特别是需要保持下泄水流的连续性。否则，梯级开发的水库就使得河流变得不连续，随着人们生态意识的提高，人们不希望看到这样的情形。一条连续不断的河流才能形成连续不断的河道生态廊道，人们对河道断流的担忧、诟病，很大程度上也基于此。产生这种现象较多的是引水式水电站，以至于让傍河而居的人家望河兴叹，原因在于某些引水式电站引走了全部的河水，形成了区间河段无水。不能将人的过错归结于这种类型的水电站，相对来说，引水式水电站更环保、更具生态效益，只要人不那么贪婪，只要不把河流的水全部引走，引水发电与河道生态兼顾，那就是合理的方案。

　　还要认识到，黄河上游水电，因其蕴藏量巨大，河在连续的峡谷中奔腾，其梯级开发、滚动开发的方式是适当的，水电提供了巨大的绿色、可再生能源，是社会发展所必需的，淹没损失小，移民少，对生态与环境方面的负效应也小。退一步，如果说其发电效益尚有替代方案，那么，梯级水库对下游所带来的巨大防洪效益、社会效益却是不可替代的。在不否认水电开发会带来一定程度的负效应的同时，更应看到其不可替代的正效应，不惟在黄河上，其他河流也一样。人不可能回到茹毛饮血、穴居野人的时代，极端的观点不可取，在认识到"道心惟微"、人在理解大自然方面尚有欠缺的情况下，水电人要不断提醒自己"允执厥中"，努力做到水利水电事业的可持续发展，努力做到与大自然的和谐相处。

　　黄河赋予青海得天独厚的条件不仅仅是水电资源丰富，还在于密布于青海的梯级水电能够给青海可再生新能源风力发电、光伏发电提供强有力的支撑。十余年前我曾提出青海发展抽水蓄能的看法，或为了集中精力开发黄河上游水电资源，有的同行不太同意我的看法，国家当时也确实没有在青海规划抽水蓄能电站[①]，青海的水电发电量占比为省内第一，在全国也是第一。水电能够快速灵活地适应负荷的变化，何以要发展抽水蓄能？问题的视点转换就在于可再生新能源（风能、光能）的大力快速开发，其间歇性、波动性的短板需要水电来补齐，龙羊峡的光水互补已经是一个很好的范例，为了低碳、绿色可再生能源的大力发展，青海梯级水电站（包括龙羊峡之上正在建设的水电站），将来需要考虑大规模改变运行方式，这个运行方式是：在西北电网庞大的系统内，青海梯级电站以上、下游水库为抽水蓄能的上、下池，大规模采取抽水蓄能方式运行。

匆匆的行程，任务顺利完成。

回程路上，见到了循化人在晒辣椒，是那种长条状的辣椒，有名的循化线辣椒，色彩火红火红，一家接一家，循化种辣椒的人真多。我不嗜辣，浅尝辄止，鉴于循化线辣椒远播的名声，鉴于这红彤彤的场面，就在路边的小店买了两包现磨辣椒面。

西宁机场候机时，我又看到了大屏幕上滚动播放的文旅宣传语：

大美青海！

---

① 详参中国水力发电工程学会、中国水电工程顾问集团公司、中国水利水电建设集团公司：《中国水力发电科学技术发展报告》，中国电力出版社，2013。

第四章　从刘家峡到河西走廊

刘家峡水库于半空中承接了来自天上的水，那是转战南北的水电人所创造的奇迹，因而今人得以感受半空中的湖泊那带着质感、带着固执的绿；黄河水车，延绵千里之上，随隆隆水声旋转了五百年；景电，不唯富裕了景泰川，还"救活"了民勤的生态，巴丹吉林沙漠与腾格里沙漠相遇的步伐不得不戛然而止，生活在北京的人们，近年来明显感受到了沙尘的减少……这些都有水的因素。驻足于河西走廊，回望历史，那流淌不息的祁连融雪，富裕了一方土地，浇灌了一方文化，回过头，又开始反哺中原。我们需要思考的问题有很多……

一、诗写刘家峡

出积石峡，黄河继续东流。其下游的巨大人工湖就是刘家峡水库。刘家峡水电站是我最先知道的水电站之一，时间是在1975年。这有个原因：1974年底刘家峡水电站全部建成，1975年2月5日，《人民日报》在第一版报道了刘家峡水电站。我知道刘家峡水电站，却是因为在1975年的某报纸上读到了郭沫若先生的词作《满江红·游览刘家峡水电站》：

成绩辉煌，叹人力真真伟大。回忆处，新安鸭绿，都成次亚。自力更生遵教导，施工设计凭华夏。使黄河驯服成电流，兆千瓦。绿水库，高大坝;龙门吊,千钧闸。看奔腾泄水,何殊万马。一艇风驰过洮口,千岩壁立疑巫峡。想将来高峡出平湖,更惊讶。

短短几十个字,有感叹,有回忆,有背景,有白描,有期望,有气势。我在报纸上看到这首词后,就有意识地记住了,一如当年学到的古诗,至今能出口成诵。

多年来我没有见过对这首词的全文解释,偶有的解释,要么漏掉了我认为的"拦路虎";要么解释得未必正确——我自己认为的不正确。这里,我试着对自设的"疑问",解释一下。

首先是"鸭绿"二字,我没有看到过有人对"鸭绿"的解释,自然就有疑问。"回忆处,新安鸭绿,都成次亚。"写明了是回忆,当是既存的工程,一处是新安江水电站,另一处就该是"鸭绿"两个字所代表的水电站(修建于鸭绿江上)。"都成次亚"是说这两个水电站的装机容量都小于刘家峡。选择"新安鸭绿"是因为这两个水电站有代表性,郭老也熟悉。

刘家峡水电站是我国第一个装机容量百万千瓦的水电站,"从设计、施工到设备制造和安装,全部是依靠我们自己力量完成的";"大坝下游是巨大的厂房,厂房内整齐地排列着五台国产大型水轮发电机组,其中包括我国自制的第一台30万千瓦双水内冷水轮发电机组"[①]。我特意引文突出"30万千瓦双水内冷水轮发电机组",是因为当时"双水内冷发电机组"尚属于中国工业的奇迹。我大约在1974年,看过一本书《一二五赞歌》,是对我国自行设计、自行制造和安装的第一台12.5万千瓦双水内冷汽轮发电机组的讴歌,故而对"双水内冷"这个词记忆很深刻。而今,中国水电机组的单机容量已经达到100万千瓦,处于国际领先水平。

---

① 《我国最大的水电站——刘家峡水电站胜利建成》,《人民日报》1975年2月5日第1版。

新安江水电站是我国第一个自己设计、自己制造设备、自己施工的水电站，是中国水电建设史上的里程碑，郭沫若先生曾为新安江水电站题写五律诗，如今名扬天下、被誉为"天下第一秀水"的千岛湖就是新安江水库；而修建在鸭绿江上的水电站，其实际的名字是水丰水电站（也叫水丰发电站）。水丰发电站的装机容量当时在国际上名列前茅，郭沫若先生曾有诗作《参观水丰发电站》。水丰发电站修建在中朝界河上，因而为中朝两国所共有。人们解释郭词时漏掉了"鸭绿"两个字，或因为称为"鸭绿"（或鸭绿江）的水电站根本不存在。

"想将来高峡出平湖，更惊讶。"有解释说"高峡平湖"是指刘家峡水库，当然也可以，因为如今水利人说起水库，总爱用"高峡平湖"一词，原因是毛主席有词《水调歌头·游泳》，其中写道："更立西江石壁，截断巫山云雨，高峡出平湖。"郭沫若先生参观刘家峡写下《满江红·游览刘家峡水电站》是在1971年，虽然刘家峡水电站当时尚没有完工，但1969年8月大坝已经浇筑完毕，"高峡平湖"已经是现实，不必要"想将来"。诗人的眼光会更远些——是在遥想三峡工程了，因为前句中已经写明了"疑巫峡"，巫峡是长江三峡中的一峡。毛主席《水调歌头·游泳》中的下阕是："风樯动，龟蛇静，起宏图。一桥飞架南北，天堑变通途。更立西江石壁，截断巫山云雨，高峡出平湖。神女应无恙，当惊世界殊。"后边的几句话，本身所指的就是修建三峡水电站，"更立"是将来时，将来要修建的意思。说话的基点是"一桥飞架南北，天堑变通途"，即已经建成的"宏图"——武汉长江大桥。"西江"即长江三峡，毛主席写这首词是在武汉，长江三峡在武汉的西边，诗中的"高峡出平湖"是"将来完成时"。毛主席以浪漫主义手法描绘了三峡建设的愿景，郭沫若先生尾句是与毛主席诗篇的呼应，也属"将来完成时"。多解释一句吧："神女应无恙"包含了对自然遗产或环境保护的意思在里边，大的水利工程建设，当要照顾到自然遗产和历史文化遗产。"应"字的分量实际上是很重的，何为"应"？在标准或规范中，其实际所代表的意思就是"必须"，只是，不用法律条款的用词"必须"[①]；至于"当惊世界殊"，有朝一日三峡水利枢纽工程建成，"高峡出平湖"，世界当然会震惊于中国人民所创造的奇迹啊！

郭沫若先生的诗是我写本文思路的起点，如今，这首《满江红·游览刘家峡水电站》就镶嵌在刘家峡水电站的展览大厅。

二、继承性的大型水利枢纽工程建设与建设者之歌

刘家峡水电站（甘肃永靖）于 1958 年 9 月 27 日正式兴工，同日开始建设的有下游相距 32 公里的黄河盐锅峡水电站（甘肃永靖。黄河上的水电站，盐锅峡水电站发电最早，开工后 38 个月发电）；一个月前，黄河青铜峡水电站（宁夏）开工；同年"五一"，处于山东的黄河位山枢纽（60 万民工，至"十一"，引黄闸即竣工放水）开始建设；声闻天下的三门峡工程（坝址右岸河南，左岸山西）则于 1957 年 4 月兴建，1960 年 9 月基本建成投入使用；1959 年，黄河三盛公水利枢纽开工（内蒙古）；黄河上的引水工程则更多。还有支流上的工程，如汾河水库于 1958 年 11 月动工。而远在北京，1958 年年初，清华大学水利系的师生开始设计华北地区最大的水库——密云水库，1959 年 9 月 1 日水库拦洪；1960 年 9 月水库基本建成，建设大军 20 万……简短的几句介绍，可看出当时全

[①] 魏华兴：《标准编写常见问题——能愿动词"应"和"宜"的用法》，2021 年 10 月 27 日，"中国船舶标准化"微信公众号，访问时间：2023 年 6 月 22 日。

国大干水利的热潮[1][2]。

　　中国的水电建设速度之快，一方面是形势的需要：为了给人民一个安全的家，为了农业的丰产，为了电力的先行，为了城乡的供水……大的水电工程都是水利枢纽工程，具有多个开发目标，具有显著的社会效益和经济效益；另一方面是国家有了专业的队伍，比如，刘家峡工程的队伍，一部分来自河南陆浑水库成建制的建设队伍[3]，而龙羊峡工程的建设队伍，是刘家峡工程的人马。从中原到西北内陆，再到青藏高原，一路创业，一路辉煌。时至1994年，黄河小浪底工程开工，利用世界银行贷款，采用菲迪克（FIDIC）合同进行管理，建设模式发生了根本的转变。然而，当时因为多种原因，地下工程标段工程工期滞后近11个月，影响截流，后成建制引进中国专业施工队伍（中国水电第一、第三、第四、第十四工程局，共同组成联营体）[4]，才得以克服困难。这凸显了中国专业水电施工队伍极强的"作战能力"、特别能战斗的精神。小浪底工程截流前，工地上张灯结彩，到处都渲染着截流的气氛，依稀的印象，外国承包商挂出了一条标语，其中包含这样的内容：某月某日，就是这一天！这是不太符合中国人语言习惯的标语，表示的是成建制引入中国专业施工队伍的日期，是对中国施工队伍卓越成绩的肯定。我提及此"掌故"，意在肯定中国成建制的专业施工队伍。

　　中国这种能打硬仗的队伍，不只是水电工程局，其他行业也一样，

---

[1] 黄河水利委员会、勘测规划设计研究院编《黄河志》卷一《黄河大事记》，河南人民出版社，1991，第38-39页。

[2] 黄河水利委员会、勘测规划设计研究院编《黄河志》卷九《黄河水利水电工程志》，河南人民出版社，1996，第284-291页。

[3] 刘家峡水库的开工日期要早于陆浑水库。

[4] 张基尧：《合同管理是项目管理的核心——小浪底水利枢纽国际合同管理的经验与体会》，《中国工程科学》2011年第4期，第54-67页。

比如：铁道工程局同样过硬，穿越秦岭的宝成铁路从开工到建成只用了四年时间；再比如，王进喜所在的1205"钢铁钻井队"，是从玉门转战到了大庆……我相信这是中国的工程文化，有自己独特优势的工程文化。这里提出"中国工程文化"的表述，希望有人能予以总结。中国之所以取得今天这样伟大的成就，很大程度上在于有志气、有能力的建设者，他们具有的责任感和担当精神，成为树立起丰碑的基石，成为铸就辉煌的脊梁——精神转化为了物质。

在梳理刘家峡相关资料时，有两位"老水电"进入我的视野：一位是曾任水利部副部长的刘书田，另一位是曾获全国水利水电系统"先进生产者"称号的开挖队钻工组组长王进先。

刘部长是一个老革命，抗日出身，可最终变成了国家建设期数个重大水利水电工程的"定海神针"。早在三门峡工程宣布正式开工之前的1956年，刘书田已经任职于工地，1964年被任命为黄河三门峡工程局局长、党委书记，后历任刘家峡水力发电工程局局长（后来的水电四局）、党委书记，葛洲坝工程局（330工程局）党委第一书记，水利部副部长，水利水电工程总公司董事长等职。

我用了"定海神针"四个字，当然是因为其"前敌总指挥"的角色。我与刘部长在"时间与空间上"有过"交集"，曾亲眼看到了他当年在葛洲坝工地的现场指挥，即1981年1月4日"万里长江第一坝"葛洲坝的大江截流合龙。当时，我是武汉水利电力学院大三的学生，所学专业是水利水电施工，大江大河导截流属本专业重要的内容，因而学校临时调整教学计划，安排我们到工地实习，现场去观看这一震惊世界的壮举。在长江上施行导截流，这是第一次，不能忘记那艰难的时刻！先引用文献的具体描述[1]：

---

[1] 杨慎勤：《饮马黄河 鏖战长江》，《中国三峡建设》2006年第5期，第89-91，3页。

在长江截流紧急关头,水势大,流速快,20米龙口进占艰难而缓慢。25吨重四面体投下去,就像扔下一片树叶在水面上飘然而去。两堤挑角长时间站住[①],抛投多少就冲走多少。在这紧急关头,他将几个现场指挥员召集到一起。他提出将4块四面体用钢丝绳串起来,一齐抛投。5分钟,4块四面体串好,大马力(功率)同时推入龙口,好,站住了!两边的挑角稳稳地站住了,接着就是一阵石块、石渣、四面体猛烈抛投,不到1小时就合龙了。原计划7天,结果36小时就斩断长江,实现截流。

重庆中国三峡博物馆门前的截流石与载重卡车轮胎

工程经验需要继承,当年三门峡工程截流,所使用的合龙材料就是四面体,只是,最大重量为15吨,至今,在三门峡水电站,还竖立着当年所使用的四面体,供人们参观学习。

---

① "站住"应为"站不住"。

三门峡工程截流用石：混凝土四面体

几十年过去，如今大坝合龙前的强抛情景仍然历历在目，尤其是"抛投多少就冲走多少"的情景。面对着艰难的局面，原本奔驰的截流载重汽车停止了行驶，时间似乎凝固了，江水似乎成了不可阻遏的胜利者，我觉得那是工地上短暂的一阵"死寂"，自己虽是看截流的学生，可也是焦急难耐。就在这时，看到了截流戗堤头部，有人在用钢丝绳连接起25吨重的四面体。我补充说明，上面引文的叙述不完全"准确"，因为，是先推下一块四面体入江中，让留置于戗堤上的其余几块四面体拖住先推入江中的那一块，在确定水中的那一块四面体站稳脚跟之后，再行将岸上的其他四面体顺序推下。

我插入看似无关的一段，意在说明，久经沙场的老革命变成了专家，变成了能解决实际问题的专家，这就是"在战争中学习战争"，不需要高深的理论，战场上"能打"就行，尤其是在关键时刻有主意或对合理的建议能当机立断。例子还有很多，不能尽述，比如，时任局长的刘书田在刘家峡提出的"抢刘家峡、装盐锅峡、带八盘峡"的战略构想，在人力资源、基础设施（设备）配置上就极具优势，这是一种超级长的"梯级流水线""一字长蛇阵"。那时，还有一条特别的专用铁路，称刘铁专线，其从兰州出发，一路串起刘家峡、盐锅峡和八盘峡（称"刘盐八"）等电站，以运输通往电站的物资、设备、电站职工为主。刘铁专线归属水电四局，这也说明了国家对大型水利水电事业的特别支持。刘铁专线同时也联结起了县城、地方乡镇和厂矿企业，为地方发展作出了贡献。时任局长的刘书田提出的"大峡带小峡"模式，也影响到后来清江、乌江、南盘江、北盘江的滚动开发，如今，清江隔河岩左岸"滚动开发"的巨型白色标语牌，还驻留在我的脑子中。而像刘部长这样的水利人，在工地上摸爬滚打一辈子的，实在是太多了，共和国建设的功劳簿上应当有他们的名字。

王进先是一位钻工，从燕山到中原，再到大西北，是一位转战于北京永定河官厅水库、黄河三门峡水库、河南伊河陆浑水库，最后来到刘家峡工地的"老水电"。大型水利水电枢纽，截流是标志性的时间节点，而控制这个时间节点最重要的工序是导流洞的开挖，王进先所带的钻工组承担的正是导流洞开挖的艰巨任务，因而开展劳动竞赛就成为抓进尺（可理解为进度）的一种手段——劳动竞赛是一种卓有成效的精神激励机制。一次因为断水，钻杆难以转动，王进先及其所在班组的同志们，用嘴去吸吮石渣中存留的浑水，然后喷到钻杆上，以降温、减小摩擦扭矩，如此反复，保证能够继续钻进、按时达到钻孔深度、按时装药放炮——这不是"传说"，是写在黄河《水利水电工程志》中的历史。如今，原始施工设备还在"甘肃刘家峡水电厂全国爱国主义教育示范基地"展览馆中展览，那里有展现施工场景的雕塑。而这又确确实实是传奇，让我想起大庆油田 1205 钻井队的铁人王进喜，"一天，突然出现井喷，当时没有压井用的重晶粉，王进喜当即决定用水泥代替。成袋的水泥倒入泥浆池却搅拌不开，王进喜就甩掉拐杖，奋不顾身跳进齐腰深的泥浆池，用身体搅拌，井喷终于被制服"①。这种情形正是我上小学阶段老师念的报纸所描述的，这种记忆不可能忘记。那时，战斗在刘家峡工地上的老水电们，有多少都是王进先、王进喜啊！

《饮马黄河　鏖战长江》一文介绍说，刘书田在刘家峡工地上向邓小平、李富春、薄一波等领导同志汇报，给人的第一印象是谦和干练，就是脸显得粗糙。其实，除了粗糙的脸，还有粗糙的手，这是每一个在山谷中从事水利水电建设者的形象。不只是在水利水电建设的工地上，其他诸如道路、桥梁、铁路、矿山、油田等岗位上的每位建设者，都有一张饱经风霜的脸，一双粗糙的手。在大西北两弹一星的建设工地上，人们的脸膛只怕更为粗糙。这是"以身许国"！正因为此，勤劳勇敢的中华民族在新中国成立后不久，才得以快速跻身于世界民族之林，巍然屹立于世界的东方！

作为奉献的一代，他们也有悲情，正如《命脉：中国水利调查》②一文中写及某些水利工人的"职业病"时，用了这么一句话："当豪情不再，悲从心起。对于他们，回忆更是一种揪心的痛。"我相信这种悲情的存在，但其于心灵间的存在，也许只是短短的一瞬，也许只是对话时的场景，原因是，我看过更多水利人的回忆，他们是取得成就的一代，他们是自豪的一代。人需要成就感，需要信念的支撑，需要自我肯定，他们会为自己干过的工程注入深深的感情。我觉得，随着年岁的增长，人会看淡很多的名与利，但越老，越会为自己的贡献感到自豪，即或是自说自话，也需要这样。"要奋斗，就会有牺牲。""为有牺牲多壮志，敢教

---

① 《王进喜：新中国石油战线的铁人》，2005年4月29日，https://news.sina.com.cn/c/2005-04-29/14305785840s.shtml，访问时间：2022年7月27日。
② 陈启文：《命脉：中国水利调查》，湘潭大学出版社，2012，第38页。

日月换新天。"毛主席这几句话里，"奋斗"是共和国的需要，"换新天"是共和国的目标，而"牺牲"就成了必须付出的代价，换句话说，因为有壮志牺牲，才"敢叫"天地一新。巍巍大坝，是山水丰碑，上面有每一位建设者的名字。

任何大的水利水电工程，都会带来一片超凡脱俗的美景，而刘家峡一百多公里的高山峡谷水库，是将天上美景布置到了人间，这对西北干旱地区来说，尤为感人、动人。在众多赞颂刘家峡水库的篇章中，散文家梁衡的《刘家峡绿波》可谓是独具慧眼。在梁衡先生的笔下，刘家峡水库的水绿得黏稠，绿得厚重，绿得有质感，还绿得固执。"固执"一词，将原本司空见惯的现象，描写得富有个性，如："船头上那白色的浪点刚被激起，便又倏地落入水中，融进绿波；船尾那条深深的水沟，刚被犁开，随即又悄然拢合，平滑无痕。好固执的绿啊。"这里的描写，不见水经久不息的荡漾，不见波渐行渐远的淡出，显然告诉人，那高山水库，实在是太深了，有容乃大，以至于波澜不惊。当然，最使人感到意外的，还是对李白诗的外延性解读：

这新奇的绿景，最易惹人在享受之外思考。我知道，这水面的高度竟是海拔一千七百多米。李白诗云："黄河之水天上来"，那么这个水库就是一个人们在半空中接住天水而造的湖，也就是说，我们现实正坐在半空水上游呢！

真是新奇的解读！

大约梁衡先生太关注那绿了，以至于忽略了石质红崖，红崖上部那深深的黄土覆盖，正是大自然的无字之书，告诉我们那由风带来的黄土沉积、不断隆升的基岩，以及水流对隆升基岩的持续切割——没有什么能对水形成阻挡，"青山遮不住，毕竟东流去。"这里，实际上形成了绿水、红崖、黄土的三色大写意，而幅面之宽广，硕大无朋，成了世间唯一。

我想，长峡晚照之时，这石崖的赭红因晚照的灿烂而变得更加鲜明，那带着质感的"半空中"的绿，于远处也泛出了金光，就该是人间仙境？抑或是幻境？不！真实的存在嘛！存在于干旱的西北。渔舟唱晚，欸乃归舟，"长湖"如海，"残阳如血"。

当然，更多人喜欢看刘家峡水库"泾渭分明"的奇观，那成了著名的景观。洮河入黄是挟沙水流，水库的水，则是澄碧的静水。一动一静，一清一浑，于是，这黄绿二色，就勾勒出了奇妙变幻的图案，任你想象。库容大，洮河所带来的那浓稠的黄，会很快被澄碧的绿所消解，而化作清泓的一部分。我没有看到黄绿交汇的奇妙图案，看到的，是洮口的水与水库的水一样的清，一样的碧，洮河流域，久没下雨了，没有挟沙水流入库，大约流量也很有限。哦，我也没看到梁衡先生那种带着质感的绿，看到的绿，是一种通透的绿，其中带着蓝，是掺混了天蓝的那种色调，刘家峡水库的水，实在是太清了。

刘家峡大坝[①]

---

① 国家电网，刘家峡水电厂网站：《刘家峡水电站》，http://finance.people.com.cn/GB/8215/435221/437704/437761/index.html，访问时间：2022年7月27日。

我看到了另一幅景象。在水库上游段的左岸边缘地带，我看到了牦牛，只是几头。水库的边缘地带，仅有不宽的平地，旁边的山，不缓不陡，山坳与山峰交替连绵，似无尽头，但那几头牦牛，偏偏就选择了在水边啃食。这是一处远离尘埃喧嚣的地方，看着专注的牛，看着连绵的山，让人感觉到的是一种宁静，任凭云卷云舒，不碍牛儿们的悠闲，眼前有草，眼前有水，足够了。

逆水行舟再向前，就真到了清净世界。

刘家峡库尾有炳灵寺，始建于西秦，距今已越一千六百余年，有"第一石窟"之誉，盖因其古老。既老，就有盛、有衰，有辉煌、有凋敝，其经历了梵音阵阵，驼铃叮当，香客如流，战火纷纷，最后，趋于无闻。对炳灵寺学术意义上的发现是陇上史学家冯国瑞先生1951年的考察，留下《炳灵寺石窟勘察记》[①]，使其一举而为天下知。炳灵寺在《水经注》中有长文记述，其名为唐述窟："河峡崖傍有二窟，一曰唐述窟，高四十丈。"（《水经注》卷二《河水》）炳灵寺现为全国文物保护单位，为中国、哈萨克斯坦和吉尔吉斯斯坦三国联合申遗"丝绸之路：长安—天山廊道的路网"中的一处重要遗址，已被成功列入《世界遗产名录》。

无疑，炳灵寺为"高峡平湖"增添了光彩，使现代的人造湖泊有了历史的依托，为万顷碧色增加了历史的厚重感。当游人进入刘家峡坝区时，必然会想到乘快艇、过洮口、浮绿波清流、看壁立红岩，飞驰至炳灵寺，一睹让人心动的石窟。

石窟所在的山谷，壁立如削，以至于飞鸟驻足也显得困难，其高，直插云天，只有在极远处，才能捕捉到奇峰的全貌。有的山峰，状如倒生的钟乳石，而绝高的峰，则恰似岿然凌云的佛爷，显示出一份极为雄

[①] 张含悦：《炳灵寺石窟早期调查中的重要遗迹——以冯国瑞〈炳灵寺石窟勘察记〉为中心》，《四川文物》2022年第1期，第11页。

壮的气势。及近，则可见岩体的沉积，层层累累，负势而上，郦道元曰："河北有层山，山甚灵秀。山峯（峰的异体字）之上，立石数百丈，亭亭桀竖，竞势争高……"（《水经注》卷二《河水》）而石窟，又可让人一睹岩体深部颜色更深的丹霞红。奇幻的地貌，多变的色彩，成了地质变迁的最好展示，因而打动了地质专家，这里被选作了地质公园——属于临夏地质公园的一部分。很显然，大自然遗存与人文古迹的有机组合，石林景观与石窟艺术的相互映衬，更为刘家峡这超大的人工湖增添了一份高光。

我忽然冒出一个疑问，何以石窟的选址偏爱大江大河、偏爱水呢？炳灵寺石窟在与黄河相交的深沟（小积石山大寺沟）之内，沟口即有石窟；龙门石窟面对伊河，黄河小浪底移民搬迁发现山上有规模很小的石窟佛像；乐山大佛面对长江；大伾山的大佛面对北流的黄河；麦积山石窟附近是颖川河；庆阳北石窟面对蒲河清流；武威天梯山大佛脚下是黄羊河水库；大同云冈石窟的一端是水域，石窟山前似无水流，可偏偏有一个石碑，上写："往古，武州山前有水焉，名曰武州川。北魏皇家营造武州山石窟寺……于窟前垒石砌坝。观斯，即可想象当时之场景也……"；即或是沙漠之中的敦煌莫高窟，也直接面对宕泉河。例证不胜枚举，石窟建筑，选址以山石为基是必然，莫非以水为魂？我不知道答案。

炳灵寺是黄河文化中的一处瑰宝，其石窟艺术，含有多民族文化融合的痕迹，是多民族共同创造历史文化的例证。炳灵寺附近是丝绸之路上一处重要的站点，其陇右段南线从西安出发，于炳灵寺附近渡河，直出张掖，与北线汇合后走河西走廊[①]；也是唐蕃古道上一处重要的站点，这里留下了法显西行的脚印，也留下了东来高僧、商旅的踪迹。贬谪于

---

① 郭友实主编《炳灵寺史话》，甘肃文化出版社，2008，第91页。

河州（临夏古城）的解缙有诗曰："只道河州天尽头，谁知更有许多州。八千里外尼巴国，行客经年未得休。"①（《寓河州》）

既是交通线上如此重要的一个站点，则对交通方便性的要求就更高。故而在极早的年代，大河上已有交通桥的存在，号曰"天下第一桥"。在炳灵寺，我看到了"天下第一桥"石碑，有资料说是拓片，不能确定。背面是说明：

"天下第一桥"石刻原在炳灵寺黄河对面鲁班滩一块巨石上，一九六八年刘家峡水库蓄水后被淹没。桥址在炳灵寺水帘洞前，修建于西秦而毁于西夏。

桥既建于西秦，则与石窟同庚。想石刻也有了年岁，经历了沧桑，可惜未能搬移，是一种遗憾。在研读有关炳灵寺的资料中，常能看到对"天下第一桥"的叙述。

炳灵寺中有一个"大明碑"，具有非常重要的史料价值，解释者、研究者不少。1967 年刘家峡水库蓄水，将大明碑由原来的第 16 窟卧佛院移到今第 146 窟。虽说炳灵寺是一个佛教石窟，但碑文开篇却先写到了大禹。可以理解吧，在西北地带，水的重要性是无与伦比的，这正是大禹的故事在西北地区广泛流传的原因，大禹治水，"厥功懋哉！"今将相关的碑文摘录于下②：

一气未分，混茫鸿荒；两仪既辟，阴阳肇生。阳积成形为天，日月星辰悬象；阴沉成质为地，山川土石流水。灵岩形址，已沦匿有焉。至尧，洪水滔天，氾滥中国。舜承天命，举禹任治水之劳，厥功懋哉！

---

① 道光《兰州府志》卷三《建置志》，清道光十三年刊本，中国基本古籍库。
② 曹学文、黄兆宏：《炳灵寺大明碑若干问题研究》，《敦煌研究》2021 年第 1 期，第 37-46 页。

三、兰州粗浅印象：牛肉面、水车与所见之山

刘家峡水库下游约 75 公里就是兰州。

兰州的城市名字真美丽，其历史名称"金城"更具富贵辉煌的色彩。兰州是中国的几何中心，随着国家西部大开发战略的实施，兰州的地位将来会更加重要。

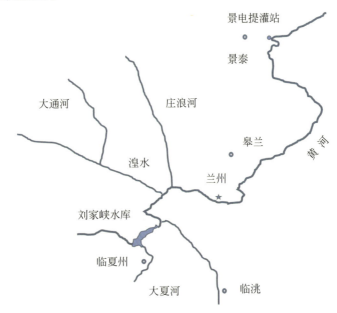

刘家峡水库、兰州、景泰县、景电提灌站位置示意图

第一次到兰州，只是路过，去甘肃景泰县调研景电工程（景泰川电力提灌工程）时路过了兰州，具体是哪一年，却记不清了。

时在秋尽初冬，天空略灰、略蓝、略带点红黄，尽管天空未能充分展示出我事先想象的美丽，但高矮错落的大楼，稍带喧嚣的街道，洁净的环境，将西北重镇的自信充分地表达了出来。

从火车站出来，已经接近黄昏，路上车多。都经过了什么地方，我是真的说不清楚。印象中所经道路傍河而行。黄河穿城而过，这在黄河

经行的九省区中，兰州是唯一。黄河的水涨水落、水清水浑，兰州人感受得最深切。兰州的居民生活用水全部来自黄河（包括刘家峡水库），黄河，是兰州真正的生命线。兰州真的很幸运，兰州之上的流域产水达黄河总水量的 68.5%[①]，这是较为稳定的基流，因而兰州用黄河水，不必要太担心枯水年，何况有刘家峡水库在。

由于车马劳顿，周围不熟悉，晚上也没能出去看一眼城市夜景。躺在床上，思考着，什么最能代表兰州，牛肉面，黄河水车，白兰瓜，百合？都是吧！第二天一大早我就离开了兰州，什么也没看，这就为我再来留下了借口。

没想到，我的第二次兰州之行，留下较深印象的"经历"，正是从牛肉面开始的。

第二次来兰州时在阳历五月中旬末。

火车抵达兰州，已过了中午饭点，我并没有在车上吃饭。前往宾馆的路上遇到了堵车，车辆如蜗牛般爬行，两次绿灯都未必过得了一个路口。想着宾馆可能已经没饭，下车后，拖着行李进了一家近旁的牛肉面馆。

朋友曾对我说过，在兰州吃面，根据喜好可选择三棱、二细、毛细、韭叶子，我想着，这些词语该是当地的"专业术语"。当服务员问我吃什么的时候，我却将这些术语忘得一干二净，回答说"薄的"。很快，面端了上来，正是我喜欢的那种。已经很饿，一口下去，一种浓香即充满了整个口腔，我感觉从来没吃过味道这么好的面。顷刻间，大汗淋漓，一大碗面，连汤带面，一点不剩。出于对这碗面的良好印象，晚饭时又来到这家面馆，不想却关了门。

第二天的出租车上，我同开车的司机大姐聊了起来，内容就是兰州的牛肉面，那大姐健谈，却讲着很费劲才能听得懂的普通话。我抱怨说，

---

① 张含英：《征服黄河》，中国青年出版社，1955，第 8 页。

兰州的牛肉面,汤好喝,面好吃,就是没肉;晚上关门早,不会做生意。那大姐哈哈大笑,问我是外地人吧?告诉我,兰州的牛肉面需要单独加肉;牛肉面馆一般下午四点就关门了,准备的面用完就关门,下午的汤头不如早晨的浓郁,牛肉面最好早晨吃。我恍然大悟,也理解了为什么兰州人的一天是从一碗牛肉面开始的,这属于饮食文化。在家乡河南,烩面馆早晨是不开门的,晚饭时分,才是广迎食客的时候。看来,各地自有其饮食风格与习惯。

在兰州,人们认为"牛肉面"与"兰州拉面"不是一回事,心胸宽大的兰州人,认为"兰州拉面"使兰州面的名声响遍全国,他们很欣赏,但二者的味道不一样。原来是两种美食。"牛肉面"也好,"兰州拉面"也罢,都是黄河美食文化中的名吃。

黄河流域,是以面食为主的地方,黄河面食,是全世界面条的祖宗。青海喇家遗址的一碗面条,距今已有4000多年[1],喇家遗址发现之前,所知最久的面条实物,发现于新疆罗布泊的小河墓地,距今2000多年。

兰州有两个展示水车的园子,一个叫水车园,另一个叫水车博览园,二者展示内容大体相同,我统称水车园吧。一个城市有内容相同的两个园子而不显重复,在于兰州号称"水车之都"。不同于全国其他地方在园林景点设置的简易古代水车模型,兰州的水车展示,是黄河上游地带利用水的动能予以提灌的真实再现。这里的水车真的能提黄河水,也真的在提黄河水,用于观赏,也用于园内用水。黄河水车在以兰州为中心的黄河上下游地带,曾有长久使用的历史,其蔚为大观,直至20世纪50年代。

黄河水车是明朝兰州人段续发明的。水车园的进口处有段续的塑像,

---

[1] 董晓君:《舌尖上的文化共享:兰州牛肉面的前世今生》,《今日民族》2017年第5期,第48-51页。

下边有段续的简介，略云：段续，兰州人，明嘉靖二年进士。任职湖广时对当地筒车产生兴趣，详察其结构原理，绘制成图。晚年归故里，致力于水车仿制。几经反复，于嘉靖三十五年始得成功。后仿制者众，历四百余年而日臻完善。至 1952 年，尚有 250 余轮水车立于兰州一带的黄河两岸。

《重修皋兰县志》卷十一《舆地下》载："言水利于皋兰，宜莫如黄河者，郡人段续创为翻车，倒挽河流以灌田亩，致有巧思。"[①] 从引文可以看出，兰州一带的灌溉，依靠的是黄河，但河低地高，难以自流，因而水车的发明就显得尤为重要，否则望水兴叹就不可避免。基于段续的发明，仿造者众，上自青海贵德，下迄宁夏中卫，连绵上千里。据民国年间（1944 年）甘肃水利林牧公司的调查，甘肃全省沿黄两岸"共有水车 361 辆，灌溉田地 96280 余亩（1 亩 ≈666.6667 平方米）"。[②] 据档案材料，其沿河分布，"每隔三至五里，就有水车一二辆，三五辆不等"[③]，真乃比比皆是。由此看来，用水车引黄其实是西北青、甘、宁的特色。既然如此，何不申遗？荷兰有"风车村"，风车密集，为世界文化遗产，也成为荷兰的标识——现如今人们爱用 logo 这个词，一个村子里的风车再密集，也不能与千里黄河上的水车规模相比。风车、水车虽不同，但用的都是自然力，且二者功用相同：都是提水（荷兰是排低地积水）。兰州大水车的亮点在于"量大"，广为使用，世界范围内，无出其右者。

我是先在青铜峡宁夏水利博物馆看到的水车转轴，后在兰州看到的水车。那转轴是历史遗物，也就是文物，极为粗大，让人感到震撼。当我在兰州的水车园看到真实的水车时，才理解了为什么需要那么粗的转

---

① 张国常：《重修皋兰县志》卷十一《舆地下》，民国六年石印本，第 5 页。
② 陈乐道：《档案记载的兰州水车沿革及工艺》，《档案》2008 年第 3 期，第 27-29 页。
③ 姜洪源：《水车档案：述说兰州水车的历史》，《发展》2011 年第 3 期，第 158 页。

轴，原来水车的直径最大可达16.5米，非有粗壮的辐条不可，而辐条则需要固定在转轴之上。

宁夏水利博物馆：水车转轴原物

水车园内水车的布置极富科学原理，也是科普的好材料。引水渠直接从黄河引水，水车一个接续一个沿渠布置，奇妙的是，在安设水车的地方用隔墙将渠道一分为二，这样就可以安设两部水车，而且，渠道一分为二，则渠道被束窄，因而流速增高，这样推动转轮的力量则会变大。渠道前有控制闸门，启闭灵活，水车可随时启动与停下，也不怕水大时冲坏水车。一部水车的浇灌能力达三百多亩，这是很大的数字。历史上的水车为社会带来的巨大效益，会折服任何人。

黄河水车是将水的动能转化为旋转机械能并用以做功提水的机械，依据力学原理，属于"冲击式"水轮机的范畴，可视为现代冲击式水轮机的原型机。现代冲击式水轮机出现于19世纪末。

我看过不少古代"河渠""泉流"的水案，没想到，黄河"水车"也有水案，民国年间尤多。这充分凸显了西北地区，水乃民众命脉之所系,"些微"利益受损,就可引起争讼。管中窥豹,可见一斑,但凡涉及用水,就会有社会影响,水,不但影响社会发展,也影响社会安定。

兰州:两轮布置的巨大水车

行将天晚的时候,我开始在兰州的黄河边散步。我去过上海的外滩,外滩是摩登的;去过武汉的江滩,江滩是大气的;而兰州的河滩,则是最接地气的。

随着太阳西下,黄河滩边的人逐渐多了起来,有携手欢笑的情侣,有相互帮扶的老人,有幸福甜蜜带着孩子的中年人。有健步者,有闲庭信步者,有轻舞者,有观景者。

太阳下山了,天空暗下来,彩灯渐亮、渐多,远远的霓虹,映衬在宽阔的河面上。河静静地流淌,岸边停有几艘彩船,船装饰得富丽堂皇。

河滩上,铺设的不是沙子,而是石头。石头的滩面一直延伸到水中。因为是石头,方便了人在上边行走,不会湿鞋,不会沾染淤泥,也安全。

彩灯,照不到近水处,近水处是黑暗的。偏偏在近水的地方有不少人,或蹲着,或站立。有孤零零一人的,忘记了远处的霓虹,享受着近水处的黑暗；有三五个在一起的，欣赏着没有半点波涛的黄河水，相互间低声地聊天。河滩人多，却不显得喧嚣，黑暗可压低喧嚣。白天的道路太喧嚣了，人们必须去享受一下这河边的安静，以作补偿。有人蹲在水边摸石头，然后半站起来，歪着身，侧着头，面向河……我好奇他们在干什么，就有意识地接近，哦，看清了，居然是在玩打水漂——真让人羡慕啊，这是少年时代曾有的经历。玩打水漂的人，不时能碰见，下意识地放松，算是高级享受吧！

再往前走，碰见了一个茶摊。那茶摊很大，有的人躺在躺椅上，有的几个人围拢而坐，在嗑瓜子、喝茶，旁边放着大号的暖水瓶。这茶，是不一样的，不是红茶、绿茶等一般意义上的茶，是三炮台养生茶。茶摊之多，一个接着一个，兰州人是将养生和放松结合了起来。

当然，夏日，少不了啤酒。兰州人喝的啤酒，是那种瓶装扎啤，酒瓶带着手柄。

夜色中，也有手捧鲜花的情侣，那是夜色下的爱情浪漫。

至于夜生活下的美食，还是省略了吧，我不想在敲字的时候忍不住而咽口水。

……

我实在想不出，哪个城市的夜生活是如此的丰富多彩，哪个河边城的风情是如此的接地气。

走了多长时间，走了多远，走到了什么地方，我也不清楚，但我知道，走到了火树银花、色彩斑斓的地方。夜色景观最集中、最漂亮的地方，是黄河左岸的山，闪烁的彩灯，装饰着山上的建筑，装饰着山上的树木，也装饰着山势的起伏变化。山，变成了迷幻的存在，城市，变成了迷幻的存在，人，不可避免地迷失于其中，而所有这些，都围绕着黄河展开，黄河，成了放映兰州风景、兰州风情的电影胶片。

我累了，实在是走不动了，从河滩边走到了大街上，没想到的是，街面上仍然是车水马龙。我真的不知道，不夜的兰州城，何时才会静下来，而出租车仍是那样的难打。

我想看看白天的黄河，第二天一早，从黄河母亲的塑像始，顺河往下游方向走。

兰州的黄河母亲雕塑是一件很成功的艺术品，如今俨然成了兰州市的一个景点、一张名片，因而有不少拍照的人。黄河母亲雕塑的成功，我觉得有两个原因，第一是姿态的俊美，作为视觉艺术，为人传递出美的感受是第一位的；第二是其基于并反映出的文化底蕴，即黄河文化。对此，有专业的述评，不赘述。出租汽车司机告诉我，兰州的黄河母亲塑像是第一个黄河母亲塑像。

沿河行的人不少，多是当地人，人们在享受河边的绿色与花香。我再次经过了水车园，经过了中山铁桥，那声闻天下的"黄河第一桥"。中山铁桥，年龄超过了百岁。大桥所在位置，是明镇远浮桥的旧址。镇远浮桥，明初宋国公冯胜初造。缆系木船于将军铁柱，以成浮桥，今有将军柱在。

我的关注点又移到了对岸的山。

山，并不如晚上看起来那么美。

河靠山蜿蜒，河边有道路，山前为现代化的街区。山顶有树，近山脚处有树，道路两边有树。山腰中部，有建筑群，有可遥视的框格护坡。框格的结构，一方面可保护山坡，以维持其稳定，减少水土流失；另一方面可于框格内种草，有改善生态、带来绿化的功能。但我没看到框格内披绿，也没看到行将初绿的端倪，或许太远了。也就是说，山上还有大面积不长草的地方。因是在五月中旬末，我相信，时令再往后，随着雨季的到来，山表的绿色状况会有改观，大面积的绿或将呈现出来，但未必会有多致密，持续时间也不会太长，当湿度与温度到达临界值时，萧瑟的景象立即会出现。譬如，在内蒙古偏于干旱的地区，八月底九月初，一旦遇见降温，温度低于5℃，一夜之间，草可由绿转黄。我也确信，以兰州城内其山离河之近，以兰州所具有的条件，以现在的技术水平，兰州将市内的山打扮得葱郁翠绿，不是不可能，但之所以没这么做，或还没做到这一步，当是考虑到了维护、维持的困难。兰州所在地区，既受到青藏高原的影响，也受到黄土高原的影响，总体来说干旱，降雨量少，四季变化明显，这为满山披绿带来了困难。如果地域更偏西，生态状况将更加脆弱。在接下来前往刘家峡水库的行程中，沿途所见，就说明了这一点。

从兰州前往刘家峡水库，所行道路多处在山区。道路右侧的山高，壁面陡，虽左侧也是山，但山坡缓，兼有岭的地貌，因而就有梯田的存在。在道路两侧都看到了引水上山的管道，但却没看到绿色的庄稼。总体上说，有一种荒凉感。我好奇于山上交织的、近乎菱形的图案，这些图案很多，也很密，初以为是类似鱼鳞坑一样的东西，以便蓄存雨水。好奇兼疑惑，就询问司机，司机是永靖县人，很了解农村状况，他告诉我那是羊踩出的路。

羊踩出的路我以前在去龙羊峡水电站时看到过，那道路明显，发亮，窄而弯曲，并没有如此的密集，更没有形成交织的图案，推测，这里的牧业当较为发达。我几乎没有在山上看到树，所看到的有限的树木，也有哗啦啦的水泵在为其浇水。结合我从龙羊峡一路走来的印象，觉得西北地区生态改善是长期而艰巨的任务，各地情况也有所不同，之所以呈现出现在的生态，其与气候条件是相适应的，比如，我觉得通往刘家峡道路两旁的植被状况似不如从西宁前往拉西瓦、刘家峡的状况好，但我知道，我所见到的时间段是不同的，不好拿来直接对比，因而我同在西北水利水电勘测设计研究院工作的同学进行了核定。同学基本肯定我的意见，并补充说，龙羊峡之上，生态状况还要好些。这都与当地所具有的自然条件有关。因而我认为，"生态破坏严重"这句话未必到处都适用，"破坏"是人为的结果，而"脆弱"的生态是老天爷造成的。如此，在自然条件不适宜的地区，要让山川披绿一定是困难的。我的意思是，适宜长树的地方植树，适宜长草的地方种草，连草都不适宜生长的地方则不能勉强，否则成本太高。

司机告诉我，梯田上可种玉米，但农民种植粮食的积极性并不高。

道路附近，我看到了不少百合，深绿的百合叶匍匐于地面，尚没有长出茎秆。司机说，这里温差大，晚上有露水，适合百合生长。兰州百合是名产，我吃过很多的兰州百合，永靖是"兰州百合"原产地核心保护区，大约我所吃的百合就来自永靖吧！

四、景泰与景电，民勤及相关的

从兰州去刘家峡是往西，从兰州往景泰，则是东北方向。我仍愿不厌其烦写下所看到的沿途"风光"。

一早前往景泰，天气灰蒙蒙的。

这一路走来，似乎没看到多少美丽的景色。初出兰州，已经给人干旱缺水的感觉，尽管知道是时令的原因，"西北秋尽草已凋"，但凋谢的"衰草"也渐少，一是因为视野近于公路，视野近，草就显得稀疏，韩愈"草色遥看近却无"的描写对春草、秋草都适用；二是因为土地已经翻耕。翻耕过的土地表面散布着板结的土块，没有草。少年时代，所干过的一项农活就是跟在犁的后边，打碎翻耕土地时出现的土块，大的土块影响播种。何以这一带的土地翻耕过后，任凭土块"依然故我"地摆放于地表而不敲碎（或用耙压碎）？现在回想起来，可能是在等待黄河水的漫灌，经过水的漫灌，自然会"泥融无块水初浑"，不会影响来年"雨细有痕秧正绿"。看来，这里的农业耕作与中原地带是有差异的。这不是推测，因为在接下来的行程中，我确实看到了黄河水的大片漫灌，同行之人也给我做了解释：浇灌以后，土地休息一冬（这里是一年一熟），来年春暖播种，可保证墒情。

路途中也见到了断断续续的山，那山似乎都有棱角，何以多风的西北地带山表会带有棱角而不是圆滑的曲面？我不知道，或可能是山表水土流失（包括风吹走的松散土壤），留下了未曾风化的岩体，也就是水土流失的速度大于土壤生成的速度。若进行如此判断，则这一带的生态就太过脆弱了。这样的话，对山体表层土的人为扰动，一定会增大水土流失，而土层的再生是极为漫长的过程，如此看来，则西北地区的山表土壤就过于珍贵了。远山或有草吧？即或是有，密度也不会高，因为压根就没看到"山抹微云，天黏衰草"的景象。

单从农业产出来看，这一带的黄河大流量漫灌，由农业带来的种植收益，若对比南水北调中线的水价，不如将水的使用权转换给中下游地带，而置换出一部分中线调水，进一步增大京津地区的用水量（或将置换出的一部分水量做更优化的配置），缘由是，黄河中下游、京津地区单位水的产出要高于上游（不单指农业），中下游以及京津地区可在经济上反哺上游。算经济账，这无疑是可行的，将有利于西北生态的恢复，可多余的劳动力怎么办呢？这是社会问题，社会问题是不能单纯算经济账的。那么，换个思路，土地利用方式能否改变呢？包括农业的耕作方式、种植方式，以及与此相关的水的利用方式，其目的在于节水、增收、改善生态、减少水土流失。

景泰寓意"景象繁荣、国泰民安"，其名字让我联想到中国特有的金属工艺品"景泰蓝"，好奇心驱使下我查阅资料，虽然没有发现二者间存在关系，却使我进一步了解了景泰，原来这是一个具有久远人类文明史的地方，可上溯至新石器时代。景泰处河西走廊东端，境内河流多为黄河水系，这与河西走廊"廊道内"的其他县市是不一样的，"廊道内"的其他县市，水资源主要来源于祁连山融雪，并不属于黄河水系。总的来看，景泰的自然景观、人文历史景观以及农牧矿产资源，都有较大的发展潜力。

抵达景泰时遇到了堵车，真是出乎意料。尽管是出乎意料，但却反映了经济的发展。如今的中国，县城内出现堵车现象，已是司空见惯。

第二天，我先到景电工程的一处办公地点，接待人员详细介绍了输水管线的自动化控制系统，这个系统直观、实用。后去现场看渠道，看到了质量良好的现代化渠道，也看到了因运行年限长，边壁已经破坏的渠道，了解了土地的次生盐碱化。灌溉，不是一件简单的事，极大地影响着土地的农业生产力，由灌溉导致的土地盐碱化，从人类文明的早期苏美尔时代就开始了——土地的盐渍化导致苏美尔的农业生产力衰退，并最终导致了苏美尔文明的衰亡[①]。

我了解到，没有景电，就没有今日的景泰川——原来的戈壁荒原，黄沙漫漫。这里的"川"并不代表着有河川，而代表的是接近于沙漠的山间平川，因为缺水，数百里一片荒滩。有了景电的提灌引水，景泰川才变成了绿色满眼的"米粮川"。

是的，历史上的景泰川就缺水，其缺水的一个表征是，当放大地图，会看到很多的村名都带有"水"字。我相信村名是传承的，而不是当下的新命名，那一个个水字，其确切的含义就是"盼水"，盼了多少年，盼了多少代。

需要提到一个细节：我在初到的景电办公楼一层，看到一个条幅，

---

① 戴维·R.蒙哥马利：《泥土：文明的侵蚀》，陆小璇译，译林出版社，2017，第71-75页。

上写着"枸杞培训班"的字样。我提此细节,是因为有了景电的引水,景泰川也成了瓜果之乡、药材种植之乡,其中就包括种植枸杞。

接下来的行程就到了电力提灌站。电力提灌站的院子幽静,有不少名人题字。黄河在这里拐了一个大弯,水的颜色看起来似比土黄色还深,黄河水显得很丰沛。电力提灌站位于河道弯曲的凹岸,取水位置选择得相当不错,从水力学角度看,与都江堰有异曲同工之妙,可以保证取到较为清澈(含沙量低)的黄河水。

我在厂房内看得比较仔细,虽然说我看过的提灌站不多,但厂房内的一切似乎都很熟悉——我看过太多的水力发电厂房。泵站厂房与水电站厂房的区别是前者用电、后者发电,至于建筑结构,完全可认为是相同的。

景电工程、民勤县与两大沙漠示意图

在厂房内，工作人员的一句话引起了我的关注：景电延伸工程是向民勤送水，温家宝总理说决不能让民勤成为第二个罗布泊①。

参观完厂房出来，我看见岸边有石渠，宽在1米左右，渠被荒草掩盖，不易发现，原来是废弃的古渠。看来，古人早在这里引水了，但我不知此古渠的修建年月。处于这样的河道地理位置，古渠未能发展成著名灌区，在于水低地高，不能自流，这与都江堰能够引岷江水自流灌溉成都平原不同，眼看黄河滚滚东流，只能望水兴叹。岸边的近河地带看起来并不比河面高多少，但毕竟水往低处流，人无可奈水何。至于提水700余米灌溉大片的景泰川，只能靠现代水利工程了。

附近有五佛沿寺石窟，开凿于北魏，也是一个紧邻黄河的石窟，周边缺少绿荫，高崖红土裸露，未见游人。

这里是一个古渡口，我在想，千百年来，有多少商旅带着中原的丝绸、茶叶，从这里渡河，再沿河西走廊，西出阳关，那是长长的驼队，眼看大漠孤烟，向西再向西；有多少游吟诗人，从这里渡河，攀上祁连山，站在绝高处，四望无限江山，然后毅然向凉州进发，去寻找古道西风。

"水利是农业的命脉。"（毛主席，1934年）

"水利是农业的命脉，是国民经济和社会发展的基础产业。"（党的十三届八中全会）

"水是生命之源、生产之要、生态之基。"（2011年中央一号文件）

这里，首先应明确对水、对水利的定位。

如果说景电提水工程为景泰川送去的是"富民"之水，那么，景电二期延伸工程——向民勤补水则是送去了"应急"之水。

---

① 景电一期工程：1969年10月开工建设，1971年10月上水；二期工程：1984年7月开工建设，1987年10月上水；景电二期延伸向民勤调水工程：1995年开工建设，2000年建成，2001年3月开始向民勤调水。

在讨论"决不能让民勤成为第二个罗布泊"的问题时，我们会看到水利建设所带来的"负效应"，这是没把握好度导致的，怎样把握好度，是一个严肃的课题；而从业人员，也不必"玻璃心"。事物不可能全是好的一面，水利建设出现"双刃剑"的现象，古今中外概莫能免。

有专门的书籍《决不能让民勤成为第二个罗布泊》在讨论民勤出现的问题，其中对水利建设提出了意见。个人以为：如果石羊河下游的民勤县没有水资源的支撑，则民勤绿洲就不再可能存在，民勤就有可能完全荒漠化，就有可能成为第二个罗布泊，当然不会允许这种事情发生。因而必须有水。

于是，作为具体的行动措施，就有了景电二期延伸工程。这是国家所采取的关键应急措施，因为民勤一带的沙漠，已成为中国沙尘暴"四大策源地之首"，影响所及，面积广大（包括北京），极大地影响了人们的生活和社会发展，尤其是可能殃及武威、金昌，河西走廊有可能会被流沙拦腰截断，因而民勤生态环境状况渐趋恶化的势头必须尽快予以遏止。

导致荒漠化的因素很多，不单单是水，但水是最重要的因素。如果将所有因素都罗列出来，并将这些因素都一同考虑，则会失却主次，于寻求问题的解答未必就有帮助，我相信也不可能将这些因素全部罗列出来，人往往是后知后觉，人对大自然的理解不可能那么全面、那么到位。当我们的社会认可水为最重要的生态因素后（沙尘暴问题就属于生态问题），则努力就有了方向，比如全社会的节水意识、节水行动、对水体的爱护，不允许看到河道断流，不允许小流域河流失去生命。这种意识及行为有益于一般性水域的健康，包括河流、湖泊、泉流、湿地，不唯是指民勤。

既如此，我们就围绕着水，对比一下罗布泊与民勤的前世今生，当然，也请允许我插入一些花絮。

"镇江城下初遭遇，脱手斩得小楼兰。"这是初中时读到的陈毅元帅的诗句，年少时读到的诗印象深刻。何谓小楼兰？王昌龄有边塞诗"黄沙百战穿金甲，不破楼兰终不还"。原来，楼兰是古丝绸之路上的一个国家，一个因罗布泊而繁荣一时的国家。楼兰古城，则是凭罗布泊生存的一个城市。

在本书"第一章 河出昆仑"里引《史记》与《汉书》，曾言及于寘之东的河水注盐泽——罗布泊，认为其为黄河源。罗布泊是否为黄河源且不管它，既能海纳东注之水，则其在汉使眼中，罗布泊一定是个烟波浩渺的存在，"其水（盐泽）亭居，冬夏不增减"，说明在西汉的时代，罗布泊的水位相当稳定。

无奈，因罗布泊孕育、滋荣的楼兰古城，在水资源不再能支撑城市生存之时，也许还包括不再能支撑周边水草茂盛生长的情况下，就消失在了历史的长河中，而成为了边塞诗中"黄沙"的代名词。此外就是沙漠胡杨的旁证，即关于罗布泊水多、水少、水干的旁证，这种耐干旱、耐盐碱极具韧性的树，人言可以屹立千年不死、死后千年不倒、倒后千年不朽，但毕竟，罗布泊的胡杨，大片枯死了，那枯死后站立于西风残照中的树桩，在无言诉说着有关罗布泊水的变迁史。

发现楼兰古城的是瑞典人斯文·赫定（Sven Hedin）。斯文·赫定对楼兰古城的发现，对瑞典人安特生的来华也起了"刺激"的作用，后者来华工作后发现并命名了仰韶文化（见本书"第十一章 嵩岳之下，河洛之间"），对中国的考古学贡献良多。

事实上，罗布泊是20世纪70年代才彻底干涸的。对许多的中国人来说，知悉"罗布泊"的名字，是因为著名科学家彭加木1980年在罗布泊科考中的失踪之谜，由此人们知道了罗布泊是极其令人恐怖的"死亡之海"。

"罗布泊"是如何干涸的？

这本身就是个谜，因为1958年时罗布泊尚且发生过一次大洪水，当时的水域面积达5000平方公里。如此大的水域，何以在3~4年的短时间内会变得彻底干涸？解开这个谜的是中国科学院新疆生物土壤沙漠研究所所长夏训诚先生。夏先生认为，罗布泊是宽浅湖泊，附近的博斯腾湖在没有水源补充的情况下年蒸发量可达1米。罗布泊平均水深约3米，故而在无水源补充的情况下，数年内蒸发干涸完全有可能。[1] 这个解释很令人信服。

夏先生对罗布泊的干涸解释中有个条件，就是"没有水源补充"。罗布泊何以没有水源补充呢？

有专家认为：罗布泊上游的补给河流孔雀河上修建了19座水库，在塔里木河流域上，修建了近200座大中型水库，这些人为的工程，严重干预了流域内的原始生态。

而在20世纪60年代以后，由于中上游发展农业生产、扩大绿洲面积、拦截和引走其源头——塔里木河和孔雀河的大量河水，使罗布泊演变成各类贝壳堆积的荒原。[2]

这是《决不能让民勤成为"第二个罗布泊"》认定的结论，请注意这里谈到了上游发展农业生产、扩大绿洲面积给下游带来的负面影响，不能认为带"绿"字就一定是正效应。

既认定这个结论，就是"映射"民勤生态状况恶化的原因：

多年来随着人类活动的日益频繁，石羊河中上游水资源开发利用的强度不断加大，地表径流在中上游被层层拦截，通过水库引入新灌区，

---

[1] 周一妍：《揭开罗布泊干涸之谜》，《科学与文化》2009年第7期，第20-22页。
[2] 何俊成等：《决不能让民勤成为"第二个罗布泊"》第1部，甘肃人民出版社，2005，第8页。

原来统一的水系变成了一些各自分散的小水系，造成水资源被大量使用消耗，流域水循环系统发生了很大变化，整个流域系统水资源损耗严重，灌溉用的循环水比过去减少了近一半，中下游泉水资源衰竭，原来泉水溢出带的湖泊、沼泽全部消失，对整个流域生态环境造成了严重影响。

石羊河中上游的干支流上有21座水库。总库容为3.5亿立方米，年供水能力可达11亿立方米。流域多数水资源在中上游已经消耗殆尽……①

我大体同意这个结论。中上游拦蓄是一回事，无节制地多用则又是一回事，这需要厘清。

类似的情况，在黄河众多的小流域、微小流域中实在是太多了，在海河流域也有。即：在北方，这是个普遍的情况。在如今，微小的河流下游有水，反而成了稀罕的状况和景观，这正是需要关注的，我们的关注点不能只是大江大河。

石羊河发源于祁连山，汇合融雪北流，是河西走廊东部重要的一条河流。石羊河上游段支流多，支流上有许多的小水库，干流上的红崖山水库为亚洲最大的沙漠水库，中央电视台称其为"瀚海明珠"。可以说，现在的红崖山水库是民勤的生命线，支撑着民勤这个极为宝贵的绿洲。从图上可以明白地看出，正是这个绿洲，隔断了巴丹吉林沙漠和腾格里沙漠的会合，如果没有这颗"瀚海明珠"在，民勤人民将失去基本的生存保障。从这个角度看，红崖山水库厥功至伟。

---

① 何俊成等：《决不能让民勤成为"第二个罗布泊"》第1部，甘肃人民出版社，2005，第68-69页。

红崖山水库、民勤县、青土湖、周边沙漠示意图

可怎么看石羊河下游的终端湖泊——青土湖呢？其从1959年起就干涸了。

冯绳武先生深入研究了民勤水系和绿洲的演变，提出了"自然水系、半自然水系和人工（或计划）水系三个时代"，在半自然水系时代又有细分，其中包括"青土湖期"。"青土湖期"为1840年前后至新中国成立前夕，"在此100多年中，本区特点是原有诸湖均因水源缺乏而消失，变成湖滩荒地。也就是所有湖泊迅速变为绿洲，其中部分荒地已开垦为灌溉农田，部分荒地在夏秋洪水季节，仍有成为短期蓄洪区的"[①]。

可见，青土湖的问题不是现在才有的。

冯先生将1949年以后定义为"人工（或计划）水系时代——跃进渠期"，并说明，"本区现阶段在红崖山以北，基本上已无天然湖泊。"即红崖山下游已无天然湖泊。

---

① 冯绳武：《民勤绿洲的水系演变》，《地理学报》1963年第3期，第241-249页。

这段基于科学研究的描述，清楚地告诉我们，原有诸湖，包括青土湖，之所以消失是"因水源缺乏而消失"，并不能认定是因为现代水利工程红崖山水库及其上游支流上众多的水库修建。而水源的减少，一方面有老天爷的原因，第四纪冰川以后，"中亚气候有逐渐趋于温暖干旱的现象"；另一方面也有人的原因，历史上，长期的"滥牧、滥垦及滥樵采，严重地破坏了天然植被，引起了剧烈的风沙，对河道及河流水量也有一定影响"。石羊河的水因上游截流而流不到民勤的事，早在康熙年间已经发生了，有众多的水案在[1]，故不能误解为现代水库的修建带来的后果。

1949—1959 年，青土湖有水，实际上是短期的蓄洪。而 1959 年以后红崖山以北基本无天然湖泊，确与上游的过分开发有关，开发的速度过快了，下游的利益就没能兼顾到。

青土湖的干涸，以现今的观点，站在湖的立场上，该诉病的地方确实很多；可是，民勤的绿洲基本上处于红崖山水库下游，绿洲是良好的生态，绿洲的产出肯定要高于青土湖，就那么多水，入不敷出，才是问题的关键。设若没有红崖山水库，青土湖可以蓄积汛期洪水，肯定不会彻底干涸——这是站在湖的立场上；但与此同时，会伴随着其他绿洲面积的减少，这只是个此消彼长的算数问题。但红崖山水库的拦蓄，却使得雨洪资源得以有效利用，这需要肯定，需要看到。

上面我们对民勤的问题简单"回望"了一下，简单的回望可以避免人们"冲冠一怒"，将所有的怨气都撒在修建水库上。但也毕竟使我们明白，过分的开发，包括引水、截流、修水库、无节制开发地下水，都会带来意想不到的后果，比如过分拦蓄导致的下游生态问题，其影响面太广。还有水的使用效率问题，石羊河水系年平均总流量约 5 亿立方米，

---

[1] 冯绳武：《民勤绿洲的水系演变》，《地理学报》1963 年第 3 期，第 241-249 页。

约70%的河水消耗于渗漏蒸发[①]。过度开发的同时，并没有关注到开源节流，并未做到高效地利用水资源。

要承认"过度开发"带来的问题，"过度开发"，说明了我们没有把握好度，没有把握好平衡。这有时代的原因。

1975年，我读过一本书《今日嘉峪关内外》，描写河西走廊的今昔变化。其中一个重点是水利。现引用其中的一些资料：

> 戈壁绿洲上出现的容水百万立方米以上的水库就有三十四座，总蓄水量达四亿三千六百多万立方米。群众自力更生办起来的小水库、小塘坝有二百九十三座，蓄水四千多万立方米……四千多眼机井遍布灌区。地面水、地下水双保险的美好前景将永远结束绿洲缺水的历史。[②]

历史地看，这些水利工程当然是成绩；局部地看，群众"自发"修起的小水库、小塘坝当然也是为了农业丰产，也是成绩。但回望历史，现在我们知晓了，过多的水利工程并不能解决资源的问题，群众自发组织兴建的水利工程，若放在流域来看（微小流域、小流域、更上一级的流域……），完全可能得不偿失，尤其给生态带来负面影响。但这有认知的原因，当时人们不可能有现在的眼光，比如认识不到"地面水、地下水双保险的美好前景将永远结束绿洲缺水的历史"是不可能完全做到的；再比如景泰、民勤那样缺水的地方，曾经大力开发地下水发展农业灌溉，为国家贡献商品粮。如今的人们怎可能这样干呢？

我秉持唯物主义的历史观，当时有当时的情况，现在有现在的问题，人不是上帝，不可能考虑得那么全面，关键是要接受正反两方面的经验。有鉴于此，个人看法，社会发展要与承载力相平衡，其中一个重要的承载力就是可恢复的水资源和可引入的外流域水资源，不能竭泽而渔；另

[①] 冯绳武：《民勤绿洲的水系演变》，《地理学报》1963年第3期，第241-249页。
[②] 甘肃省今日嘉峪关内外编写组编《今日嘉峪关内外》，人民出版社，1975，第4页。

外，既然已经走到了21世纪，即使村社的水利发展——这是不可避免的，也要有当地主管部门（如水务局或水利局）的规划，恰如村社民居的建设要符合城建规划。再行"自发"地进行水利建设已不符合当今时代的要求，村社的眼光只在村社的范围内。只有这样，地方水利建设才能更有益于流域生态，才能照顾到全流域的利益。生态的健康是可持续发展的重要基础。

河西走廊的发展与生态改善需要水的支撑，这毋庸置疑。

大约是20世纪90年代后期，清华大学教授谷兆祺先生曾带领我及相关的同志做过一些研究，题目是《大西北发展的关键环节——西北调水工程》，其中提出的一条意见是抽黄河水越乌鞘岭沿河西走廊向西部调水，经武威、金昌、张掖、高台、玉门、敦煌等地，自流进入新疆东南部，沿途可改善腾格里沙漠、巴丹吉林沙漠的生态条件，补充沿途城市、绿洲的用水，进入新疆的水，一部分可用于改善库姆塔格沙漠边缘的生态环境（库姆塔格沙漠跨越甘肃、新疆两地），另一部分可泵送哈密。

我想，即或是缩小规模，只为河西走廊送水，也是值得考虑的（河西走廊地区面积与江苏、安徽、浙江三省面积总和相当），同时也可消纳甘肃的风电、蒙西的风光电力，即以清洁能源发展，促进生态改善。这是能源和水、土资源的结合。

将来南水北调的西线调水，无论采用怎样的调水方案，这条从黄河引水的补水线路都值得作为受水区域线路来考虑，生态效益、经济效益明显而可期，尤其是生态效益。

美国洛杉矶、旧金山等一系列城市的发展以及西部农业的发展，即与20世纪30年代起不断实施的不同规模的调水工程有关[1][2]。美国实施的是远距离调水工程,而从黄河调水进入河西走廊,只在咫尺之间。

水带来无限可能,水带来无限生机,不唯是农业生产。

五、河西走廊管窥:环境变迁与锁阳城、居延海

《史记·河渠书》有云:

自是之后,用事者争言水利,朔方、西河、河西、酒泉皆引河及川谷以溉田。

所谓"用事者",可理解为国家公务人员,即朝廷命官。"引河"是引黄河,引"川谷"是引其他河水与泉流,也就是说开发自然河流与泉流溉田成了西汉官员为政的一时"风尚",是"绩效考核"的重要亮点。

"自是之后"有个时间节点,即西汉元光年间黄河决口成功堵口之后。元光河决(约在元光三年(公元前132年)),决口二十余年未能堵塞,至汉武帝在泰山封禅之后,亲临河决现场指挥,才成功堵口,此时已是元封年间(大约在元封二年(公元前109年))。

河西指黄河之西,作为地理概念,其意思是变化的,汉以后大体上指河西走廊。司马迁特意点明了"河西、酒泉",我们可以理解为,西汉在河西走廊获得政权后,很快就进行了开发。西汉在河西走廊"列四郡,据两关"设立政权是在元狩二年(公元前121年)之后,简单来说,汉武帝在黄河上的事功已影响到河西地区的水利大开发,此时西汉政权

---

[1] 徐子恺、张玉山:《加利福尼亚州调水工程的法制建设与资金筹措》,《南水北调与水利科技》2006年第6期,第13-16页。

[2] 冯德顺、石伯勋:《美国加利福尼亚州调水工程成功的启示》,《水利水电快报》2003年第4期,第1-2页。

在河西走廊立足只约十年。可见水利对边疆建设的重要性，可见西汉政权对河西走廊地区的重视。

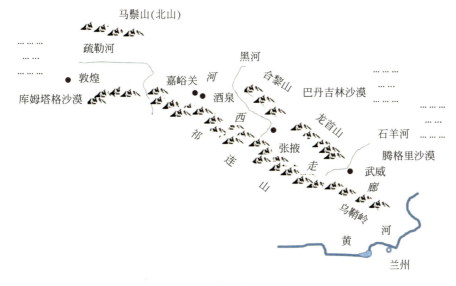

河西走廊位置示意图

西汉政权之所以急于在河西走廊开发水利，我想至少有以下几方面的因素：

一是中央政府的鼓励。汉武帝曰：

农，天下之本也。泉流灌寖（津），所以育五谷也。左、右内史地，名山川原甚众，细民未知其利，故为通沟渎，畜陂泽，所以备旱也。今内史稻田租挈（qiè）重，不与郡同，其议减。令吏民勉农，尽地利，平繇行水，勿使失时。①

尽管这里所说的是"左、右内史地"，但鉴于农为天下之本，泉流育五谷，因而汉武帝的话实际上就是号令天下向"左、右内史地"学习，全国都要大干水利。

---

① 《汉书》卷二十九《沟洫志》，中华书局，1962，第1685页。

二是河西之地太广大,须进行开发。

西晋时,张轨为凉州刺史,其全盛时,统辖面积要远远超出河西走廊的范围。河西原为羌戎、匈奴等占据,河西之战霍去病二次击败匈奴之后,虽然有了汉政权,但依靠庞大的军队来维持肯定不现实,只能依靠屯垦和逐步的实边,而开发水利泉流予以津溉,则可实现"共同富裕",这是稳定边疆的根本,其实也是西汉实边政策的继承。"到西汉末,从内地移往河西的人大约有28万人(61270户),它不仅填补了河西的人口空缺,而且给河西送来了中原的先进耕作技术和灌溉技术,大大地促进了河西农业的发展。"①

三是当时开发水利的条件较好。

"据历史记载,一千多年以前,这里南北两山森林茂密,雪线很低,储水丰富,田园牧场能够得到比较充分的灌溉,有发展农牧业生产的良好条件。"②南边的山即祁连山,终年有积雪,山前有一条条的雪水溪流,是稳定的水源,成为滋润山前平原的保障;北边的山即龙首山-合黎山-马鬃山。既然南北两山都有茂密的森林,可以想见,中间的孔道,即河西走廊,就成了富庶的山前平原,即我们常说的绿洲。事实上,从汉武帝至盛唐,河西走廊地区,因其农业、本来就占优势的畜牧业以及1000多公里的丝绸之路孔道,有着比别处更为得天独厚的条件,因而唐天宝年间"天下称富庶者无如陇右"就有了根据。

那么,写到此,不禁使人疑问,何以河西走廊在盛唐之后逐渐走了下坡路?

这是个非常复杂的问题,气候、战争、宋以后海上丝绸之路兴起、

---

① 刘夫孔:《简述甘肃昔日之辉煌》,《甘肃广播电视大学学报》2005年第1期,第78-80页。

② 甘肃省今日嘉峪关内外编写组编《今日嘉峪关内外》,人民出版社,1975,第4页。

陆上丝绸之路渐弱，等等，但人类活动导致的自然条件的改变肯定会成为一个因素，即"唐中后期在河西的农业扩张导致畜牧业弱化，继而使得该区植被覆盖率降低、涵养水源能力下降、土壤渐次沙漠化"[1]。此处需要发挥一下，无论我们怎样强调水利的重要性，但历史时期的西北水利本质上是为农业服务的，作为历史的经验教训，西北干旱地区大规模发展种植农业，特别是耕作农业（现今有免耕农业），因其耗水较多和对地表土壤的扰动太大，当不是今后的发展方向，这种观点从西宁沿河走下来，已经表述过，前引文献《汉唐时期河西走廊农牧演替与环境变迁》中也有类似的观点，谭其骧先生更是将东汉以后黄河的长期安流与黄河中游地区的土地利用方式结合起来[2]，即农牧业的转换。因而，农业灌溉的过多取水对生态的影响应该引起重视，不能以"种粮食"的高大目标而无视之。这当然是以长远的历史眼光来看问题，对于历史的"短时段"来说，农业的发展肯定是当时现实的需要，如果今日以"事后诸葛亮"的态度、脱离当时的现实而诘问历史是不应该的，这一点应该明确。还有一个重要因素就是河西走廊南部、北山的森林所遭到的大肆砍伐。资料显示，从乾隆时期至民国年间，祁连山原始森林由数千万亩锐减到二三百万亩，北山则几乎被砍伐净尽。这对气候的变迁和水资源变化有大的影响，以致雪线上升，部分绿洲荒漠化[3]。

鉴于"自西周初期以来近3000年间，西北地区趋于干旱化是一个

---

[1] 张恒、李荣华：《汉唐时期河西走廊农牧演替与环境变迁》，《农业考古》2017年第4期，第179-185页。

[2] 谭其骧：《何以黄河在东汉以后会出现一个长期安流的局面——从历史上论证黄河中游的土地合理利用是消弭下游水害的决定性因素》，《学术月刊》1962年第2页，第23-35页。

[3] 甘肃省今日嘉峪关内外编写组编《今日嘉峪关内外》，人民出版社，1975，第4页。

基本倾向"①，因而，随着河西走廊地区人口的增多，发展当地水利，在历史上总会被重视，略举几例如下，其中一个是管理措施，属于"软件建设"。

西汉时，张掖有"千金渠"引羌谷之水溉田；东汉时在武威置水利官，大兴水利②。水利服务于农"本"。农"本"为历朝历代所重视，这在敦煌壁画中也有反映，敦煌壁画中有犁耕、播种、借风力扬场等农业劳动场面。"金张掖、银武威"的来源有不同说法，其中一种说法是与水利的开发有关③。前述民勤为"银武威"的下辖县，想起民勤的沙尘，何以将其与"银"相匹配？不免使人叹息。

瓜州县城东南约70公里处有锁阳城遗址，同样是中国、哈萨克斯坦和吉尔吉斯斯坦三国联合申遗"丝绸之路：长安—天山廊道的路网"中的一处重要遗址点，现已成功列入《世界遗产名录》。考古发现，该遗址周边保留有我国完备的古代水利灌溉系统，水源地是疏勒河上游水系，各类渠系的总长度有100余公里，年代可能是汉唐④。锁阳城遗址给人的印象是：荒凉，失去水流滋润后的荒凉。设若一个人于近黄昏时站立于此处，看着眼前残留的城墙、砾石，以及一望无际的黄沙，不用太多的思忖，就会想起远去的羌管悠悠，胡笳悲鸣，战争烽烟。

时至北宋，西夏崛起，这个原来游牧的党项族建立的政权，却十分重视水利、重视农业开发。这成为西夏近200年政权重要的经济基础。

---

① 张恒、李荣华：《汉唐时期河西走廊农牧演替与环境变迁》，《农业考古》2017年第4期，第179-185页。
② 姚汉源：《中国水利发展史》，上海人民出版社，2005，第76页。
③ 谢继忠：《浅谈"金张掖"、"银武威"的由来》，《河西学院学报》2012年第4期，第54-58页。
④ 《瓜州锁阳城出土汉唐水利工程》，2015年8月13日，https://www.sohu.com/a/27103533_120078003，访问时间：2022年7月27日。

《宋史·夏国传》记曰："其地饶五谷，尤宜稻麦。甘、凉之间，则以诸河为溉，兴、灵则有古渠曰唐来，曰汉源，皆支引黄河。故灌溉之利，岁无旱涝之虞。"[1] 甘、凉即张掖与武威，诸河均为祁连山融雪之水。尤其令人称道的是，西夏有诸多的水利立法和管理条例[2]，这着实令人刮目相看。

从祁连山发源的石羊河、黑河、疏勒河诸河流中，以黑河为最大，为我国第二大内陆河。传说黑河沿岸有老子的踪迹，今张掖临泽县博物馆藏有老子骑青牛的铜炉，据称老子出函谷关，最终消失的地点就在黑河下游的居延海。《红楼梦》诗曰："任凭弱水三千，我只取一瓢饮"意寓爱情的专一。郑玄曰："弱水出张掖。"由此看，弱水即黑河了。尽管黑河水大流长，但无奈用水者众，旱地用水量大（沿岸大部分地区年降水量47毫米，年蒸发能力高达2250毫米），因而清代就有了黑河的"均水"制度。"均水"制度始于任陕甘总督的年羹尧时期，其主要内容是用水先下游后上游，下游用水时上游渠口封闭，用水时程固定（古代山陕地区水利碑刻中常见的"水程"概念即此，水程即时长，有起讫的时刻点），这样就有效地避免了上游的无节制用水与截水，充分考虑了上下游利益。从行政管理上讲，下游县官巡河，官大一级。这套制度沿用了200多年，直到民国。现在的黑河分水制度，在结合实际水利建设的基础上，也参阅了旧时的成规[3]。水的问题国外同样存在，如莱茵河的跨国治污，就规定其保护委员会的秘书长由最下游的荷兰人担任，这样最能保护下游利益。鉴于小流域断流现象严重，水资源问题突出，由下

---

[1] 《宋史》卷四百八十六《外国传·夏国传》，中华书局，1985，第14028页。
[2] 李并成：《西夏时期河西走廊的农牧业开发》，《中国经济史研究》2001年第4期，第132-139页。
[3] 甄玉龙：《黑河流域水权制度探讨与分析》，《甘肃科技》2018年第4期，第45-46，58页。

游监督上游,并有众多用水户参与的河流水资源管理措施是值得借鉴的。

黑河流向居延海。居延海像一本厚厚的书,从汉至今,值得说的东西太多了,西汉的战马嘶鸣,唐人的雄浑诗作,西夏的黑水城要塞,近代西方人对居延文物的劫掠……如今的居延海,因为采取了一些措施,实施了生态水量调度,又有了水波激滟的风光。

历史上的居延海是什么样子?且借著名记者范长江的文字来一番回望:

> 中国古代史的记载,对于这里,只有一个"居延海"。汉唐时代,只见有一条"弱水"的名称。现在这条河在张掖酒泉区域内,大致保存从前的形态。出酒泉石峡入蒙古后,分成好几条河往下流,更分注于两个死水湖,一个叫东海,一个叫西海(译音为索果诺尔和嘎顺诺尔)。酒泉以北金塔鼎新各县之后,中有一段荒瘠地,过此直至东西二海,南北长三四百里,东南广约二百余里,皆为肥沃地带,水草丰美,森林畅茂。①

这是民国二十六年(1937年)著名记者范长江先生《塞上行》中的文字。

1961年西居延海干涸,1992年东居延海干涸。胡杨枯死,居延绿洲沙化,昔日的"海底",竟成为我国北方主要沙尘暴来源地之一。

像《徐霞客游记》一样,范长江的文字是第一手资料,《塞上行》为我们保留下了当年可贵的生态记录。1937—1992年,时间并不久远,何以黑河的下游生态,会如此快速地变得这般恶劣?同青土湖一样,是河西地区给人留下的巨大警示。此外,还有死亡之海——罗布泊。

水的问题不能小觑,尤其是在生态脆弱地区。没水,就什么都不存在了,包括文明。

---

① 范长江:《塞上行》,宁夏人民出版社,2000,第51页。

六、凉州诸事

凉州的首府在今日的武威。凉州所辖，地域广大。

武威，这透露出霸气的名字，无疑是对西北军事重镇的直接表达。武威还有太多的名字，姑臧、雍凉……各有历史的千秋，因而，编年史就太长。其实，武威还曾是河西地区政治、经济、商业、交通、文化的中心，其繁华盛极一时。"凉州七里十万家，胡人半解弹琵琶"，岑参的两句诗，将凉州城市的巨大、凉州城市的繁荣乃至歌舞升平及国际大都会的形象鲜活地表现了出来，若见其景，若闻其声。元稹有长诗："吾闻昔日西凉州，人烟扑地桑柘稠。蒲萄酒熟恣行乐，红艳青旗朱粉楼……"这是西凉州，汴州，还是杭州？

写到武威，需要提到我国旅游图形标志"马超龙雀"[1]，其更出名的名字叫"马踏飞燕"。这件国宝就出自武威，实物现藏于甘肃省博物馆。有意思的是，博物馆楼前放大的塑像上，写的是"马踏飞燕"，而在博物馆内的真身旁，写的却是"铜奔马"，标牌下的说明中，将马蹄下的"鸟"描述为"鹰"："……摄取了奔马三足腾空、一足超掠飞鹰的刹那瞬间。"

无论这件宝物叫什么名字，都无碍其为国家旅游的标志，也无碍其为甘肃省博物馆的标志。她是让人惊艳的，令人折服的，可谓精美绝伦。尽管如此，我以为，其艺术形象的精美，还将让位于自身所带来的气势，那种奔腾向前、不可一世、天马行空的气势。为这种气势作旁证的，是在这件绝世孤品的背后，放置了一队铜车马仪仗队。无论是谁，当站在这威武的仪仗队前面时，都能感觉到"车辚辚，马萧萧"的霸气。这是出自武威的霸气。

---

[1] 李肇芬：《"马超龙雀"被定为我国旅游图形标志》，《人民日报》1983年12月5日第2版。

霸气，其实只是武威的一面；武威的另一面则是其文气。文气最好的代表就是武威的文庙。

武威文庙，规模庞大，据称为国内第三，仅次于曲阜孔庙、北京孔庙。

武威的文庙、学宫、文昌宫三者毗连形成一体，前二者相连本常见，如北京的文庙与国子监相连，而三者合体，我仅知此一处。文庙是"人庙"，文昌宫是"神庙"，将孔夫子与文昌帝君一同祭祀，说明了河西地区崇文的社会氛围。

武威文庙建立于明正统四年，论其创始，可能要远得多，从《重修文庙创建庙产碑记》①，可看出端倪："吾邑文庙，相传肇建于前凉张氏，或云为西夏时所建。代远年湮，传闻异辞。惟自明正统成化以迄清顺治、康熙、乾隆、道光间赓绩葺修，历有碑记可考。"其言"相传"，这一方面符合张氏霸河西的历史事实，另一方面也与胡族的汉化这个更大的社会环境有关。胡族的上层，其汉文化修为普遍较高，我所关注者，不仅在此，更在于西北地区融合文化对中原文化的"反哺"。

本书"第三章　从西宁到积石"中，曾言及凉州刺史张轨镇武威期间对中原流民的收留。晋"永嘉之乱"后，流民，包括一些士族，所去的方向有三个：一是南渡孙吴故地，二是流落于东北的慕容氏政权下，三就是收容于凉州。其文化影响是很大的，据《陈寅恪魏晋南北朝史讲演录》所载："影响所及，不独前燕、前凉及东晋的建国中兴与此北方的流民有关，即后来南北朝氏族亦承其系统。"②

张轨本是战国纵横家张仪、西汉开国功臣张耳的后人，其镇凉州

---

① 《武威文庙》，https://baike.baidu.com/item/%E6%AD%A6%E5%A8%81%E6%96%87 E5%BA%99/2789633，访问时间：2022年7月27日。

② 陈寅恪:《陈寅恪魏晋南北朝史讲演录》，万绳楠整理，贵州人民出版社，2007，第91页。

期间不惟有稳定一方和拓土之功，更在于对中原文化的呵护与传播，这为中原文化扎根于凉州，并为各民族文化的融合打下了重要的基础。张轨作为晋的命官在凉州开办官方学校，昌盛儒学于河西，故其肇始凉州文庙完全有可能，今不见文物者，极大的原因在于中国的土木建筑结构不可能保留那么长时间，中国现存最久的木结构建筑是唐代的建筑。

前凉张氏政权亡于前秦苻坚，对的，就是那个在"淝水之战"中遭受惨败的苻坚。少年时代读《淝水之战》，知道了"风声鹤唳""草木皆兵"的来源，觉得苻坚就是一个胆小如鼠的大坏人。但史实不是这样。历史学家眼中，苻坚不失为一个具有雄才大略的人，只是失之于宽。前秦于苻坚时极盛，地盘广大，其本人儒学修为极高。苻坚有吞并东晋之志，恐怕自己已不认为是"胡人"。按陈寅恪先生的观点，魏晋时代"以地域区分民族，将让位于以文化区分民族"。这颇类似于钱穆先生以文化而不是以种族区分华夷的观点。《晋书》载，苻坚"性至孝，博学多才艺，有经济大志，要结英豪，以图纬世之宜"。前凉失去政权后，中原文化在河西地区的成长不但没受影响，反因苻坚之故，习儒之风蔚然而起。苻坚也是一个重视水利的人，在水利建设上有不少建树，主要在泾水流域①。《晋书·苻坚载记》："坚以关中水旱不时，议依郑白故事，发其王侯已下及豪望富室僮隶三万人，开泾水上源，凿山起堤，通渠引渎，以溉冈卤之田。及春而成，百姓赖其利。"用人既多，且依郑白故事，当知苻坚所通之渠工程量浩大②。

不想引证过多的史料，现导引至隋唐。世人共知，北魏积极主动地汉化（北魏灭北凉后统一北方）。后在北魏时期成长出了关（关中）陇

---

① 姚汉源：《中国水利发展史》，上海人民出版社，2005，第121页。
② 《晋书》卷一百十三《苻坚载记》，中华书局，1974，第2899页。

(陇山)集团，关陇集团的军事贵族不是"手无缚鸡之力"的病态知识分子，而是能文能武，能读书文明其精神、能打仗野蛮其体魄的更为健康的人。他们"取塞外野蛮精悍之血，注入中原文化颓废之躯，旧染既除，新机重启，扩大恢张，遂能别创空前之世局"。① 因而从中成长出了隋唐大帝国。补充一句，唐皇室认定的先祖为李暠（hào），正是西凉的开国君主，为西汉前将军李广之裔孙。李暠建都于敦煌，后迁都酒泉。《晋书》称李暠"少而好学，性沈敏宽和，美器度，通涉经史，尤善文义。及长，颇习武艺，诵孙吴兵法"。李暠重视文教，文风大盛，传授经学，为"五凉文化"的高峰期。我举这些例子，无非是想进一步说明，西北风的强劲吹袭，与"暖风熏得游人醉"是多么的不同。中原颓废文化必得于"西风烈"，其生命力才能够"扩大恢张"。

西北地区的黄河文化，正如黄河经行之地所具有的建瓴之势，带着更为强烈的冲击力。

武威文庙内有西夏文碑。既立西夏文碑于武威文庙，自然是将其视为凉州文化的重要组成部分。

《西夏纪事本末》载："西夏，本魏拓跋氏之后。"② 西夏党项，自称是魏拓跋氏之后。这有攀附之嫌，北魏拓跋氏是鲜卑族。

李元昊在正式称帝前，已开始创立西夏文，后西夏国就有了自己的"国字"③。且不说李元昊仿中原政权建立起自己的政府机构，只创设文字一项，说李元昊文治大于武功也未必不可。

看见西夏文让我想到《李谪仙醉草吓蛮书》（《警世通言》卷九）的故事。

---

① 陈寅恪：《金明馆丛稿二编》，生活·读书·新知三联书店，2001，第344页。
② 张鉴：《西夏纪事本末》卷一《得姓始末》，浙江古籍出版社，2015，第46页。
③ 赵启民：《简论西夏文及其辞书》，《北华大学学报》（社会科学版）2002年第1期，第16-19页。

我最先是在居庸关看到的西夏文。

游幽燕雄关，时在早春，树吐新芽，山未披绿。见门洞墙壁上刻有文字，自然要阅读一下。几十年前的事了，记忆有些模糊。当时的居庸关尚没有大修，也算不得旅游景点，高远之处，略显残破，印象中洞壁上有字，但刻画得不算清楚，也不甚大，是原版还是复刻的也不知道。仔细辨识之下才发现，眼前的"方块字"居然一字不识。怎么可能认识呢？原来那是"蛮书"——西夏文啊！当时感到奇怪极了。

西夏文是由清朝著名学者张澍辨识出来的，张澍正是武威人。他通过《重修凉州护国寺感通塔碑》破解了西夏文，由此可以认为，《重修凉州护国寺感通塔碑》为中国版的"罗塞塔石碑"，众所周知，"罗塞塔石碑"是破解古埃及文字的钥匙。

创立一种文字并使其实用化实非易事。中国不少地方出土有西夏文，说明当时西夏文已经实用化，已通行于西夏所统辖的各地域。事实上，中国古代的很多经典，以及一些佛经，也已经被翻译成西夏文。一个区域政权，经常有战事，还不忘文化翻译工作，这尤为不容易。尽管西夏文早已消亡，但不影响其在历史上所具有的地位。

我似乎要为西夏人鸣不平。"似乎"所用，在于我的一番"猜想"。我发现，与宋同时存在的地方民族政权均有史，如《金史》《辽史》，其连同《宋史》一起，都是元朝的丞相脱脱所主持编修的，可存在200年的西夏却没有独立的史，西夏史散见于《宋史》《金史》《辽史》中（虽有清人所撰写的西夏编年史《西夏书事》，但却不为官修，不算正史）。我查阅《宋史》，发现言及双方用兵，则以"寇""讨"等来定性，如："元昊寇延州""遣使以讨元昊告契"，"讨"与"告"，一字之别，意思相差万里。可能因为蒙古人深恨西夏，故蒙元要"灭其史"，不承认这个政权，所以不能给这个地方政权单独立传。因为，"一代天骄"成吉思汗曾多次征西夏，都遇到了强力的抵抗，这也是蒙古人西征途中所遇到的最有力、最有效的抵抗，临死，成吉思汗也没灭了西夏。

现存的西夏人水利遗迹多在宁夏。

我要再次提及《陇右唐诗之路》①，我觉得这是黄河诗歌文化中一个具有闪光点的提法。唐置陇右道，"东接秦州，西逾流沙，南连蜀及吐蕃，北界朔漠"，这个"陇右"的地域概念太过广大。《陇右唐诗之路》一文所提出的三条唐诗路线中，第一条路线是由"长安西行经凉州至西域"，凉州成了避不开的咽喉要道，因而"凉州"一词几乎成了唐诗创作的一个重要思想源泉，最为典型的就是《凉州词》。虽说凉州词是曲调名，但数目众多的凉州词，其内容风格大多为"黄河远上白云间，一片孤城万仞山。羌笛何须怨杨柳，春风不度玉门关"和"大漠孤烟直，长河落日圆"。

"凉州""陇右"对诗歌创作的影响不仅仅体现在唐诗上，宋词中所谓的豪放派，也总离不开"凉州""西北"等用语。这不奇怪，中国的知识分子，无论怎样的"手无缚鸡之力"，其总以建功立业为内心的追求，于是就想到了西北的"沙场"，但战争和"沙场"又不免"将军白发征夫泪"。

"酒酣胸胆尚开张，鬓微霜，又何妨！持节云中，何日遣冯唐？会挽雕弓如满月，西北望，射天狼。"这是苏轼！

"塞下秋来风景异，衡阳雁去无留意。四面边声连角起，千嶂里，长烟落日孤城闭。"这是范仲淹！苏轼是治水人，范仲淹也是。范仲淹早年提出重修泰州"捍海堰"的主张，后在兴化县（隶泰州）任上负责工程实施，今有范公堤遗址存，农业、盐业均受其利②；经略西北期间，

---

① 雷恩海等整理《陇右唐诗之路》，《光明日报》，2019年10月28日，http://news.lzu.edu.cn/c/201910/61156.html，访问时间：2022年7月27日。

② 李忠明、史华娜：《海潮灾害与范公堤的修筑——兼论范仲淹"先天下之忧而忧"思想形成的自然环境基础》，《阅江学刊》2010年第3期，第101-106页。

甚重视营田，《宋史》载之。

"垆头酒熟葡萄香，马足春深苜蓿长。醉听古来横吹曲，雄心一片在西凉。"这是陆游！

"醉里挑灯看剑，梦回吹角连营。八百里分麾下炙，五十弦翻塞外声，沙场秋点兵。"这是辛弃疾！

……

武威地区有大量的水利碑刻，特别是文庙内立有不少的水利碑，将水利碑立于文庙，说明了水利之于河西地区的重要性。

西北缺水，人所共知；文庙有泮池，是文庙的规矩。泮池之设置，本是遵从传统，是礼制的要求，以教诲诸生，同时，泮池也服务于文庙用水。泮池用水，多是活水，有孔门恩泽，源远流长之象征[1]。令人没想到的是，武威文庙泮池用水，也曾遭遇困难，有与"孔夫子"争水的嫌疑，愈发说明了水对西北地区的宝贵。武威文庙有《泮池水利碑记》，清嘉庆五年立。碑文的最后写道[2]：

《诗》曰：思乐泮水，在此一举。宜乎学校诸士，踊跃争先，咸乐高翔壁水，蜚声黉序。人文蔚起，科第连绵，皆此重新泮水之力也。勒诸贞珉，永垂久远。

这里，武威人将人才的培养与用水结合了起来，认为人才辈出，得乎泮水之力。武威的文庙之大，充分说明了武威人对人才培养的重视，而将人才培养与水结合起来，又充分说明了水在武威人心目中的地位。

黄河再前行，将穿越黑山峡、卫宁平原、青铜峡，进入河套地区。

---

[1] 李鸿渊：《孔庙泮池之文化寓意探析》，《中国名城》2010年第1期，第20-26页。
[2] 李元辉：《武威文庙泮池话沧桑》，2022年4月9日，"玉门历史人物"微信公众号，访问时间：2023年6月22日。

第五章　贺兰山下阴山前

贺兰山下阴山前，黄河北流、东流，再南流，缓缓流淌，画出一个大大的半圆，贡献出两大平原：银川平原与内蒙古河套平原。这里，有烽燧狼烟，有胡笳悲鸣，有大漠孤烟，有穹庐牛羊。天地广阔，往事如烟，时空中恒久的存在，是那没有尽头的黄河彩带，由其伟大躯体上生发出的无数枝津，纵横交错，滋润着这块富庶的土地。于是，有了史称的"唯富一套"。如今的河套地带，有宁夏的"青铜峡灌区"，有内蒙古的"河套灌区"，这些灌区，既是现代水利的奇迹，也沿袭着古人的成就。

一、战争烽烟与秦汉的河套屯田

黄河出青铜峡即进入银川平原（西套），"左手一指贺兰山"，"右手一指是高原"——鄂尔多斯高原，中间是黄河，黄河两旁，人工渠道纵横。人言"天下黄河富宁夏"，很大程度上是说这里，因为银川平原与青铜峡之上的卫宁平原共同构成宁夏平原，但前者的面积要大得多。

第五章 贺兰山下阴山前

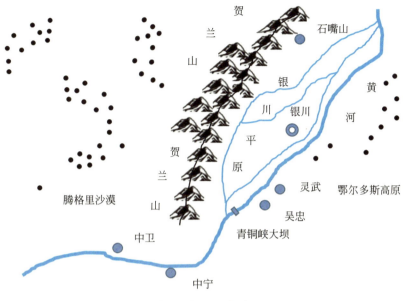

银川平原示意图

岳武穆有词《满江红·写怀》：

怒发冲冠，凭栏处、潇潇雨歇。抬望眼、仰天长啸，壮怀激烈。三十功名尘与土，八千里路云和月。莫等闲、白了少年头，空悲切。靖康耻，犹未雪。臣子恨，何时灭。驾长车踏破，贺兰山缺。壮志饥餐胡虏肉，笑谈渴饮匈奴血。待从头、收拾旧山河，朝天阙。

这是一首读起来让人血脉偾张的词。由此词，我知道了贺兰山。想很多的人就是先由岳词知道了贺兰山，此后才在地理上知道了贺兰山。

靖康之耻，徽钦二帝被掳往黄龙府。黄龙府在东北，何以岳飞要"踏破贺兰山缺"呢？贺兰山在西北宁夏啊！有人解释说，岳词中的贺兰山是指河北磁县的贺兰山，此山非彼山。窃以为，这个格局小了。

作为三军统帅，岳元帅的志向当是"收拾旧山河"，"封狼居胥"，直捣黄龙府，再"临翰海而还"。

"封狼居胥"是中华武将所能有的最高理想、最高荣誉，岳元帅无疑是以"贺兰山"为象征来明志，故将贺兰山嵌入词中——本来词中就使用了"匈奴"一词，其寓意再明显不过。岳元帅一定是想到了穷逐匈奴的卫青、霍去病两个超级猛人。霍去病是第一个"封狼居胥"的武将，中国历史上，真正"封狼居胥"的只有区区数人。

贺兰山下，阴山之前以及河西地区，正是卫青、霍去病的主战场。历史上，发生在这一带的战争不知凡几，中原王朝同游牧部落之间的战争，像一幕幕的大戏，轮替上演，诚如唐人王维在《老将行》长诗里所言："贺兰山下阵如云，羽檄交驰日夕闻"。这里本是胡汉交错地带，是一块水草丰满之地，尤其是黄河水所带来的丰饶，为双方所觊觎，因而战争风云不断就可以理解了。

我们且浮光掠影看几幕战争风云——汉与匈奴间的战争。

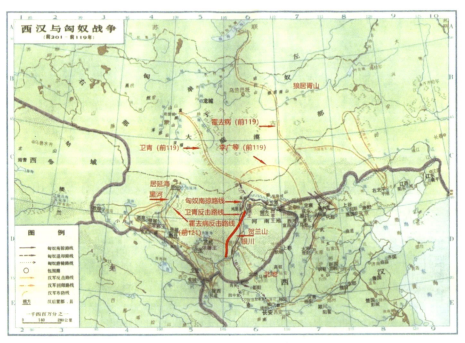

西汉与匈奴战争路线（据《中国史稿地图集》标注）①

---

① 郭沫若主编《中国史稿地图集》（上册），中国地图出版社，1996，第32页。

第五章　贺兰山下阴山前

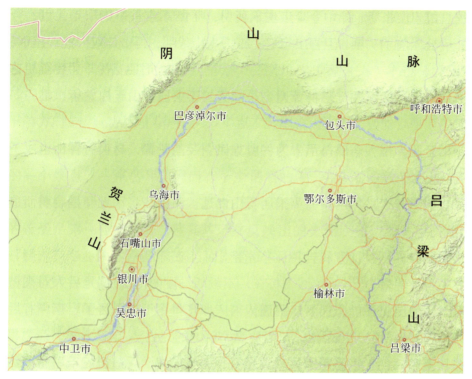

河套地形与黄河大拐弯示意图

元朔二年（公元前127年）大将军卫青出云中，循匈奴劫掠路线追击，这条线，基本是逆黄河，沿阴山、贺兰山一线而行，直至陇西。战争取得河南地，后设朔方郡和五原郡。此称汉击匈奴之"河南之战"。"河南之战"后，匈奴仍然袭扰不断，"所杀掠甚众"。

约6年之后，元狩二年（公元前121年）春，霍去病率万骑出陇西击匈奴，采取大迂回战略，"涉狐奴，历五王国……转战六日，过焉支山千有余里，合短兵，鏖皋兰下"，大胜。此为第一次"河西之战"；同年夏，经过休整的汉军，在统帅霍去病带领下，再由北地郡出击匈奴，仍是大迂回战略，渡黄河，越贺兰山，过居延海，抵小月氏，攻祁连山，"得单于单桓，酋涂王"，此为第二次河西之战。此次出征，骑候（公孙）

敖、博望侯张骞、郎中令李广均未获功，唯骠骑将军霍去病取得大胜[①]。

公元前119年，卫青出定襄、霍去病出代郡，再击匈奴。此次出征，"汉骠骑将军（霍去病）之出代二千余里，与左贤王接战，汉兵得胡首虏凡七万馀级，左贤王将皆遁走。骠骑封于狼居胥山，禅姑衍，临翰海而还。是后匈奴远遁，而幕南无王庭"[②]。此称漠北之战。

至此，霍去病取得了古为将者难以企及的荣耀，封狼居胥山也成了武将无上荣耀的标志。

翰海即今贝加尔湖，离狼居胥山尚远，汉骠骑将军无疑是剩勇而追穷寇了。

此次出征，前将军李广因迷路受责而自杀。"冯唐易老，李广难封"，令人不胜惋惜。"但使龙城飞将在，不教胡马度阴山"，算是后人对飞将军李广的历史评价，这两句诗流传很广，飞将军可以瞑目了。李广有后人李暠，为西凉开国君主，是李唐皇室认定的先祖。

至东汉，大将窦宪率兵出鸡鹿塞，大破匈奴，后追击三千里至燕然山，勒石记功，由随军的班固写下《封燕然山铭》，可比于封狼居胥。范仲淹"燕然未勒归无计"典出于此。鸡鹿塞为汉一处著名要塞，《水经注》对其有记载，扼阳山（今狼山）之要冲，位于今内蒙古自治区西部磴口县西北，狼山属阴山山脉。鸡鹿塞现为全国重点文物保护单位。

匈奴远遁之后，西汉政权就开始了大规模的屯田工作，明确了"通渠"，即修水利：

汉度河自朔方以西至令居，往往通渠置田，官吏卒五六万人。[③]

古文太过简略，我们可以理解为依靠或临近黄河所进行的屯田工作。

---

① 《汉书》卷五十五《霍去病传》，中华书局，1962，第2479-2480页。
② 《史记》卷一百十《匈奴列传》，中华书局，1982，第2910-2911页。
③ 同上书，第2911页。

文中所附西汉与匈奴战争路线图中有朔方的位置,令居在今甘肃永登县境内,二者的直线距离约在1300里[①],可见"通渠置田"范围足够大,应涵盖今宁夏青铜峡灌区和内蒙古河套灌区一带。

"通渠置田"是西汉政权加强西北边防的重要战略措施。曹操有云:"孝武以屯田定西域,此先代之良式也"。良式是定性的评语,是对屯田的肯定,故历代因之,直至今天,而"开屯之要,首在水利"则是左宗棠经理西北的重要思想[②]。故此,屯田常常与水利伴生,同时意味着水利事业的发展。

二、琵琶胡笳音律同

前文所写均为中原王朝同匈奴间的战争。历史地看,与匈奴间的战争,不唯对中原王朝、中原文化有影响,对世界格局也有影响。贺兰山下阴山前,有大片能获得黄河水滋润的土地,是农耕文化与游牧文化相互碰撞的前沿地带,在这里,曾有太多的匈奴旧迹,那么,我们就把有关匈奴的话题再多谈一点,宁夏的博物馆里,其两汉文物主要就是匈奴出土文物,是文化间互相影响及融合的实证。

先从杜甫的诗《咏怀古迹五首·其三》入手:

> 群山万壑赴荆门,生长明妃尚有村。
> 一去紫台连朔漠,独留青冢向黄昏。
> 画图省识春风面,环佩空归月夜魂。
> 千载琵琶作胡语,分明怨恨曲中论。

杜甫这首有名的诗,所写的主题就是明妃王昭君和亲匈奴。昭君墓

---

① 1里=500米。
② 韩立君、郑淇月:《浅论左宗棠西北经济开发思想及其现实意义》,《现代职业教育》2021年第33期,第176-177页。

称青冢,在呼和浩特市南。

中原王朝同匈奴间的"和亲",并不始于汉元帝远嫁王昭君,大汉高祖之时即行和亲政策。"白登之围"七天七夜,刘邦无奈签下了"城下"之盟——一份和平协议,从此,汉朝要嫁女给匈奴单于,以维持双方的"友好"关系。

昭君出塞就是将王昭君远嫁给内附汉朝的呼韩邪单于,可看成是传统,是"白登协议"的后延,是一种政治联姻,以维持双方的关系。当然,伴随着"昭君出塞",必有"陪嫁"物品,在经济上给对方以"援助",否则,单单和亲阻止不了匈奴的南下劫掠。在中国历史上,中原王朝为北方少数民族输送岁币、丝绸、茶叶等,不唯是"软弱"的原因,如果气候条件不好,比如气候变寒,北方游牧部落因水草条件难以维持其生存,则南下就成了必然的选择,长城也未必阻挡得住游牧民族的"铁骑"。这其实是中国历史上西北边患长期存在、难以消弭的重要原因,边塞地带本就苦寒,何况还有捉摸不定的气候。所以,"昭君出塞",是维持边疆安定的一种成法,需要中原物资的游牧民族更需要"和亲",如果只是将"和亲"理解为中原政权的"软弱",其实是没读懂历史。

杜甫这首诗写于夔州,我到过夔州。站在瞿塘峡入口白帝城东望,就能体会到杜诗"群山万壑赴荆门"的气势,江边群山,真是一眼望不到尽头。要对此画面予以体味,可找出十元人民币,其背面就是瞿塘峡入口的画面,峡江两岸,群山奔涌。惜三峡水库蓄水后,夔门峡谷段被淹没了。

王昭君是湖北秭归人,我去过秭归。秭归有香溪,香溪上游有王昭君故乡明妃村。

我的呼和浩特之行没留下参观昭君墓的时间,只有想象着"独留青冢向黄昏"的孤凄,想象着远处阴山的暗调,以及朔漠北风的吹袭。明妃是孤寂的，但却换来了边疆数十年的安定，所以是有功的，清人有诗云："孤坟三尺丰碑在，环佩春风未易寻"，昭君无疑为奇女子。

还有一位与匈奴有关的奇女子是蔡文姬。东汉末年，国家残破，南侵的匈奴掳走了一代才女蔡文姬，蔡文姬为后人留下了《胡笳十八拍》。蔡文姬与匈奴左贤王育有两子，后曹操花重金将蔡文姬赎回。我向来佩服曹操的雄才大略，但单从母子亲情来考虑，我对曹操赎文姬归汉的"义行"却难以认同。我读过郭沫若的剧本《蔡文姬》，听过无数遍京剧程派名家张火丁的《文姬归汉》，尤其，是在那晶体管收音机的年代里，听过广播剧《蔡文姬》，剧中母子生离别的场景，孩子哭泣留母，加上旁白的情感解说，真让人肝肠寸断，于今那收音机里的声音都不曾远去。

中原王朝同匈奴间的恩怨战争，对世界的格局也有影响。匈奴分裂为南匈奴与北匈奴后，内附的南匈奴帮助汉人攻打北匈奴。"东汉窦宪几次大破北匈奴，收降胡三十余万人、牲畜一百多万头，北单于率残部向西逃走。后来攻破西罗马帝国的匈奴人，大概就是北单于的遗族。"①历史学家范文澜短短一句话，即将西罗马帝国灭亡的原因归于北匈奴对汉战争的失败。"月黑雁飞高，单于夜遁逃。欲将轻骑逐，大雪满弓刀。"

但这段历史足够复杂，我们不是在探究世界史，这里，只引述几条西人专著中的有关描述，知道匈奴人西迁带来的影响即可。"4世纪中叶，东部的匈奴人再次变得咄咄逼人。他们长期以来征服了阿拉尼人，现在把东哥特人变成了他们的附属国。""匈奴人中间出现了一位伟大的领袖阿提拉。""他向南袭击君士坦丁堡的城墙，彻底摧毁了70座城市，并强迫皇帝实现艰难的和平……"②"最后，也就是公元476年，西罗马最

---

① 范文澜:《中国通史简编》（上册），商务印书馆，2010，第136页。
② 赫伯特·乔治·威尔斯:《全球简史》，王一舟译，北京理工大学出版社，2020，第458-461页。

后一个皇帝罗慕路斯·奥古斯都在日耳曼即匈奴雇佣军首领奥多亚塞的逼迫下退位。"①此事件标志着西罗马帝国的灭亡。范文澜先生的论述与西人的观点正好形成照应。

作为一个叱咤风云的政权和民族，匈奴已经消失在历史的长河中，但它的文化基因不会消亡，而是融合在我们的文化中，成为我们传承文化的组成部分。比如，今人会读《胡笳十八拍》，这种写情写到入骨的作品，必受到蔡文姬在匈奴生活的影响。

个人觉得，蔡文姬的悲情之作是不忍卒读的。但最后"胡笳本自出胡中，缘琴翻出音律同"，琴笳音律的相同，是音乐的相通，是感情的共融，也是民族的融合。尽管其思念之"怨"充斥长空，但却是在认可胡汉和平大背景下的感情之思，是伟大的母性与人性。

中原政权与匈奴间的恩怨情仇是历史的一段，必然有其"背景辐射"②，一定可以找得到相互影响的证据，必然会有痕迹的涟漪。宁夏三水县、同心县一带曾是安置降汉匈奴人的地方，古墓葬的发掘也证实了"他们是宁夏青铜文化的承袭者，与农耕民族不断碰撞交融，成为宁夏早期历史文化的开发者和缔造者之一，也为今人留下了丰富的遗存。"发掘文物同时也证实了"降汉匈奴人和汉族的融合日趋紧密"③。如今的西北各民族，强韧而质朴，不屈而勇敢，不能没有历史的影响。尤其是，考古人的发现，"不断用考古成果实证着中华文化'多元一体、兼收并蓄、

---

① 勒芬·斯塔夫罗斯·斯塔夫里阿诺斯：《全球通史：1500年以前的世界》，吴象婴、梁赤民译，上海社会科学院出版社，1988，第215页。
② 这里借用了物理学名词"背景辐射"的含义，以表达往古事件存在着未消失的痕迹。"背景辐射"是宇宙学中"大爆炸"遗留下来的电磁波辐射，也称"宇宙微波背景辐射"。科学家因找到了宇宙微波背景辐射而获得诺贝尔物理学奖。
③ 李进增主编《宁夏博物馆馆刊》第一辑，阳光出版社，2015，第16页。

绵延不断'的特质"①。

据《史记·匈奴列传》记载："匈奴，其先祖夏后氏之苗裔也。曰淳维。"② 夏后氏即大禹，原来匈奴是大禹的后人。匈奴是不是夏后氏的苗裔，本是个十分复杂的问题，不必太拘泥于在"科学"上予以考虑，能看出上古时期华夏族已与北方民族有融合即可；及至东晋十六国时，匈奴人刘渊、刘曜、刘聪、赫连勃勃等，都自称是大禹的后裔。刘聪等"冒姓刘氏"在于从母姓，他们是大名鼎鼎的冒顿单于的后人，"汉高祖以宗女妻冒顿，故其子孙以母姓为氏"(《魏书·刘聪传》)，即姓娘舅家的姓。这些都是文化上的认同，更说明了华夏族与北方民族融合的历史事实③。

三、兴衰大事：沟洫的支撑

青铜峡峡谷口是黄河的一个重要节点。

节点之上游，就是青铜峡谷，为黄河上游最后一段峡谷，长约 10 公里。峡谷区段，水深流急。这段峡谷，当然还是大禹的神斧所开，劈山导河的重任只能大禹担任，功归大禹。夕阳下，壁立的河岸呈现出青铜的色调，分明告诉人们，那是大禹青铜神斧劈山导河所残留下的金属痕迹。后人为纪念大禹，在这里修建了大禹庙，并有诗曰：

河流九曲汇青铜，峭壁凝辉夕阳红。疏凿传闻留禹迹，安澜名载庆朝宗④。

---

① 马强：《宁夏考古见证文明的交流融合》，《光明日报》2022 年 5 月 30 日，https://baijiahao.baidu.com/s?id=1734179993246775008&wfr=spider&for=pc，访问时间：2023 年 6 月 23 日。
② 《史记》卷一百十《匈奴列传》，中华书局，1982，第 2879 页。
③ 舒振邦：《"匈奴，其先祖夏后氏之苗裔也"考异》，《内蒙古社会科学》（文史哲版），1989 年，第 60-66 页。
④ 袁进琳：《朔色长天》，中国民主法制出版社，2007，第 2 页。

青铜峡上游是卫宁平原,也是黄河水浇灌出的一片富裕土地。再上游,就是超过百里长的黑山峡。黑山峡,千回百转,谷深流急,浊浪排空,借用《水经注》对长江三峡的描述来描述黑山峡:"重岩叠嶂,隐天蔽日,自非亭午夜分,不见曦月。"曦月不见,峭壁晦暗,此所以"黑山峡"之谓也。岸边,尚有矗立的水车,表征着它曾经的辉煌,水车为河谷两岸育五谷之不二之选——以水流的冲击动能提水灌溉,这在"第四章 从刘家峡到河西走廊"已有详细叙述。黑山峡峡谷长,落差大,富含水力资源,尚待以现代技术开发。当然,黄河黑山峡与长江三峡有明显不同的地方,长江三峡"两岸连山,略无阙处",但黑山峡的地形地貌却是"收缩"与"开放"兼具,收缩地段河谷狭窄,"开放"地段则有宽敞富饶的河边滩地,也可理解为局部的平原。河谷窄利于建坝,河谷宽则有利于增大库容,但却带来淹没损失,不唯是土地,同样还有自然、人文景观。何以取舍,则要看所持的观点。如何开发黑山峡,涉及宁夏与甘肃两省的利益,难于趋同,已经争论了几十年。大型水利水电工程必定产生大的社会影响,产生争论是正常现象。随着社会的发展和人们思想认识水平的提高,约束因素也会发生变化,通过争论,这些因素会反映到"决策系统"中,即会为规划决策部门所考虑、所重视。

节点下游,就是银川平原,其特有的地势条件,为自流灌区的开发提供了条件。在人们的印象中,宁夏是西北干旱半干旱地区,可历史上,宁夏平原傍河,何曾有过"缺水"的担忧呢?黄河之于宁夏,其馈赠之多,可谓是得天独厚,就我个人的看法,黄河流经九省,没有哪个省的自流灌溉条件优越于宁夏。当人们看到航拍的宁夏大块绿色,看到过宁夏的金色稻浪,就不会认为"塞外江南"的说法是一种形容、一种文学上的夸张。其实,"塞外江南"不是今日的说法,早在唐诗中就已出现:"贺兰山下果园成,塞北江南旧有名。水木万家朱户暗,刀弓千骑铁衣鸣。

心源落落堪为将，胆气堂堂合用兵。却使六番诸子弟，马前不信是书生。"（韦蟾，《全唐诗》卷五百六十六）。只是让人感叹，这八句的律诗，前两句所述的贺兰山下果园飘香，宛如江南，只是为后六句的战争场面作陪衬。幸而，清角吹寒，胡笳悲鸣，是古诗文的描述，烽燧狼烟早已吹散。和平，养无限生机。

人言，宁夏的发展史，是"一部始终处在延续中的引黄灌溉史"[①]，颇具道理。从古及今，挖了多少渠，没有人能够说得清楚，淤积、掩埋、再兴，反反复复，不知凡几，但灌溉规模总在扩大。可以想见，有很多的古老渠道，从来就不曾留下过姓名，就消失得无影无踪了。黄沙掩埋的，不仅有未销的箭镞，还有曾经滋润过绿色的渠道。一些规模大的渠道，因为历代沿袭，至今还为人类服务，同都江堰一样，从出生那天起，就身披辉煌——这是中国古代伟大水利工程的特色，其为数众多，伴随着人类社会发展史，独傲于世界民族之林。因为辉煌，因为历史久远，宁夏引黄古灌区已载入世界灌溉发展史，成为世界灌溉遗产的组成部分——2017年，宁夏引黄古灌区被国际灌溉排水委员会正式列入世界灌溉工程遗产名录并授牌，是黄河干流上第一个世界灌溉工程遗产。

天下黄河富宁夏

黄河宁夏段总长397公里，在宁夏中北部形成冲积平原。引黄河水灌溉，在宁夏有悠久的历史，最早可以追溯到秦汉时期。这里的先民先后修建了秦渠、汉渠、汉延渠、唐徕渠、惠农渠等古渠，经过历代的增修、疏浚，至今仍然滋润着宁夏的平原沃野，让"天下黄河富宁夏"的奇迹不断延续下去。2017年10月10日，宁夏引黄古灌区被正式列入世界灌溉工程遗产名录。

宁夏博物馆展板资料

在宁夏，有不少的灌溉渠道，不需要介绍，听其名，就知道是从历史中一路走来，譬如，秦渠、汉渠、汉延渠、唐徕渠、惠农渠、御史渠、大清渠……在宁夏，尤以官职命名的渠道为多，它们之所以延续至今，

---

① 袁进琳：《朔色长天》，中国民主法制出版社，2007，第8页。

在于社会对它们的需要,反过来说,是这些渠道支撑了一方水土的可持续发展,是水滋荣了宁夏。它们都有着不平凡的前世今生,今选取两例,御史渠和昊王渠,简述一下。

史载郭子仪曾在宁夏灵武修渠,名曰御史渠[①]。有研究者认为,御史渠源自东汉光禄渠。个人看法,因为没有明确的文献记载,说御史渠为东汉光禄渠的重新修复,是很难对上号的,对此,也不必深究,确信郭子仪曾在这里修渠,或唐朝官家在此修渠即可。宁夏水利,隋初有过20多年的浚治,唐太宗"灵州会盟"之后——就是此次会盟,唐太宗被尊为"天可汗",因为边疆稳定,民族融合,水利事业得到进一步发展,"卫宁灌区成为新的灌溉开垦区,灌溉面积超过100万亩"[②]。黄河上游,灵武县灌渠最多。有唐一代,全国各地水利有了大发展,并创制了水利法令《水部式》。《水部式》曾经遗失,这部由中央政府颁布的水利管理法规,在20世纪初于敦煌莫高窟发现的敦煌遗书中再次被发现(据中国水利博物馆展板资料)。我们可从正反两方面看一下灌渠对宁夏、对干旱地区的重要作用。

"安史之乱"后,"以子仪为卫尉卿,兼灵武郡太守,充朔方节度使,诏子仪以本军东讨。"注意郭子仪的职务除军职外,还包括"行政职务"太守,修渠属于"政务"范畴。第二年(天宝十五年(公元756年)),肃宗即位于灵武,郭子仪受命于肃宗,任兵部尚书、同中书门下平章事,仍兼朔方节度使。灵武就成了重要的后方基地。当时的灵武是个富庶的地方,郭子仪兼职"朔方",凸显了灵武的重要性。史载,讨贼,"唯倚朔方军为根本"(《旧唐书·郭子仪》)。朔方军最可靠的后方保障基地当然是朔方,尤以郭子仪任职太守的灵武郡是根据地中的根据地,朔方军

---

① 姚汉源:《中国水利发展史》,上海人民出版社,2005,第218页。
② 依据宁夏水利博物馆资料。

的"司令部"也设在灵武。

安史之乱延续了7年多的时间，战争消耗很大，穿渠以扩大粮食生产，确保后勤供应，无疑是取得战争胜利的重要条件。在古代，穿渠为武备之要，其兼有舟楫及灌溉之利。东汉末三国纷争，这一点尤为重要，各守封域，努力屯田修水渠。《三国》故事人们熟知，诸葛亮北伐，蜀魏两国在渭水两边对垒，边种田、边打仗。特别是魏国在淮水流域的屯田，为后来晋灭吴提供了强力的支撑。

灵武作为"粮食生产基地"，其重要性，从来为敌我双方所"重视"。"唐贞元七年，吐蕃寇灵州，陷水口支渠，败营田[1]。"第二年，在同样的地点，发生了同样的事；"（永泰）八年秋，吐蕃六万骑寇灵武，蹂践我禾稼而去"[2]。灵武这个地方，年平均降水量在200毫米左右，属于典型的干旱地区，假若没有黄河水的灌溉，成为可依靠的粮食产区是不可能的。"（大历）八年四月，吐蕃寇灵州，掠人畜，攻陷水口城，进围州城，塞水口支渠以营田。"[3]渠既坏，还需要修整，元和年间，灵州节度使李听修复毁废的旧渠，"境内有光禄渠，废塞岁久，欲起屯田以待转输，听复开决旧渠，溉田千余顷，至今赖之"[4]。引述这些史料，在于强调一个重点：毁渠。这与一般战争中的掳人抢掠财物大为不同，这从反面印证了灌溉对于历史上的宁夏所具有的重要作用，毁渠就是破坏对方经济的行为。往大处说，安史之乱后，中国经济文化的重心转移到江南，关键就在于战争导致的水利设施的破坏，历史学家钱穆在《国史大纲》中对此有长篇的论述。

在历代所修渠道中，西夏昊王渠最靠西，即更接近贺兰山，这意味

---

[1] 顾祖禹：《读史方舆纪要》卷六十二《陕西十一》，中华书局，2005，第2951页。
[2] 《旧唐书》卷一百九十六下《吐蕃列传下》，中华书局，1975，第5244页。
[3] 此处当为"以败营田"。
[4] 《旧唐书》卷一百三十三《李听列传》，中华书局，1975，第3683页。

着西夏所修渠道灌溉的面积最大,因为越接近于贺兰山,则渠线与黄河之间所包围的面积越大,或说,渠线越高,所能辐射的范围越大,授水区域越广。这是一条有300多里长的渠道,规模浩大。

　　我总觉得,西夏之所以能在西北干旱地带立国,之所以有较长的国祚,与占有宁夏一带的水利条件有很大关系,这成为西夏统治的重要经济基础。诚如《金史》言:"自汉、唐以水利积谷食边兵,兴州有汉、唐二渠,甘、凉亦各有灌溉,土境虽小,能以富强,地势然也。"① 西夏的中心地带是以兴庆府为中心的银川平原,这里正具有这样的"地势"。再说,西夏党项人原本生活在四川、青海一带的羌戎之地,本不善农耕,迁徙安居于西北以后,逐渐变成了农牧业为主的社会,普遍使用牛耕,"农业是西夏社会经济的支柱产业"②。政权赖以存在的支柱产业为农业,重视水利,也就成了必然。

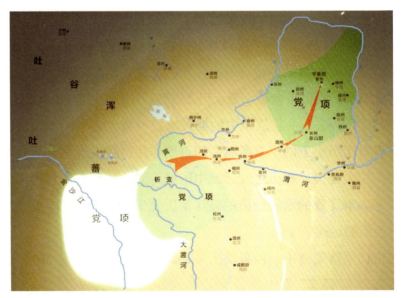

党项人迁徙示意图(据宁夏博物馆展示板改绘)

---

① 《金史》卷一百三十四《外国传》,中华书局,1975,第2877页。
② 依据宁夏西夏博物馆资料。

第五章 贺兰山下阴山前

宋真宗咸平五年（公元1002年），灵州为西夏人所占据。灵州"表里山河，水深土厚，草木茂盛"①，"土田沃饶，有汉陂之利"②。文献资料突出了水土资源，占有了灵州，下一步就是向河西走廊地区发展，而河西走廊地区有融雪浇灌出的绿洲，为进一步走向强盛提供了条件。最终，党项人于五代乱世之后，独领风骚于西北，宋仁宗宝元元年（公元1038年），李元昊于兴庆府（今银川）正式称帝，建立了西夏。元昊不再姓唐家的赐姓李，不再姓宋家的赐姓赵，而成了嵬名元昊，嵬名成了他的新姓氏。

《中国史稿》对西夏的水利也有总结，认为西夏建立后，兴州、灵州有汉唐以来所修的水渠，可以引黄灌溉，甘州、凉州之间"则以诸河为溉"。"故灌溉之利，岁无旱涝之虞"，"其地饶五谷，尤宜稻麦"。③依据这些对水利的总结，可以使我们理解，为什么西夏长期打仗，还能独善于西北一隅，能征善战的背后，后勤一定跟得上。

开渠引水是"硬件"建设，水利管理则是"软性"建设。西夏人有相当完备的"法典"，如《天盛律令》（《天盛改旧新定律令》之简称），但不止是《天盛律令》，还有《新法》《贞观玉镜统》等。《天盛律令》原文为西夏文，现藏于俄罗斯圣彼得堡东方研究所，由俄罗斯探险家1909年"发现"于黑水城遗址，是被掠夺而流失海外的重要文物。这是西夏人重视文治的法律证据。《天盛律令》中包含有水利条款。研究者认为西夏有较为完善的农田水利管理制度，可分为三大部分，包括春开渠法、水利管理法以及辅助建设与维护法。唐宋的水利法规是以政府法令的形

---

① 《续资治通鉴长编》卷四十四，真宗咸平二年六月戊午，中华书局，2004，第947页。
② 《续资治通鉴长编》卷五十，真宗咸平四年十二月丁卯，中华书局，2004，第1097页。
③ 《宋史》卷四百八十六《夏国传》，中华书局，1985，第14028页。

式颁布的，比之唐宋，西夏的水利法令已上升到国家的法典中①。这显然已经是"上位法"。《天盛律令》之水利部分"继承前人、尊重客观、因地制宜"，促进了西北水利的发展②，这当然就促进了社会文化的发展。《天盛律令》今在，与西夏王陵一样，以遗产的形式，诉说着西夏曾有的辉煌。

西夏的国祚超过了向其称臣的金甚至北宋。成吉思汗兴，更强的马背民族消灭了西夏。整理史料的过程中我深深地感慨，党项人西夏之所以能在短时间内由极落后的状态而崛起于一方，与其胸襟有关，与善于学习与借鉴有关。比如，其社会结构的建设，法律的建设，水利的建设，文化的建设，这些，都与利用汉人、重视汉文化有关。确实的，西夏学习、借鉴的主要对象来自中原，在此基础上有自己的发展。西夏重视儒生，尊孔，在中国历史上，西夏第一次尊孔为"帝"，即"文宣帝"，孔子在唐朝被尊为"文宣王"，到了西夏，则更上了一层楼。

无论是在宁夏博物馆，西夏博物馆，还是宁夏水利博物馆，西夏的内容都是不可或缺的一块，而其中，西夏人的水利，又是重点的内容和闪光点。总之，西夏不仅仅是一个善战的政权，更是一个善于建设的政权，由此而产生了优秀的西夏文化，"西夏文化是党项民族吸收中原文化和北方少数民族文化而形成的独具特色的民族文化，是我国历史文化宝库中的一颗灿烂明珠"（《西夏博物馆·序言》）。西夏文化为黄河文化的重要组成部分。

作为事物的另一面，应该看得到，西夏被灭国之后，几十年的时间内，宁夏的灌溉系统便失去了功能，或废毁，或淤浅。至元元年（公元1264

---

① 杜建录:《西夏水利法初探》，《青海民族大学学报》1999年第1期，第61-64页。
② 景永时:《西夏农田水利开发与管理制度考论》，《宁夏社会科学》2005年第6期，第95-97页。

年),郭守敬奉诏"行视西夏河渠"(《元史》),之后,"重立闸堰",恢复了旧有渠系。"至元"是元世祖忽必烈的年号,元世祖是个重视水利的人,京杭大运河就是元世祖忽必烈至元年间在隋唐大运河的基础上开凿的。

《元史新编》载:

> 至元元年,(郭守敬)从张文谦行省西夏。先是,古渠在中兴者,一名唐来(徕),其长四百里,一名汉延,长二百五十里,它州正渠十,皆长二百里,支渠大小六十八,灌田九万余顷。兵乱,废坏淤浅,守敬更立闸堰,皆复其旧。①

《朔色长天》一书中写道:"蒙夏之战让宁夏平原几乎失去了自己的全部文明,自流灌溉系统全部废弃,除唐徕渠和汉延渠外,其余干渠和主要支渠的名称,均消失在了战争的烽烟中。"②

《朔色长天》的名字起得好,还有相对应的电视片。什么是宁夏的朔色?是大漠无边的黄?塞上江南的绿?花果飘香的丰硕?多民族文化融合的灿烂?都对。很显然,朔色是多彩的,而朔色的要素与灵魂却是水,没有水,多彩的朔色就会变得单一,朔色就会变成流沙。事实上,在黄河流过的9省区中,没有任何一个省区与黄河的关系超过宁夏。

上边《元史新编》的引文,可看成是"让宁夏平原几乎失去了自己的全部文明"的史料性解释。水利渠系的毁坏对文明的破坏是如此的巨大,因而对任何曾经辉煌、后来没落的干旱区都适用,对此,马克思的说法非常明确:

> 中央政府如果忽略灌溉或排水,这种设施立刻就会荒废,这就可以说明一件否则无法解释的事实,即大片先前耕种得很好的地区现在都荒芜不毛,例如巴尔米拉、佩特拉、也门废墟以及埃及、波斯和印度斯坦

---

① 魏源:《元史新编》卷三十五《郭守敬列传》,岳麓书社,2004,第903页。
② 袁进琳:《朔色长天》,中国民主法制出版社,2007,第53页。

的广大地区就是这样。同时这也可以说明为什么一次毁灭性的战争就能够使一个国家在几百年内人烟萧条，并且使它失去自己的全部文明。①

马克思这里所举的例子，基本上都是比较干旱或非常干旱的地区。因而，对某些干旱地区的农业而言，无论历史上多么辉煌，缺了水，就很大程度上失去了可持续发展的条件，前面所提到的黑水城就是一个典型的例子。

西夏、元时期，黑水城都是北方的军事重镇，周围曾是宜耕牧的绿洲，辉煌于一时，但"元亡以后，黑水改道西移，草场农田沦为沙丘，城郭随之废弃"②。如今的黑水城遗址，半截出露于沙丘之上，其以无言的躯体告诉人们，水，不仅仅是生命之源泉，更是生态之保障，文明之基础，繁荣之要素。

13世纪以后蒙古人南侵、西征其实都能与气候变化找到关系，12世纪的中国，气候比较寒冷，想漠北地区水草条件更为恶劣，干旱酷寒；13世纪初曾有短暂的气候变暖时期；随后又转寒，12、13世纪，我国西北天山的雪线似要比现在低。气候冷，则雪线低。③

研究气候与历史关系的学者认为"在蒙古人大举侵犯的冬季背后，一个重要的因素也许就是，从公元1175年到1260年间，蒙古草原上的年平均气温，出现一个持续的急速下降的现象。"成吉思汗的崛起，就在于背后的气候因素，这种气候因素，具体说来，就是寒冷和干旱造成的极端恶劣条件，于是，成吉思汗团结起来了原本内讧、互相仇杀的小部落，为了共同的生存，他们变成了一股强大的征服力量，他们四处征服，很

---

① 马克思：《不列颠在印度的统治》，收入《马克思恩格斯文集》第2卷，人民出版社，2009，第679-680页。
② 蔡彤华：《百年黑水城》，甘肃文化出版社，2017，第1页。
③ 竺可桢：《中国近五千年来气候变迁的初步研究》，《考古学报》1972年第1期，第15-38页。

大程度上,或就因为其所处的气候环境"打败"了他们①。气候对北方草原民族的影响不限于蒙古人,许倬云、孙丽曼更是以大量的史料,论证了北方民族运动大多与气候有关,并提出了令人深感兴趣的"引力与推力"说,引力来自中原内部;"推力者,原居地生活条件不佳,或是后面更有其他民族的压迫,则北族也有南徙之动机……气候一有改变,越在北边,越面临困境,于是一波压一波,产生了强大的推力"②。我想起了人们广为引用的英国哲学家罗素的著名论断,"在探索历史因果关系时,基本的研究乃是水文地理",其追踪的原因就是中亚的干旱③。综合中外研究者的认识,如果将寒、旱造成的困境同归于"压力",则"顺压梯度"的方向总是指向中原,这就是历史上中原政权遭受西北边患的自然原因。

这些历史事件,足以诱发水利人的深思,中国西北地区广袤,气候干冷,若气候一时趋于更加寒冷,则大概率会随之愈加地干旱。我以为,诚然全球气候变暖是近些年的"世界大事",但这是以大尺度、长序列为基准的。长系列之中,一时的气候波动是会有的,须注意寒、旱问题。水利以趋利避害为目的,且具有"应急"的立时效益,防旱与抗洪一样重要,而旱灾的影响要比洪灾更长,因而,西北水利的重点,在防旱方面应愈加注意。其实,自元以来的有识之士,如虞集、归有光、徐贞明、徐光启、顾炎武、林则徐……这个名单可以开列很长,所讨论的西北水利问题主要是说如何开发④,但都是以西北地广干旱为基础的,西北防旱

---

① 加雷斯·詹金斯:《气候的循环和成吉思汗崛起》,载狄·约翰、王笑然主编《气候改变历史》,王笑然译,金城出版社,2014,第167-177页。
② 许倬云、孙曼丽:《汉末至南北朝气候与民族运动的初步考察》,载狄·约翰、王笑然主编《气候改变历史》,王笑然译,金城出版社,2014,第144-166页。
③ 周照梅:《对罗素历史理论的一点理解》,《湖南师范大学社会科学学报》1988年第1期,第34-36页。
④ 王培华:《元明清时期的"西北水利议"》,《北京师范大学学报》(社会科学版)1996年第6期,第13-20页。

属于解决基础性的问题，意义重大。

宁夏灌区，历代所修渠道，民国之前以清代为最多。"清末统计共灌田一万六千顷[①]。民国二十五年统计共灌田一万八千顷。"[②]

四、古代引水口、青铜峡谷及古渠

古代引水灌溉，因为缺乏技术手段，都是无坝引水。无坝引水，对于超过一百公里的长距离输水来说，远非易事，涉及复杂的"控水"技术和管理手段，比如：如何使黄河水小时能引水入渠，水大时不致淹没，如何能兼顾到上下游的利益。

跨时代的变迁是有坝引水。1958年全国水利建设大兴，青铜峡水库兴工，1967年底开始使用，从此，无坝引水的历史结束。有坝引水，可确保所需的引水量，复杂的控水技术不再成为问题，整个灌区形成了一个系统，对灌溉来说，上了一个极大的台阶。青铜峡灌区是中国6个特大型灌区之一，有塞外江南之称的宁夏有了现代化灌区的支撑。

为寻找古渠踪迹，我曾在陕西沿泾河寻找历代引泾进水口。在青铜峡大坝的上游，我也找到了秦渠、唐徕渠取水口的位置标识，历史上，秦渠进水口与汉渠进水口有关系。说实在的，看到这些位置标识，真的很佩服！开渠引水，引水口的位置非常重要，只有选择位置得当，才能取到合适的水量。这些取水口处于库区范围之内，也就是处在了峡谷之中，其位置高于谷口下游的平川地带，因而能保证自流。如今，古唐徕渠引水口处的渠道遗迹尚存，茂盛的芦苇，密集生长于存有积水的渠道之中，与黄河主河道咫尺相隔。

---

① 1顷≈61440平方米。
② 姚汉源：《中国水利发展史》，上海人民出版社，2005，第514页。

第五章　贺兰山下阴山前

秦渠和唐徕渠标识

鉴于唐徕渠是宁夏引黄灌区最大的一条灌溉渠道[①]，在银川市，我专门打车去看市区内的唐徕渠，渠道穿城而过，宽阔漂亮，水清岸绿，不禁让人想起朱熹的诗："问渠那得清如许，为有源头活水来。"如今的源头，是枯、丰水文年都能得到充分保证的水库，古渠的生命力，不但在于持续浸润农田，还在于打扮了城市。

唐徕渠灌区示意图（摄于宁夏水利博物馆）

---

① 依据宁夏水利博物馆资料，唐徕渠始建于秦汉时期。

请允许我旁及银川市的"水系"。"水系"两字,是我打车去看唐徕渠时出租司机的用语。不止一个司机自豪于银川城市水系的贯通,自豪于这些水系的城农兼用。依我看来,银川市园林的点睛之笔,就在于充分利用了这些纵横贯通的水系,从而体现出了自然生态之美、园林风景之美,因此,银川市才那么漂亮,使得整个城市成了园林。我打开宁夏地图,切换到银川市,地图的显现让我惊呆了,那纵横交错的绿色,正是银川市及其周边的渠道,难怪银川市许多的街道以河渠命名。这是干旱缺水的西北地区吗?我想起了两句唐诗:"君到姑苏见,人家尽枕河。"水,成了银川市的灵魂。

银川市及其周边水系示意图

青铜峡水库的左岸为贺兰山,右岸是牛首山。贺兰山高而陡,牛首山矮且缓,两边山体都显得破碎,岸边山体几乎没有植被生长。只是,贺兰山显得更荒芜些,远处的牛首山,有草色遥望的感觉,而贺兰山,则听说生长有发菜。发菜并无味道,或因为谐音的缘故,发菜被视为珍品。就山表状况来看,夹岸两山的生态都极为脆弱,尽管濒临黄河,仍没有沾染到水汽的滋润,大约源于蒸发量远大于降水量,还有就是西风的劲吹,带走了由河流表面蒸发出的水汽,水汽难以驻留于周边。

尽管山表的生态脆弱,但黄河不失时机地向人们展示出其膏腴的一面,近水岸边,有少许或宽或窄的滩地,其由黄河带来的泥沙淤积而成。黄河泥沙当然是肥沃的,滩地上面长满了密集的野生芦苇,偶尔,还可见到一两棵不算太大的柳树。若以审美的眼光观之,那高高的山,山脚处那密集的苇,以及那由近及远的大河,其实构成了最传统的中国画。

贺兰山于青铜峡口倏然消失,牛首山还在延绵。放眼远眺,已是卫宁平原,"梅雨乍添新涨满,踏青人上七星渠",梅雨一词,再一次将宁夏比作了江南,七星渠,是卫宁平原引黄的古渠道。我觉得,我看到了奇观。想平生看山多矣,家乡的太行"长七百、高万仞",但不知其何处为首,何处为尾,即或是常去的北京香山,虽不太高,可也是重峦叠嶂,一眼望不到尽头。而在这里,却让我看到了贺兰山开始绵延的坐标原点,就在这坐标原点的右侧,与牛首山形成了一个狭窄的孔道,奔腾而至的黄河就恰恰流进了这狭窄的孔道,如此的奇迹,不该是大禹导引的结果吗?这狭窄的孔道不就恰恰是大禹劈开的吗?

青铜峡口,贺兰山结束于卫宁平原

在青铜峡的中部右岸，有一个大禹文化园，远观，有大禹的青铜塑像高高耸立。我想，可能就是一个雕像加上现代化手法营造的园林佳处吧？及至上岸，才知道，展现于眼前的极为宽阔的层层台阶，烘托出了一个隐藏于山河之中的现代化建筑群，那是前不见古人、蔚为大观的大禹庙。

青铜峡谷中的大禹文化园

此建筑群为仿汉建筑，由牌楼、钟鼓楼、明堂、大殿、九州苑、河图洛书及大禹雕塑等组成。"归来见天子，天子坐明堂"，明堂是最高等级的礼制建筑，"是古代帝王宣明政教、举行大典"的地方。大殿内供奉大禹鎏金巨大塑像，仰望大禹圣像，作为水利人，我首先鞠躬致敬。

殿内四根大柱上的楹联云：

仗剑执斧平治洪水滔滔百川息归海

披图览书化导庶民泱泱九州尽朝宗

治水理民功侔三皇五帝

铸鼎安国泽被千秋万世

横批是：

千秋仰望

大禹的背后是九州禹贡图，与联语相匹配。

大禹文化园对大禹文化,包括大禹生平及治水、上古政治思想史、古代治水脉络及现代治水成就等多方面予以了总结,是科普大禹文化、黄河文化、水利文化的好地方,只是,此文化集萃之处交通稍显不便。

我见到了一批穿汉服的学生在大禹文化园搞活动,个人觉得,大禹文化远不是讲述大禹治水的故事那么简单,其在上古思想史和我国政治制度史上影响很大,而这一点是比较"艰涩"的、小众的,宜"简"、宜"易",这样人们才会知道、才会理解,否则,单纯的大禹治水"故事",会让人们误以为劈山导河仅是神话传说。

因为时间的原因,我没能看到主体建筑群左侧的"河图洛书"部分,不知其表现手法是什么。右侧的九州苑格局与手法创新明显,也有文化的普及意义,给人以强烈的吸引力。硕大的九鼎集中于一苑,本身就让人震撼,只是,那近乎平放又特别巨大的"九州苑"说明,镌刻于光滑的石头表面,强烈的阳光反射,让人难以直视。《禹贡》九州,原是《禹贡》中有难度的地理知识,"九州苑"说明也太长,我未能读完。

大禹文化园中的九州苑铜鼎

将离大禹文化园,我又以崇敬之心仰望千古圣王大禹,大禹站在山巅,一手握着治水利器,另一手抬起,似在指挥方向,眼前是滚滚的黄河，隔河对岸，贺兰山泛出赭红，宛若铜光。

离开大禹文化园后，我想了四句话，录于此：

劈开青铜峡，东折阴山前。
蜿蜒出敕勒，飞泻向潼关。

五、萧关与清水河谷

清水河是宁夏黄河的最大支流。

清水河在《水经注·河水》中称为高平川水，发源于大陇山苦水谷。清水河名称虽好，但水不能饮，"苦水谷"的名称告诉我们古来如此，盖因水中矿化度太高。河水苦涩，非因今日污染之故。故此，清水河也称苦水。中央电视台《地理·中国》栏目《走进宁夏·河畔故事》为宁夏清水河的专题片，其中揭示了清水河苦涩的原因，研究也证实，越往下游，清水河的矿化度越高[①]。

因收集有关宁夏的资料，我多次阅读王维的诗《使至塞上》，其中"大漠孤烟直，长河落日圆"是妇孺皆能诵的名句，也出现于博物馆的展板资料上。至于诗作到底写的是什么地方，我倒觉得没有必要深究，其实是"普适"的大漠壮观景色。

阅读资料，我习惯于对照地图看，宁夏黄河，大趋势上看，在清水河入黄河的地方，在靠近中宁的地方，逐渐由东行折而向北。再向前流至吴忠，也就是灵州一带了。灵州，与关中的关系太大，这必有交通的原因。于是，清水河谷进入我的眼帘。我判断，清水河谷，在古代的交通中必定起着重要的作用。这样想并不奇怪，许多河谷在古代都是交通困难地区的通道，比如关中通蜀的褒斜道，沿泾水河谷入关中的道路。

---

① 开晓莉、张维江、张宇正等：《清水河水环境污染物通过饮水途径对男童所致健康风险研究》，《中国农村水利水电》2018年第11期，第114-119页。

杜甫诗曰"萧关陇水入官军,青海黄河卷塞云",将黄河与萧关囊括进来,这是大的视野;岑参"凉秋八月萧关道,北风吹断天山草",是一种苍凉;卢纶"今来部曲尽,白首过萧关"则成为一种无奈;王维的诗末两句是"萧关逢候骑,都护在燕然"。由这些诗,"萧关"首先成为我的视觉焦点。

萧关是丝绸之路东段北道上的著名关隘。

萧关古道示意图(摄于宁夏博物馆)

萧关在哪里?这是个问题,是个不好回答的问题。历史上,萧关的位置有变动,这正常,根据形势的需要,如潼关的变动,函谷关的变动。萧关是个点,还是个具有一定范围的防御体系?这涉及对萧关的理解,也难以趋同。中央电视台专题片《走遍关中》这样描述萧关:"萧关是一种地名,萧关是一种形态,萧关是一种情结,萧关是一个变数,萧关是一个随着朝代的变化和防御对象的变化而变化的战争防御带。"这种富于浪漫主义色彩的描述,巧妙地规避了如何确定、理解萧关的问题,事实上,是将萧关概括为了一种文化。

而我们这里,却是要对萧关有个大体的认定,关,就是门,其有确定的坐标位置，这个位置在今日的宁夏固原东南泾源县，现今的这里，建有萧关遗址文化园（泾源县瓦亭村），其在汉代萧关城遗址上重修，以有形的方式详细地讲述着萧关过往的故事。就其位置所在来说，完全符合为关中平原定义时对关隘所做的功能要求，四关之内谓之关中，东函谷，南武关，西散关，北萧关，位于泾源县的萧关，扼泾水通道之要冲。泾源县，以泾河发源地而名。

原州（今固原），从来就是地理交通上的枢纽，是丝绸之路上的重要节点，于是可以认为，萧关就成了通往诸路的锁钥。从长安，西出萧关达吐蕃、青海，北出萧关达灵州（宁夏）、大漠。相反，游牧部落占据萧关，则沿泾水河谷就可进逼关中。因此，中原政权对萧关的经营格外关注。围绕萧关的历史故事太多，围绕萧关的诗章太多，如此，则只能从略。

无疑，萧关属于萧关古道。初读的资料太过简略，也未能找到如我设想的细致的路线图，因而我认为，黄沙的掩埋，为今人的理解带来了一定的困难。功夫不负有心人，后来终于找到了对我有用的信息，即萧关古道与清水河的关系。

《丝绸之路上的萧关道》一文中，马建军先生指出"进入宁夏境内的萧关道，即入弹筝峡（三关口），过瓦亭关、开城、到达原州（固原），沿清水河谷，再向北经三营过石门关（须弥山沟谷）到达海原……再向西过西安州、干盐池。然后抵黄河东岸的甘肃靖远，西渡黄河，经景泰县到达河西凉州（武威）。"并引证史料，认为汉文帝十四年（公元前166年），匈奴单于袭破萧关，走的就是清水河萧关道[①]；史书里不乏秦皇、汉武出萧关的记载，从元鼎五年（公元前112年）至后元元年（公元前88年），汉武帝先后6次出萧关至安定郡。薛正昌先生在《中国社会科学报》中明确指出："武帝出萧关北行，就是走萧关以北沿清水河谷的大

---

① 马建军：《丝绸之路上的萧关道》，《文博》2010年第3期，第50-55页。

道。""萧关古道就是依陇山、穿过黄河进入河西的,沿途以清水河谷地相伴。山(六盘山)水(清水河)依偎的空间,成为秦汉以后萧关古道的原型。"① 清水河水系与泾水河水系通道的贯通,使得宁夏南北相连接,丝绸之路宁夏段因之而畅通②。

说得足够清楚了,我要的关键词只是清水河谷,只是想验证清水河谷在古代交通中的作用。

这样,泾水河河谷—萧关—清水河谷,就成为连接中央政权所在地(不仅仅局限于关中)与宁夏平原的战略通道:说其为战争通道也行,说其为经济通道也行,宁夏平原的富庶,事实上也成为中原政权不可或缺的一块。此交通道的畅通,也可解释何以朔方成为唐朝所倚仗的重要地区。

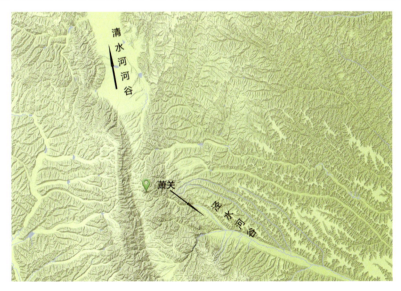

萧关地形与古代河谷交通示意图

---

① 杨晓娟:《萧关古道:丝绸之路重要组成部分——访宁夏社会科学院历史研究所所长薛正昌》,《中国社会科学报》第263期,2012年2月6日,详参http://sscp.cssn.cn/xkpd/djbd_20143/djbdnr/201202/t20120206_1118615.html,访问时间:2023年6月23日。
② 薛正昌:《驼铃悠韵萧关道》,上海科学技术文献出版社,2017,第4页。

清水河河谷为古代重要交通途径还可为今日之现代化建设所旁证：今日之高速公路（银昆高速），完全与清水河平行；铁路也完全与清水河平行。尽管，今日的人力手段足够强大，但修路架桥，也会尽可能地遵循自然地形，古人的选线，在当时的条件下，因人力有限，一定在通行上是最优的。我最想说的话是：河谷交通，是河流文化的重要组成部分。此类话题，以后还会涉及，以说明所论成立。

清水河与现代交通路线示意图

清水河发源于六盘山东麓，源头南侧的萧关则属泾河流域，泾水河也发源于六盘山，因而六盘山也是清水河与泾水河的分水岭。距萧关不远的隆德县境内，有当年红军翻越的六盘山。对中国人来说，六盘山这个名字多是从毛主席《清平乐·六盘山》中熟悉的，这首词写得气象辽阔，极为豪迈，充满必胜的信念："天高云淡，望断南飞雁。不到长城非好汉,屈指行程二万。六盘山上高峰,红旗漫卷西风。今日长缨在手,何时缚住苍龙?"这首词,脱胎于《长征谣》,1935年10月7日,毛主席登上六盘山巅,回望长征两万里,步步艰辛,步步胜利,"长征是宣言书,长征是宣传队,长征是播种机",在山巅,毛主席以豪迈的气概,必胜的信心,吟成《长征谣》,当晚,在窑洞的油灯下,将《长征谣》记下,后演变成《清平乐·六盘山》。我在宁夏博物馆看到了多个版本的毛主席手书《清平乐·六盘山》,真的是气势磅礴。

红军过六盘山以后抵达甘肃会宁,实现了三大红军主力的会师,标志着万里长征的胜利结束。

毛主席手书《清平乐·六盘山》(摄于宁夏博物馆)

清水河仍在流淌,由河水偶尔冲出的龙骨(地质年代的动物化石),诉说着地球的地质变迁、气候变迁;古代的狼烟已经散尽,战争的鼓角没留下半点的声息,但沿河谷,尚可见烽燧墩堠的残迹,亦或许能在黄沙之下，发现带着锈斑的箭镞与马蹄铁。

清水河还有一个古名"蔚茹水"，我没见过比这更为美好的河流名字。宁夏水利，有着"系统法"治水的新思路，愿通过"系统法"治水，清水河变成蔚茹水。

六、河套段的舟楫之便

黄河河套平原与灌区示意图

"天下黄河富宁夏""塞外江南"，这些语汇当然表征着黄河对于宁夏农业的滋润，其实，黄河之于宁夏，不只是灌溉之利，还有交通之便——黄河航运。不唯是宁夏段，黄河上游段，出青铜峡，直到进入晋陕大峡谷之前的内蒙古自治区托克托县，由于河道平缓，都有方便的航运之利。

黄河舟楫之利，远在春秋已成蔚为大观之势，史载明确。僖公十三年，"秦于是输粟于晋，自雍及绛相继，命之曰'泛舟之役'"（《左传》）。由雍及绛，经过了渭河口与汾河口之间的黄河，属小北干流的一段，这是在黄河中游中原核心地区，所以有较早的记录。上游地区，至少在北魏，黄河的水上交通已经存在，初见的记录在《魏书·刁雍传》。

北魏太平真君七年（公元446年），诏令薄骨律（军镇名）镇将刁雍率四镇兵马，"出车五千乘，运屯谷五十万斛[①]付沃野镇（军镇名），以供军粮。"镇将，可视为军区司令员。薄骨律镇在古黄河沙洲上，《水经注》对其有记载，在今宁夏吴忠附近。薄骨律镇，后改名为灵州，其所在的沙洲原在黄河中心，后黄河在这一带多次发生东西摆动，导致地理变迁，灵州城也迁徙了[②]。刁雍做过征南将军、徐豫二州刺史，深知南方的舟楫之利。他是善于"精算"的一个人，细算了一笔账后发现，要完成这一任务，需要三年时间，且耗费人力物力无算，任务太过艰巨。但如若造船二百艘，利用黄河进行水运，则可省却人畜十倍之力，且不耽误屯田。于是建言于上，北魏世祖拓跋焘下诏曰："知欲造船运谷，一冬即成，大省民力，既不废牛，又不废田，甚善。非但一运，自可永以为式。"[③]

这可认为是黄河上游"大规模"水运的开始——官方才具有这个能力。但这并不意味着黄河上游水运始于此。没人能够知道黄河水运始于何时，因为，极早的年代，古人已经"刳木为舟，剡木为楫"。北魏之后，黄河上游段的水运就永远施行下去了，这是遵循了北魏世祖"永以为式"的意思。

刁雍名为镇将，其实是军政官员，总督诸军，治下"户口殷广"。其到任之初，先巡检了地方，"知此土稼穑艰难。"于是，循旧迹，准备引黄灌溉。他详细规划了古艾山渠，上奏朝廷。拓跋焘非常欣赏刁雍的计划：

[①] 中国旧量器名，亦是容量单位。
[②] 辛德勇：《黄河史话》，社会科学文献出版社，2011，第17-18页。
[③] 《魏书》卷三十八《刁雍传》，中华书局，1974，第868-869页。

诏曰："卿忧国爱民，知欲更引河水，劝课大田。宜便兴立，以克就为功，何必限其日数也。有可以便国利民者，动静以闻。"①

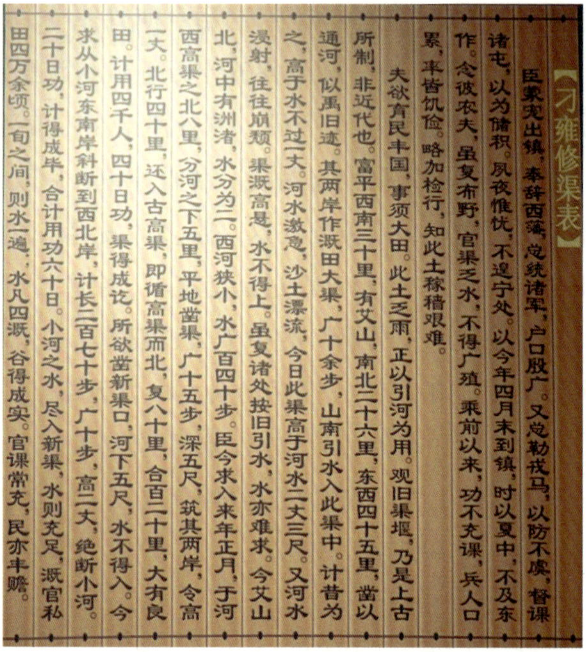
【刁雍修渠表】
臣蒙宠出镇，奉辞西藩，总统诸军，户口殷广。又总勒戎马，以防不虞，督课
诸屯，以为储积。夙夜惟忧，不遑宁处。以今年四月末到镇，时以夏中，不及东
作。念彼农夫，虽复布野，官渠乏水，不得广殖。乘前以来，功不充课，兵人口
累，率皆饥俭。略加检行，知此土稼穑艰难。
夫欲育民丰国，事须大田。此土乏雨，正以引河为用。观旧渠堰，乃是上古
所制，非近代也。富平西南三十里，有艾山，南北二十六里，东西四十五里，凿以
通河，似禹旧迹。其两岸作溉田大渠，广十余步，山南引水入此渠中。计昔为
之，高于水不过一丈。河水激急，沙土漂流，今日此渠高于河水二丈三尺。又河水
浸射，往往崩颓。渠溉高悬，水不得上。虽复诸处按旧引水，水亦难求。今艾山
北，河中有洲渚，水分为二。西河狭小，水广百四十步。臣今求入来年正月，于河
西高渠之北八里，分河之下五里，平地凿渠，广十五步，深五尺，筑其两岸，令高
一丈。北行四十里，还入古高渠，即循高渠而北，复八十里，合百二十里，大有良
田。计用四千人，四十日功，渠得成讫。所欲凿新渠口，河下五尺，水不得入。今
求从小河东南岸斜断到西北岸，计长二百七十步，广十步，高二丈，绝断小河。
二十日功，计得成毕，合计用功六十日。小河之水，尽入新渠，水则充足，溉官私
田四万余顷。一旬之间，则水一遍，水凡四溉，谷得成实。官课常充，民亦丰赡。

刁雍修渠表（摄于宁夏水利博物馆）

拓跋焘农牧兼重，刁雍在水利上能有大的作为，与拓跋焘的支持分不开。

艾山渠修好之后，宁夏引黄灌区重现昔日的辉煌。贮存既多，因而可外运其他军镇。上述漕运军粮至沃野镇，就是修艾山渠以后丰稔的结果，表明宁夏灌区已成为北魏重要的粮食生产基地②。

在灌溉与交通上，刁雍多有建树。《魏书》载："雍性宽柔，好尚文典，手不释书，明敏多智。"③寿九十五。

---

① 《魏书》卷三十八《刁雍传》，中华书局，1974，第868-869页。

② 王岚海主编《宁夏水利史话》，宁夏人民出版社，2018，第39-41页。

③ 《魏书》卷三十八《刁雍传》，中华书局，1974，第871页。

第五章 贺兰山下阴山前

自古及今，水运都比陆运便宜，荷载量也大。西北多属高原与山区，平坦之途少，沟壑之路多，陆上交通不是一件容易的事，最典型的就是洛阳至潼关的崤陵古道、桃林之塞，故朝廷是宁冒三门峡之险而不愿舍舟登岸（本书"第八章 工程视角之外"还将述及）。既然北魏开启了河套段的航运模式，顺水行舟便捷，如上例之所述，因而北魏以降，历代都很重视。

唐朝初年，灵武、吴忠一带驻有规模庞大的"舟师"以防突厥，这大约是最北方的水军。

当然，逆水而行，也不容易，对此须有全面认识。《新唐书》载：

初，度支岁市粮于北都（和林格尔县，呼和浩特市所辖），以赡振武、天德、灵武、盐、夏之军，费钱五六十万缗[1]，泝（sù）河舟溺甚众。[2]

这段记事为逆水行舟，将所购之粮西运，困难不小，推测是河道状况复杂，水文情势复杂。尽管如此，因不是在峡谷中，河床坡度小，相对来说是容易的。

蒙古人13世纪崛起于蒙古高原，虽然是马背上的民族，元朝却很重视水运，如官方首探河源，主要目的就在于开辟航运途径；修通了京杭大运河（利用了隋唐大运河的一段）；并曾试行过海运，甘冒海运风波之险，这也是值得称道的。

元朝对黄河上游河套段航运的重视，与漠北对峙的需要有关，也与郭守敬的建议有关。

元中统初年前后，忽必烈与其幼弟阿里不哥之间爆发了争夺汗位的战争，战争凡五年[3]。忽必烈的战争后方是汉地或接近汉地的东北一带，对手主要在漠北及关陇地区。

---

[1] 缗：古代计量单位。
[2] 《新唐书》卷五十三《食货三》，中华书局，1975，第1372页。
[3] 范文澜：《中国通史简编》（下册），商务印书馆，2010，第521页。

战争必须有强力的后勤支持——粮草。中统元年（公元1260年）"六月戊戌，诏燕京、西京、北京三路宣抚司运米十万石"输往前线基地；第二年再次敕令征集粮草运前线，"敕西京运粮于沙井，北京运粮于鱼儿泊。"燕京、西京、北京对应于今天的北京、大同以及内蒙古赤峰，由地理位置不难推断出，这些粮草的运输悉靠陆运。从这些地方征集粮草向漠北或西北方向运。路既远，所行路线又经过高山深堑、大漠戈壁地区，车挽所遇到的困难，蒙元统治者必定印象深刻。至后来，蒙元统治者重视水上交通，或可能就与其深悉陆运艰难有关。

至元二年（公元1265年），郭守敬被授都水少监，此时忽必烈与阿里不哥之间的战争已经结束，百废待兴。郭守敬奏言："舟自中兴（银川）沿河四昼夜至东胜（今内蒙古托克托县），可通漕运。及见查泊、兀郎海（今内蒙古乌梁素海一带）古渠甚多，宜加修理。"这个提议包含了两项内容，一是整修航道，河套一带之产出可"通漕"供军备或京师；二是修理旧渠，发展农业生产。"十二年，丞相伯颜南征，议立水站，命守敬行视河北，山东可通舟者，为图奏之。"[①] 此一条说明，在与南宋的战争还在进行期间，蒙古人已开始重视水上交通工作、水上驿站工作。

以上史料，说明了元代开发黄河河套段航运的必要性和可行性。

鉴于蒙古灭西夏的残酷战争所导致的人员锐减、山河破碎，元初之时从河套地带（包括宁夏与内蒙古）再向域外漕运粮食已不可能。结合史料，可推知，元代河套段的航运恢复，该是郭守敬建言以后的事。

七、古渡觅踪

黄河天堑，必有渡口。在银川，我寻访了一个地方，叫"横城古渡"，这是一个出名的渡口。古渡口的具体位置本已被历史掩埋，现在的"古

---

① 《元史》卷一百六十四《郭守敬列传》，中华书局，1976，第3846页。

渡"位置，是经专家考证认定的。

但要说寻找"横城古渡"，就不太容易了，地名和标识带来了混乱，我为此花了不少的力气。

黄河在银川境内有横城、仁存、通昌三个渡口，至20世纪80年代，还在营运的就只剩横城渡口。现在的横城渡口是否还在营运，我不清楚，那个简易码头实在是太简易了，也没见到渡船，或停靠水上的游船、摩托艇之类。附近不足两公里，就是一个便捷的跨河大桥，陆上交通的便捷，是渡口黯然淡出历史的直接原因。此现象，沿河上下有多处。

横城渡西夏时称顺化渡，是西夏都城兴庆府通往宋、辽的重要渡口。而元则演化为"中兴水站"。明时筑宁河台，有渡口管理人员，派兵驻守[①]。明清之际，这里的渡口名称变为横城渡，或因为明朝在此一带的黄河东岸修建了"横城堡"。

作为军事堡垒，"横城堡"为黄河东岸宁夏明长城的起点。如今，宁夏明长城灵武段遗迹犹存，改变了容颜的烽燧犹存。古语有云：横城之津危，则灵州之道梗。横城渡的安全，对畅通交通的意义非常大，因而"横城堡"同时也有保护"横城渡"安全的作用。

康熙三十六年（公元1697年），康熙御驾亲征噶尔丹，在横城渡口举行隆重的祭祀黄河仪式，祭文曰"惟神洪流浩漾，膏润宏长，釃（shī，疏导）入唐、汉之渠，允贻朔方之利……"；并在宁夏征集用量庞大的粮草，由横城水运至前线。此次康熙御驾亲征，噶尔丹兵败自杀。

横城古渡位于一个傍河公园内，也成为公园内的一个景点，其以古碑的形式详述康熙渡河事。此处水岸平阔，隔岸远村杳然，岸边不乏绿色。黄河平稳北流，不见风波之险。于四下观望，只有少数的几个人，

---

① 银川市地方志编纂委员会编《银川市志》，宁夏人民出版社，1998，第505页。

或因傍河公园正在整修之故。人少，河宽，水大，想夏日余晖晚照之时，于此处静观黄河日落，微风徐来，冷暖宜人，该有一番惬意。

横城古渡：康熙渡河事略

横城古渡：康熙渡河诗

八、移民屯田及与航运关联的

与恢复黄河航运相伴生的，是河两岸开始强力屯田。

这是一项非常重要的工作，也是由这里的黄河具有自流灌溉的条件所决定的，有一块产粮区对于新建立的元朝政权的稳定实在重要。

卷入屯田的"军政单位"非常多，特别是宁夏地区。与中国历史上的习惯做法一样，元朝的屯田也分军屯与民屯，无论是军屯还是民屯，都包含有移民的意思，如"宁夏等处新附军万户府屯田"，属于军屯，却是将南方新附军，即投诚的部队调往了宁夏；再如"宁夏营田司屯田"则是将湖北随、鄂一带的民户迁往了宁夏，属民屯①。

通过战争，或将投诚兵士迁徙到边疆地带是历史上常有的做法，如《太平寰宇记》载，灵州"本杂羌戎之俗，后周宣政二年破陈将吴明彻，迁其人于灵州，其江左之人崇礼好学，习俗相化，因谓之'塞北江南'"②。至此我们明白，"塞北江南"的第一意义是文化上的，其次才是指农业上的丰稔和山水秀色。

迁徙到宁夏的移民不只是来自江南，北魏、北周时期，由山东迁往宁夏的人尤多，这是来自孔孟之乡的人，当然更加"崇礼好学"。可以理解，胡汉"习俗相化"，势在必然，孔孟的文化在宁夏由地道的"孔孟传人"来传播。可见，文化的融合，不唯由地理条件决定，移民是另外一大因素。移民多"源"，来自全国很多地方，来自丝绸之路。

历史的原因，数千年来，宁夏一带形成了多民族共同融合、共同发展的特色地域文化，恰如《朔色长天》一书中所言：

> 宁夏平原既有汉族农耕文化成分，又有北方草原文化成分；有伊斯兰文化成分，更不乏边地大漠文化成分。它与纯粹的农耕地区存在着差异，也与纯粹的游牧地区有着本质的区别，它是一种新的混合体。宁夏人善于接受新生事物，因为它的文化本身就是一个包容性很强、多元文化组成的地域文化。③

---

① 周松：《元代宁夏漕运新论》，《宁夏社会科学》2007 年第 6 期，第 143-146 页。
② 《太平寰宇记》卷三十六《关西道十二·灵州》，中华书局，2007，第 760 页。
③ 袁进琳：《朔色长天》，中国民主法制出版社，2007，第 151 页。

河套段的黄河还有一种"高光",就是水上驿站,称之为"水站"。上引材料中曾提及丞相征南"议立水站"。北方的河套段有10个水站,这是个不小的数目①。元朝在全国建有很多驿站,"水站"是驿站的一种,元朝还建有海上"水站",《元史》中专辟有《站赤志》。蒙古骑兵属于"快速反应部队",故而元人非常重视信息的传播速度,也因此,蒙古人很重视驿站的建设。当然,水上驿站不是蒙古人的创设,唐朝已有数目不少的水驿。

贺兰山西侧的腾格里沙漠,分布有大小不等几十座盐湖,蕴藏着十分丰富的盐矿资源——食用盐。研究认为,这里的官营盐业在汉武帝时代已经初具规模。西夏时,这里的盐业是重要的战略资源,被用来与宋、辽进行物资交换。由于产盐量大,从而"形成了四通八达的运盐驼道",并与丝绸之路东段灵州道重合交错。我注意到其中一条路径为吉兰泰盐池—磴口—巴彦淖尔—五原—包头—呼和浩特。对照地图检阅发现,穿过贺兰山,至磴口(渡口名,县名),就到了黄河边,有理由相信,顺流而下的黄河水道也是一条盐道,与"运盐驼道"相连接,形成了"水陆联运"。盐是珍贵的资源,贩盐是暴利的行业,故而这里的"盐业驼运＋水运"必定有着深厚的商贸文化或特色文化等待挖掘。这里产盐量之大实在出乎意料,内蒙古阿拉善盐场包括8座盐池,只是吉兰泰盐池,其原盐产量就占今日全国工业用盐的二十分之一,精盐占全国食用盐的十分之一。②

贺兰山高大,驼铃叮当,难以翻越高山。幸而有了东西向的通道,恰似"太行八陉"。其有名的通道称"口",如贺兰口(豁了口)、苏峪口、

---

① 周松:《元代宁夏漕运新论》,《宁夏社会科学》2007年第6期,第143-146页。
② 瞿萍:《丝绸之路灵州道沿线盐业运输网初探——兼谈人类学视域下的驼运文化》,《西夏研究》2015年第4期,第104-110页。

拜寺口、三关口等。贺兰口是明长城的重要关隘，立有烽燧，今仍有明摩崖石刻在。口内有贺兰山最为集中的岩画，岩画内容太多，其为图画，或亦为文字，其在诉说着什么？有太多的未解之谜。

随着时代的发展，黄河上游航运已成历史的传说，但余响仍在，余响即"浑脱"。"浑脱"，即羊皮筏子，这是黄河上游具有悠久历史的水上运输工具，初记载见于《水经注·叶榆河》："汉建武二十三年（公元47年），王遣兵来，乘革船南下……"革船，顾名思义，是皮革之船，推测是羊皮筏子，如此看来，2000年前，革船已充作兵船。《宋史·高昌》："……次历茅女喎子族（族名，喎wāi），族临黄河，以羊皮为囊，吹气实之浮于水……"《宋史》的记载是羊皮筏子无疑。

羊皮筏是一种具有传承价值的黄河民俗文化，因为接地气，既活在博物馆中，也活在民间，所以在青海、甘肃、宁夏等地均可见到。

羊皮筏子

舳舻相继，烽燧硝烟，驼铃叮当，摩崖刻画，"浑脱"漂流，均属黄河文化的重要组成部分。

九、阴山前：秦汉戍，灌区继

黄河继续前行至三盛公水利枢纽。

从三盛公水利枢纽引水的灌区称为河套灌区，这是官方的名称。很显然，此处的河套是狭义上的，河套灌区就是后套一带的灌区。河套灌区于2019年被列入世界灌溉工程遗产。

在本节中约定：河套平原指内蒙古阴山山脉南部的黄河冲积平原，包括前套平原与后套平原。

阴山山脉的走向是东西向的，从西向东，包括狼山、乌拉山、色尔腾山、大青山等山，而山前的黄河也是东西向的，山、河之间为平川。黄河沿贺兰山东麓从南向北流，遇到阴山山脉的阻挡，折而向东。河转折不远处的山脉有缺口（乌拉山与狼山之间的缺口），谓之高阙，依阙筑城为边防要塞。《水经注》：

> 自阙北出荒中，阙口有城，跨山结局，谓之高阙戍。自古迄今，常置重捍，以防塞道。汉元朔四年，卫青将十万人，败右贤王于高阙。即此处也。①

考古发现其城边长也只在数十米之间，黄沙下，果有铁甲箭镞等遗物，正所谓"折戟沉沙铁未销"。如今高阙塞是全国重点文物保护单位②，战国赵长城到此为止。想当年，匈奴铁骑就是通过此缺口呼啸而来、呼啸而去。跨缺口连山为戍寨，即是封北之锁钥。"朔气传金柝，寒光

---

① 郦道元：《水经注校证》卷三《河水》，陈桥驿校证，中华书局，2007，第76页。
② 赵建朝、李寒梅、孙茹梅：《赵国北长城考察》，《邯郸职业技术学院学报》2010年第3期，第6-9页。

照铁衣。将军百战死,壮士十年归。"北朝的民歌,描写的不只是北朝时的夜半金柝,还有赵卒的胡服骑射,秦月的寒光如水,汉关的清角狼烟。

高阙塞东西两侧各有一"沟",分别名曰达巴图沟与查干沟。我注意到阴山山脉前有不少以"沟"命名的小河,如哈拉沁沟等。数十年前,我所在的教研组曾为哈拉沁沟做过工作,故而对"沟"之名敏感。想当年的高阙塞,控制着南北交通之要道,塞两边一定不缺汲水之源,推测是此二沟。

"忆往昔,秦汉戍而北魏垦,非唯地利;唐劝耕而清疏浚,亦赖人勤。"黄河水利文化博物馆赋中的寥寥几句话,大体勾勒出了清朝之前河套灌区发展的重要时段。因为社会动荡的因素,河套灌区的发展并不呈现连续性。

河套平原的规模性开发,史籍明确记载的是汉武帝时期。汉武帝元狩三年(公元前120年),迁山东(洛阳崤山以东)受水灾的饥民70万于"新秦中","乃徙贫民于关以西,及充朔方以南新秦中,七十余万口,衣食皆仰给县官"[①]。"新秦中"即"河南地"。河套平原属于"新秦中"或朔方。这是武帝年间的第一次向河套平原移民,衣食由官方供给,目的在于安置饥民。

汉武帝元鼎六年(公元前111年):"初置张掖、酒泉郡,而上郡、朔方、西河、河西开田官,斥塞卒六十万人戍田之。"这其实是中国历史上第一次军屯的明确记载,古人注曰:"开田,始开屯田也",也是武帝年间第二次向河套平原移民,属于"军事移民"。

---

① 《汉书》卷二十四下《食货志第四下》,中华书局,1962,第1162页。

天汉元年（公元前 100 年），"发谪戍屯五原（今包头一带）"①，这是"充军发配"，移民犯罪的人于五原，数目不详，是武帝年间的第三次向河套平原移民。

鉴于河套平原是边塞干旱之地，大量的农耕，必与有规模的灌溉联系在一起，无水几乎不会有农业收成。至于引黄河的明确记载，则是西汉元光年间河决堵口成功之后，即人们常引用的《史记·河渠书》的记载："用事者争言水利。朔方、西河、河西、酒泉皆引河及川谷以溉田。""引河"，即引黄河溉田，当然会有一定的规模，称河套灌区的开发始于汉武帝，缘由就在于此。

但这并不意味着这一区域的开发是在汉武帝时期才开始，灌区开发与区域开发有别，因为此前述及的边疆军事行为（修长城）和非军事行为（移民），实际上已经拉开了这一区域处女地开发的序幕。

首先让人想到蒙恬。

蒙恬，出身于武将世家。祖父，蒙骜，曾参加了长平之战；父亲，蒙武，参加了秦灭楚之战。

史载，公元前 214 年，"秦已并天下，乃使蒙恬将三十万众北逐戎狄，收河南"②。蒙恬所收"河南地"即是汉武帝后来移民及屯田的基础。蒙恬收河南地之后，国家新置四十四县（一说三十四县），并西起陇西临洮、东至辽东，筑长城，把原燕、赵、秦长城连为一体，完全将贺兰山以东、阴山山脉以南的黄河流域包围了起来。再对照战国长城，就知道秦长城多"包围"了多少"安全"的面积。无奈秦祚短，秦亡后四海鼎沸，天下大乱，原实边之人尽返迁内地，一切归零。

---

① 《汉书》卷六《武帝纪》，中华书局，1962，第 203 页。
② 《史记》卷八十八《蒙恬列传》，中华书局，1982，第 2565 页。

第五章　贺兰山下阴山前

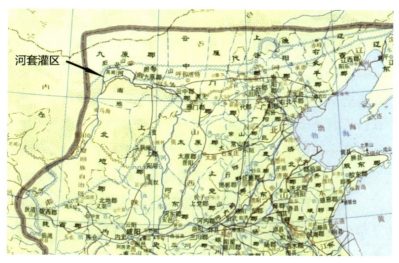

秦统一后长城[1]

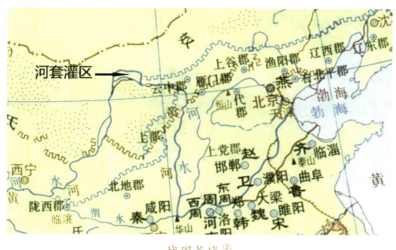

战国长城[2]

极边修长城，艰难无以复加，所以，秦始皇修长城背负了历史的骂名，孟姜女哭长城哭倒长城八百里的民间故事，就是这种骂名集中的反

---

[1] 郭沫若主编《中国史稿地图集》（上册），中国地图出版社，1996，第23页。
[2] 同上书，第19页。

映。而修长城实为北攘游牧民族的必要措施,故历代因之。蒙恬修长城的三十万士兵当然做不到开田自给,而是由国家"供给"。但是,随后"徙谪,实之初县"(《史记》),这就是移民实边了。国家会为这些有罪迁徙的人供给衣食,但做不到为他们提供足够的衣食。况且,有长城的保护,有修长城士卒的保护,可以推测,这些"徙谪"之人必当有谋生的手段。他们来自内地,农耕是其长,游牧是其短,在这个荒僻但广有土地的地方,谋生的最佳途径就是垦荒种粮食。当时的水文地理条件不同于今天,当时的河套地带,有湖泊的存在,水草丰美[1]。河套灌区所在的巴彦淖尔,其蒙文的意思为"富饶的湖泊",而蒙古人崛起要晚得多,或说,蒙古人崛起时这里还有"富饶的湖泊"。黄河泛滥也必有淤积的地带,阴山南麓也有不少溪流。地既广大,寻找傍水肥沃之地以图生存既可能,也必要。于是,小型沟洫工程必然存在,这就是水利开发了。但这不意味着就是引黄,更不意味着是灌区建设。尽管如此,却可看成是河套灌区开发的序幕,在《黄河引黄灌溉大事记》中,认为蒙恬发兵屯垦九原为"这一带最早进行移民屯垦和兴修水利的滥觞",时间在公元前214—前211年[2],这一结论为长期从事河套地区灌溉研究工作的专家所认可[3]。

其实还有比这更早的序幕,这个更早的序幕,就是赵武灵王胡服骑射所导致的拓土开疆。

《史记》:"而赵武灵王亦变俗胡服,习骑射,北破林胡、娄烦。筑长城,自代并阴山下,至高阙为塞。而置云中、雁门、代郡。"这里说明了赵国将郡县制拓展到了阴山之下,时间大约在公元前300年,远在

---

[1] 陈耳东:《河套灌区水利简史》,水利电力出版社,1988,第35页。
[2] 黄河水利科学研究院:《黄河引黄灌溉大事记》,黄河水利出版社,2013,第9页。
[3] 尚松浩、杨健、齐泓玮、陈敏:《黄河流域农业灌溉发展情势与方略》,载张楚汉等编著《黄河九篇》,科学出版社,2023,第101-123页。

秦始皇实行郡县制之前。郡县制非秦始皇所创，春秋时代即存在有郡、县的建制，如楚灭国设县。但秦始皇从李斯议，全国实行中央集权的郡县制，却是从秦开始。对此，钱穆先生认为："此实当时一种极纯洁伟大之理想，所谓'平天下'是也。……秦君臣此番见树，与中国史上政体之跃进有大功绩。"[1]

据研究，"云中郡的辖域既包括今大青山与乌拉山南黄河北的狭长地带，也包括黄河以南的鄂尔多斯高原东北部"。也就是说，赵国已经"攻取今内蒙古土默川平原及附近地方"。[2] 土默川平原，即前套，有黄河灌溉的天然条件；黄河泛滥，近河必有膏腴之地；阴山之前南向的溪流有引水之便。既然有了行政区域，必有百姓村寨田庐，再看战国长城，赵国在阴山所筑长城完全已经将前套平原包裹起来；虽然更西边的今河套灌区一带还缺了一段长城，但已筑"高阙为塞"。总之，河套平原成为"安全地带"。还是那句话，此高寒、干旱地区，施行农耕必有水资源的利用，引水灌溉是必然的，甚至排水也有可能。

东汉建武以后，由于不堪匈奴人的袭扰，东汉采取了与实边相反的措施，将民迁于内地，河套平原的开发趋于停滞，这是"荒"边了。人退沙进，西汉大规模进行水利开发的痕迹被掩埋于黄沙之下，至今尚没有发现汉渠的踪迹。

北魏、唐对河套平原开发有建树，史载明确，不赘述。西夏建都于宁夏地区，宁夏平原和河西地区获得了优先的发展。其自然条件也好于河套地区，因为纬度低，气候更为温暖一些。

元朝人虽然不善农耕，然却认识到"农桑，王政之本也""衣食以农桑为本"。元世祖忽必烈即位后，元对农业很重视，水利同时获得重视。

---

[1] 钱穆：《国史大纲》修订本（上册），商务印书馆，1994，第121页。
[2] 艾冲：《战国至西汉郡县制在鄂尔多斯高原的建立、发展与分布》，《陕西师范大学学报》（哲学社会科学版）2014年第6期，第19-25页。

"至元七年（公元1270年），立司农司，左丞张文谦为卿。司农司所设，专掌农桑水利。"① 同年颁布"农桑之制十四条"②，司农司改为大司农司。张文谦宁夏行，郭守敬随行即为水利事，后建言恢复内蒙古渠系旧迹，诸如唐徕、汉延、秦家诸渠。此外，在河西走廊，敦煌一带，水利都有较大发展，甚至开发了一些水田。元大德年间，和林水利有较大的发展（和林，蒙古故都，今乌兰巴托东南）。元朝在各地广为屯田，规模超过了宋朝。以上述几重理由予以推测，今河套灌区一带于元代也该有农业区，如此，一定程度的引黄灌溉是可能的，但规模不会大，因为元初蒙古贵族曾有"纵牧"行为，纵牧与发展农业相矛盾，因而在内地的纵牧也受到约束③。河套于大都并不遥远，不太可能让如此辽阔而肥沃的平原地带全部作为畜牧之地。我们可以反问一下，既然朝廷要大力发展贺兰山下的农业，那么，为什么不允许在阴山前黄河边发展农业？当是史料缺乏而已。元明时期河套水利资料偏少，可能是因为京杭大运河的开凿，黄河与永定河的河患，这些大的水利事件更为历史记录者所重视，而社会影响偏小的水利事件被忽略了。

至晚明，口内有"雁行人"（春种秋回）来往于河套平原，既有农业种植，也会有小型水利工程④。

河套水利获得较大规模的开发，是在清道光以后。

十、近代河套水利

清道光年间河套水利大发展，有内政的因素，即道光时期对康熙年

---

① 《元史》卷九十三《食货一·农桑》，中华书局，1976，第2354页。
② 武汉水利电力学院、水利水电科学研究院《中国水利史稿》编写组：《中国水利史稿》（中册），水利电力出版社，1987，第309页。
③ 同上书，第308—327页。
④ 陈耳东：《河套灌区水利简史》，水利电力出版社，1988，第44页。

间政令的更改，允许在蒙区改牧为耕。一时间，内蒙古河套地带成了"冒险家的乐园"，不少人加入了开渠的队伍。初为私人开渠，后强令私渠"报效"给官方，由官方营运并扩大规模，官僚资本也介入，甚至，教会也开"洋渠"。从晚清至民初，总体而言，私人开渠取得了很大成绩，在光绪末年以前，已经形成了所谓的八大渠及几十条小干渠。私人开渠，很大程度上是以集资入股的形式，也属于社会集资。官办水利，其初始目的在于筹集摊派下的庚子赔款，伴随着半殖民地半封建的屈辱史。官僚资本的介入，当然是为了攫取利益，也为了开发。由于时在乱世，吏贪而兵乱，也缺乏人才，官办水利与官僚资本办水利，均乏善可陈。①

何以私人开渠可以取得大利呢？这里有着一整套"地主""地商""佃户"三者之间的关系。"地主"是土地所有者；"地商"是投资者，其投资就是开渠；佃户是真正的耕种者，"蒙利汉租，汉利蒙地"，各有所得，遂能发达。

康熙二十六年（公元1687年），初定蒙界：界内居民耕种，界外蒙人游牧。而渐至私放私垦。其地主与垦辟之关系，由地商包办：地主是蒙旗，年向地商收租钱；实地耕种者是佃户，年纳租粟与地商。地商则开渠放水，在蒙旗与佃户之间取得大利。当时租价低贱而水土肥沃，出产富饶，蒙利汉租，汉利蒙地，开垦事业，遂日益发达。②

说起私人开渠，就不能不说王同春，王同春是一名地商，加在王同春头上的"帽子"实在是太多了，说其为"水利大家"、"河神"（绥西河渠总河神）、"开渠大王"、"伟人"等。

我初对王同春感兴趣，在于读了顾颉刚先生为其所作的传略，何以一个象牙塔内的大学者却钟情于一个开沟挖渠的人？按顾先生自己的说

---

① 陈耳东：《河套灌区水利简史》，水利电力出版社，1988，第47-77页。
② 王恢：《王同春传略》，《书目季刊》第24卷第1期，1990年，第67页。

法，是河套的开垦久已听说，"民生渠"也常在报纸上看到，在察哈尔和绥远的一个月，收集了许多塞外的故事，其中最感兴趣者就是王同春。顾先生是走访多人而获得的第一手资料，并证以文字材料，故能不隐其恶而扬其善。

  王同春是一个民族的伟人，贫民靠了他养活了多少万人，国家靠了他设立了三个县。然而他的事业是及身而失败了，他的名誉除绥远一带之外是湮没了。如果我们再不替他表彰，岂不是证明中国太没有人了。①

  这是顾先生的原话，顾先生认为王同春是"失败的英雄"。上述三个县指五原、安北、临河三县。五原城内有王同春祠堂，并设有庙会。有功于社会的水利人，最容易被后人刻石记功，甚至立庙，这反映了中国老百姓的感恩之心。

  王同春是直隶邢台人，与中国水利史上的超级大家郭守敬是同乡。他出身微贱，没上过学，认字大约很少。未成年而犯了杀人案，逃难到河套，并学会了蒙语。人魁伟，因帮人"管理渠工"而被主家看上，妻以女儿。后自己独立门户，渐成气候，并养了一帮人，"有来复枪、后膛枪"，手下逃兵、拳师最多。其手段毒辣，用自己发明的刑罚"处死三千五百人"，总算起来恐还不止。这数目实在是太大，此"数"该有蹊跷，或与开渠之外的事有关？因其曾参与警务、军务。而真正因害死人被告到官的，却只有一例，是害死了竞争对手，但无直接的证据。他与阎锡山有交情，辛亥革命时曾助过阎锡山；他的货物插上镖旗，可一路通畅，说明与关卡甚至黑道都有交情；张謇（晚清状元，北洋政府农商总长兼全国水利总长）为救他出狱，曾让袁世凯出面；冯玉祥为西北边防督办，甚倚重其兴复河套水利，惜积劳成疾，最后死于任上。王同春的经历足够复杂。

---

① 顾颉刚：《王同春开发河套记》，收入《宝树园文存》卷4，中华书局，2011，第344页。

然而王同春确实是一个奇人，让我"惊艳"的，除了开渠实迹，还有四个方面。一是他认定了黄河以北的地势是近河高，远河低，即南高北低，这完全颠覆了前人的认知，当时的年代，并无水准仪。二是他修的渠道基本上能做到"不冲不淤"，这太不容易了，明渠水流，其流动的动力来源只是渠道坡度，控制不好要么易冲毁，要么淤积不堪用，因而现代水力学上有控制不冲不淤的流速范围。别人修的渠道很难做到"不冲不淤"。他在开渠上能成功，按顾先生的话，就是"他的战胜并不完全靠武力，他有绝特的聪明"，如凭观察，能判断出地下水位的高低；能利用下雨或利用夜晚三点一线布设灯光，从而定出渠线坡度。三是懂得设定进水口的位置，现代水利，要求凹岸取水，可取到清水，减少淤积，凹岸取水是进口防沙的重要措施。他选取的进水口，多在凹岸偏下游一点，这与都江堰有异曲同工之妙。四是大略视野，他曾随张謇"参赞导淮工作，力主引淮入海，不引淮入江"[①]。张謇是清代状元，能邀请这么一个草根加入他的治淮专家团队，王同春一定有让张謇心服口服的过人之处。王同春的观点确实高明，要知道，淮河的毛病就在于"鸠占鹊巢"失去了入海口而改入长江，现在治淮，所采用的措施之一就是为淮河入海留下了通道——可视为非常溢洪道。对永定河河患，王同春也有独立见解，认为当分水上游，强似治水下游，与水争地。此外尚涉足山西、蒙古一带的水利。

要之，河套灌区，经历了八大干渠到十大干渠的转化，形成了河套灌区渠系的基本骨架，其中王同春自修干渠三道，以其为主集资合作开挖两道，参与指导开挖五道，十大干渠王同春都有贡献。[②]"光绪十七八

---

① 《王同春传——〈绥远通志稿〉》，载中国人民政治协商会议内蒙古自治区委员会文史资料研究委员会编《内蒙古文史资料》第36辑《王同春与河套水利》附录，内蒙古文史书店，1989，第194-196页。
② 陈耳东：《河套灌区水利简史》，水利电力出版社，1988，第47-77页。

年,口外大旱,灾民纷纷入套。同春开仓赈济,用粮万余石。二十七年大饥,复出糜米七八千石赈之。前后活人无算。"①

我不同意顾先生的说法,不认为"他的事业是及身而失败了",王同春已经取得了同时代的人难以匹敌的成绩。

共和国第一任水利部部长是傅作义将军。傅将军任职水利部部长,有其历史渊源,他在抗日战争时期为河套的水利事业作出了大贡献。

早在1931年的时候,阎锡山成立了"绥区屯垦督办公署",上将督办阎锡山,中将会办三人,其中一人为傅作义,同时任绥远省政府主席,还有一中将坐办。显然,这是高规格的军屯②。屯垦期间以水利为先,水利事业有了良好的发展。这是傅将军早期涉足水利事业。其间,开始延聘受过现代工程教育的专才,其中包括后来被重用的王文景先生。王文景先生当时为技术组技士。

1939年傅将军就任第八战区副司令长官,主持绥远抗战,并同时兼任绥远省政府主席。1939年末至1940年5月,组织了包头、绥西、五原三大战役,均取得辉煌战绩③。其中的五原战役最为著名,史称"五原大捷"(或绥西大捷)。这场大捷,却是一场与水有大关系的"流凌水战"。

河套纬度高,冬天黄河结冰,春暖融冰,流凌出现。当时的河套各大干渠,春时向灌区畅引河水,并不通过闸门节制水流。尤其是冰凌开始融化之时,流凌会导致河水上涨。此时期,灌区内一片水泽。利用此

---

① 《王同春传——〈绥远通志稿〉》,载中国人民政治协商会议内蒙古自治区委员会文史资料研究委员会编《内蒙古文史资料》第36辑《王同春与河套水利》附录,内蒙古文史书店,1989,第194-196页。
② 绥区屯垦督办办事处编《绥区屯垦第一年工作报告书》,绥区屯垦督办办事处,1933,第32页。
③ 张新吾:《傅作义传》,团结出版社,2005,第156-176页。

"灌溉现象",傅将军极巧妙地组织了"五原抗战"。时在1940年3月20日前后,黄河开河,河内水涨,流凌顺水而下。趁此天赐良机,指挥部组织军民在合适区段扒口决堤,一时间洪流漫漫,道路尽被淹没,地稀软,翻泥浆,断绝了交通,使敌人失去了汽车、坦克的机械化优势。西边有丰济渠,东边是乌梁素海,北边是乌加河,南面是黄河,敌人插翅难飞。战役最终取得大捷,日军被全部赶出了河套灌区,并击毙日军绥西警备司令、日本皇族水川伊夫中将。抗日战争期间,被我方击毙的日方中将多是"追认"的,水川伊夫却是现职陆军中将。

"五原大捷"之后,重庆国民政府授予傅作义青天白日勋章,蒋介石亲自签署了嘉勉电[1]。

绥西战役(1940年)结束后,由于同敌方呈对峙状态,傅作义部给养面临极大困难,在这种情况下,傅作义提出了"治水与治军并重"的口号。在傅将军的副司令长官部,专门设置有"水利指挥部"。为了治水取得较大成就,傅将军专门邀请了学有专长的王文景任"水利指挥部"的副总指挥,恢复原被遣散的绥远省水利局,并由王出任局长。随后成立了六个县、两个大灌区的管理局,这是健全水利组织系统方面的重要工作。从1941—1945年抗日战争胜利前夕,傅部所挖宽度15米以上的干渠,长度达1700多里,宽3米以上支渠达1万里,可浇灌土地面积为成都平原的两倍,达1000万亩以上[2]。至1945年,河套人口增至30多万,人均粮食(稻谷、小麦、糜子)达760斤。简单计算一下就可知道,人均可消费粮食量每天超过了2斤,这是多么大的成绩[3]。

---

[1] 蒋曙晨:《傅作义传略》,中国青年出版社,1990,第88-202页。
[2] 张新吾:《傅作义传》,团结出版社,2005,第190页。
[3] 陈耳东:《河套灌区水利简史》,水利电力出版社,1988,第123页。

十一、灌区：巨大的生态效益

1959年开始修建黄河三盛公水利枢纽，河套灌区迎来史无前例的迅猛发展期。灌区的规划围绕三盛公水利枢纽而展开，被称为"万里黄河第一闸"的三盛公水利枢纽，成了整个灌区的心脏。现在的河套灌区，是全国三个千万亩级的特大型灌区之一[①]。建设三盛公黄河水利枢纽的许多技术人员和熟练工人都来自三门峡工程，中国的大型水利水电工程建设最能体现全国一盘棋的思想。

三盛公水利枢纽是亚洲最大一首制自流引水灌区。所谓一首制，就是总干渠从水库或河道一处取水，而下一级渠道从总干渠引水。河套灌区渠道分为7级，总干渠、干渠、分干渠、支渠、斗渠、农渠、毛渠。也因此，在河套灌区，人们又称输水总干渠为"二黄河"。河套灌区的一首制引水提出者是王文景先生[②]，时在1946年，王先生当时任绥远省水利局局长。一首制引水，在工程上有诸多好处，能通过渠首调节引水流量，能兼顾上下游大小渠道的引水，这同时避开了旧时各大渠沿黄河直接引水所造成的矛盾与缺点。

一首制引水在中国水利发展史上有久远的历史，东魏时即将曹操的引漳工程（引漳的创修工程是战国时西门豹的引漳十二渠）修改为一首制引水[③]（见本书"第十二章　水润殷都，泽洽安阳"）。只是，古代的一首制与现代的一首制，在引水量和引水规模上是没法比的。

作为中国的三大灌区之一和最大的引黄灌区，河套灌区对农业的重

---

① 特大型灌区一般指灌溉面积500万亩以上的灌区，全国有6个，其中1000万亩以上的3个（都江堰灌区、淠史杭灌区、河套灌区），500万亩以上的3个（新疆叶尔羌河灌区、宁夏青铜峡灌区、山东位山灌区）。

② 闫晋阳：《河套灌区：源远流长的水利文化遗产》，2021年1月20日，黄河网 https://www.sohu.com/a/445725385_119854，访问时间：2022年8月29日。

③ 姚汉源：《中国水利发展史》，上海人民出版社，2005，第36页。

要性人人都知道，这里不再赘言。

河套灌区的西部是乌兰布和沙漠，是中国八大沙漠之一；河套平原内部也有小片的沙地；黄河以南是库布齐沙漠。风起沙扬，这里的风多为西风、西北风，因而沙漠有东侵的趋势。

如果没有河套灌区，巴彦淖尔市一带的生态状况又该是如何呢？

著名河套水利史专家陈耳东先生在《河套灌区水利简史》中总结说："若不是河套灌区形成的巨大绿洲以为屏障，则全区的沙漠化可能已经发生。"

陈先生认为河套平原的灾害为沙、洪、碱，将沙排在了第一位。陈先生的总结既基于历史资料，也基于其长期为灌区工作的总结，为其切身所见，为切身的感悟，这一点尤为重要。"自东汉以来，（流沙）已吞掉三座县城，毁掉几十万亩良田"。近几个世纪以来的生态环境的恶化可能非常严重，只是1949年前的40年时间内，已有14个村庄被掩埋，400多户人家失掉家园，部分干渠因风沙7次改道，部分交通道路、河段（杨家河，乌加河——黄河的北支）被掩埋。①

河套灌区是农产区，但其巨大生态效益该让社会知道，这让我再次想起甘肃民勤县，"决不能让民勤成为第二个罗布泊。"为了不让民勤成为第二个罗布泊，其最有力的措施就是从景泰向民勤送水（见本书"第四章　从刘家峡到河西走廊"）。如果没有河套灌区的水，那么灌区一带生态环境该向怎样的方向发展呢？这一定会令人忧虑。

以下一段文字，来自《巴彦淖尔日报》，其将二黄河和河套灌区在生态方面的作用描述得更为全面：

二黄河年均为河套灌区引入约46亿立方米黄河水，为全市大小湖泊、湿地、公园带来了源源不断的补给，为林木生长提供了条件，有效

---

① 陈耳东：《河套灌区水利简史》，水利电力出版社，1988，第1-16页。

发挥了农田灌溉、生态补水、防汛固沙的重要作用，使整个河套灌区气候湿润、植被茂盛，成为地球干旱荒漠化地带一处稀有的绿洲、祖国三北防护林的重要基地，阻隔了西北风沙带的东侵，遏制了沙漠化的蔓延，肩负着防风固沙、保护黄河安全的生态重任，在祖国北疆筑起一道生态安全屏障。①

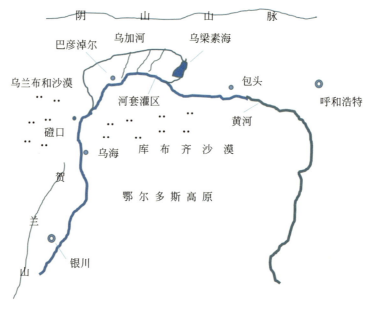

沙漠、河套、乌加河与乌梁素海位置示意图

所附内蒙古河套灌区示意图中标示有河套灌区的总排干沟，也就是排水的总出路，以排除灌溉余水、山洪、地下水②。总排干沟利用了历史上黄河的主流乌加河，各支渠的退水则汇集于乌梁素海。

---

① 鲍艳媚、王紫丁、袁雅芹、杨青、杨阳、刘蓓尧:《二黄河：与时代一起奔流》，2022年7月23日，详参《巴彦淖尔日报》官方微信（ID：bynrrb），详参https://mp.weixin.qq.com/s/gutlNBmOLXSmlyQnmyKwgA，访问时间：2022年8月29日。

② 冯德章、王占会:《内蒙河套灌区总排干沟的排水、排盐效果》，《内蒙古水利科技》1984年第3期，第16-18页。

河套灌区下层土壤的湖相沉积含有较多的盐分①。如果地下水位高，地下水及土壤深层的盐分可上升到表层土壤②。虽然灌溉用水中盐分含量较低，但大量引水灌溉会引入大量的盐分，目前河套灌区排水系统尚不能将引入的盐分完全排出区域之外，因而会导致灌区内部盐分累积；由于灌区蒸发量大，不配套的灌溉与排水系统，可导致次生盐渍化的发生，是影响河套灌区农业生产的一个重要因素。实际上，无论是青铜峡灌区还是河套灌区，排水都很重要③。因而，通过完善灌溉与排水系统，可能使盐渍化问题获得较好的解决。此我所理解的"盐随水来，盐随水去"，当年的初中设有"农业基础知识"课，此两句为初中时所学，虽然简单，但总结得很到位。

三盛公水利枢纽，总干渠，总排干沟，乌梁素海示意图（图片来源，闫晋阳④）

---

① 李建设、柴良义：《河套灌区土壤次生盐渍化的成因特点及改良措施》，《内蒙古农业科技》2000年第S1期，第157-158页。

② 刘秉旺、张茂盛、陈龙生等：《内蒙古河套灌区土壤盐渍化成因研究》，《西部资源》2012年第3期，第172-173页。

③ 张微、娄金勇、程维新等：《内蒙古河套灌区水利工程对土壤盐渍化的影响》，《环境科学研究》2003年第4期，第12-14页。

④ 闫晋阳：《河套灌区：源远流长的水利文化遗产》，2021年1月20日，详参黄河网 https://www.sohu.com/a/445725385_119854，访问时间：2022年8月29日。

通过引河灌溉改良盐碱地，我国古代劳动人民早有成功的经验。史载，郑国渠"渠成，注填淤之水，溉泽卤之地四万余顷，收皆亩一钟（折合 100 千克）"（《史记·河渠书》）；史起"决漳水兮灌邺旁，终古舄卤兮生稻粱"①（《汉书·沟洫志》）。"泽卤""舄卤"都指盐碱地，古籍的引河记载，不仅仅是记录了灌溉禾苗，还专门强调了盐碱。稻粱的丰产，不仅在于引水浸润，还在于改良了盐碱地，"盐随水去"，降低了土壤盐渍化的程度。

灌溉排水的问题，实际上还涉及人类古文明的发展与消亡。人类早期的文明之一是苏美尔文明，苏美尔文明是河流文明，丰盈的两河之水孕育出了苏美尔发达的灌溉农业，而苏美尔文明又在农业的衰退中消亡。苏美尔地区位于美索不达米亚平原的南部，由于在高温期灌溉，当地的蒸发量很大，于是，历史的进程中，土壤表面累积的盐分逐渐增加，盐渍化逐渐加重，因而农业产量逐渐下降，不再能满足人口增长的需求。最终，"苏美尔城邦的土壤盐渍化向北蔓延，引发了美索不达米亚中部地区在公元前 1300—前 900 年间的农业崩溃"②。由于农业生产的不可持续性，苏美尔文明最终消亡。

河套灌区的灌溉余水退入到乌梁素海。

大自然真是奇妙，随着自然地理的变迁，黄河由北支主流（乌加河）向南滚去，在低洼地带形成了河迹湖——乌梁素海。乌梁素海是黄河流域最大的天然湖泊。黄河流域使我"惊艳"的天然湖泊有两个，一个是山西运城的盐湖，另一个就是内蒙古的乌梁素海了。

乌梁素海，因其美丽，因为其稀缺——全球荒漠半荒漠地区极为少见的大型草原淡水湖泊，描写乌梁素海的美文数不胜数，至于使人惊艳

---

① 《史记》记载西门豹引漳水；《汉书》记载史起引漳水。二者不同。
② 戴维·R. 蒙哥马利：《泥土：文明的侵蚀》，陆小璇译，译林出版社，2017，第 40 页。

的风光美照，更是不可计数了。人说乌梁素海是鸟的天堂，有多少种鸟儿以这里为栖息地，有多少过境候鸟以这里为宿营地，没人能说得清楚。人多将欣赏的眼光投向了白天鹅，孵化过程中的白天鹅，"恋爱公园"区域内寻找爱侣的白天鹅，带着爱子游曳充满温情的白天鹅……而我，却发现了夕阳剪影下的壮美：那是空旷的浅滩，水将其无色透明的物理性质淋漓尽致地表现出来，平铺出巨大画幅的赭黄底色，斜晖洒下，又为这无际的画幅蒙上了一层暖色调，远处是不太高的芦苇残迹，疏散于水中，近处则是于水中觅食的数只高足水鸟，或动或静，动静之间，为水面营造出一圈一圈的水波纹，芦苇表现出纯黑，鸟儿表现出纯黑，分明是一幅远超艺术家匠心的写意国画。湖内鱼类资源丰富，有各种鱼类20多种，其中黄河鲤鱼、乌梁素海鲫鱼全国闻名。乌梁素海盛产芦苇，面积广大的乌梁素海，约有一半为芦苇所占据，风吹婆娑，芦荡起伏，看不见的是芦荡下的鱼虾游戏以及鸟儿的爱巢……乌梁素海，为敕勒川"风吹草低见牛羊"的草原景观增添一处水景观，为草原镶嵌上了一面硕大无朋的明镜。

  乌梁素海总面积约300平方千米，近年来有蹙缩的趋势。"山水林田湖草沙共治，人与自然和谐共生"，是2021年世界防治荒漠化与干旱日的中国主题。河套地区需要"海"（湖），人需要"海"，鸟需要"海"。乌梁素海"是国家生态安全战略格局中'北方防沙带'的主要组成部分"[①]，其蹙缩的趋势必须停止。尽管人类活动会破坏自然，但人的主观能动性也可改良自然，人毕竟是万物之灵。人不能否定自己的主观能动性，偏颇的思维会导致极端，这是不可取的。摆在乌梁素海面前的生态与环境挑战还很多，在黄河生态文明的建设中，乌梁素海可以成为一个示范区，

---

① 鲁飞飞、张勇、李雪、陈诚：《乌梁素海流域湿地保护与恢复建设的探讨》，《林业资源管理》2019年第5期，第23-27、67页。

成为一个标杆。

十二、石峁、统万城，再说生态

毛乌素沙漠南缘有两处"古城"，一处是史前的"石峁遗址"，另一处是距今年代不能算远的统万城。两处地理位置相距不太远，放在一起叙述，重点是后者。作为考古学遗址，前者随着考古发掘，其相关数据、资料不断更新，石峁遗址的重要性随时间在增加。考古研究的东西古老，可其结论却需"与时俱进"，否则就"过时"了。

石峁遗址，在黄河流域、在中国，实在是太过重要了，其规模超越了陶寺遗址，大约是陶寺遗址的两倍。陶寺遗址曾经是规模最大的新石器时代遗址，其可能与帝尧有关（见本书"第六章 探步河汾"），帝尧之时，正是中国传说的大洪水时期。石峁遗址的规模也超过了长江流域最大的新石器时代遗址——良渚遗址。良渚遗址有巨大的坝工系统，中国的坝工，该以良渚为祖。石峁城址的规模，约相当于6个故宫。城分皇城台、内城、外城三重，是一座以石头为建材构筑起来的"石头城"，内城墙、外城墙总长超过了10公里。碳14测定的皇城台建造年代落在公元前2200—前1900年，这个时间段正是夏朝的早期。石峁遗址于2006年被列入全国重点文物保护单位，2019年被列入《中国世界文化遗产预备名单》。[①]

石峁遗址位于陕西省神木县（现神木市）石峁村。"峁"（mǎo）不是常用字，在神木却不算生僻字。峁是圆形、近圆形的黄土丘，是一种黄土沟间地貌，主要由黄土堆积造成[②]。其之所以有这样的形态，其实表

[①] 子庚：《石峁遗址：4300年前的古老城市》，《秦智》2021年第5期，第118-120页。

[②] 孟会芳：《论黄土地貌的特征及其发育》，《华北国土资源》2018年第4期，第124-125页。

征了在多种外营力作用下的水土流失状况。但我想,石峁古城,在其建筑初期,当地的地貌形态不一定是"峁",城址也可能是平地,"峁"告诉了我们4000年来的生态、环境变迁,"石峁"只是今人的用语。虽然这是推测,但有其合理的成分,水土的流失是逐渐发生的。在龙山文化晚期的早段,陕北的气候还是温暖湿润的,其植被状况一定好,石峁建城的时代,就属于龙山文化晚期的早段。换句话说,"石峁古城"辉煌的时期,必定处于山清水秀的环境之中,环境与今天迥异。有研究者指出,"龙山时代晚期早段,陕北地区迎来了一轮短暂的湿润气候,但从公元前1900年前后起,各个地方又开始了新一轮严峻的干旱少雨,这次气温的降低和雨水的减少是永久性的,以后再也未恢复到之前的水平"[1]。在历史的进程中,随着气候的持续变差,持续的干旱少雨,加上农业开发的扰动——一种人为的外营力,水土流失日渐积累,于是,逐渐形成了今日我们所看到的陕北黄土地区的典型地貌:黄土塬、梁、峁、沟。

神木县(今神木市)位于晋陕蒙三省交界处,史称"南卫关中,北屏河套,左扼晋阳之险,右持灵夏之冲"[2],地理位置重要。石峁古城的选址,也一定有自然地理上的考量,要之,石峁城址位于一大一小两条河流交汇处的山峁上,"土、水"是选址最重要的两个元素,这是屹立在黄河支流边上最早、最大的"古城",也是辐射于晋陕蒙交界处一定区域内的权力中心[3],是黄河文明在中上游交界处的重要所在。

由于几年前参与过"无定河生态长廊及黄土地历史文化流域规划"项目,我知道了统万城。统万城,"高十仞,基厚三十步,上广十步,宫

---

[1] 孙永刚、常经宇:《陕北地区仰韶时代晚期至龙山时代生业方式分析》,《辽宁师范大学学报》(社会科学版) 2018年第1期,第110-117页。
[2] 神木县军事志编纂委员会编《神木县军事志》,陕西人民出版社,2008,第55页。
[3] 吕卓民:《石峁古城:人类早期文明发展与环境选择》,《中国历史地理论丛》2016年第3期,第63-68,139页。

墙高五仞,其坚可以厉刀斧。台榭壮大,皆雕镂图画,被以绮绣,穷极文采"①。

统万城在陕西榆林靖边县无定河的北岸,其所处位置在毛乌素沙地的南缘,属于广义的河套地区范围之内(有别于本章第七节约定的内蒙古河套平原)。河套的名称本出于《明史》,但其所包含的地域在历史上并不完全确定,且史料中的描述只是大致的范围。以个人的理解,从西(青铜峡出口)、到北、再东,黄河以"几"字形大拐弯形成开敞的"套",再加以南边界,即以明长城为界,则大体形成了有四周的"套",周围再适当扩大,即为广义的河套地区。

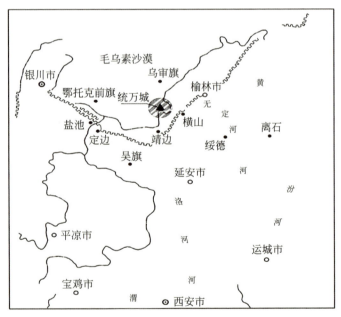

统万城位置示意图(图源自邢福来等)②

---

① 《资治通鉴》卷第一百二十《宋纪二》,宋文帝元嘉四年六月乙巳,中华书局,1956,第3795页。
② 邢福来、段卫、卫峰、康宁武等:《统万城遗址近几年考古工作收获》,《考古与文物》2011年第5期,第14-19页。

统万城是现存唯一的由匈奴人所建的都城，为大夏国的国都。在毛乌素沙漠南边存在一个国都，以今日之生态眼光而观之，多少会让人觉得有点诧异，都城怎么会选择在近沙漠的地带呢？

大夏国为"五胡乱华"时期的一个地方小国，即东晋十六国时期的一个政权。建城者，匈奴人赫连勃勃。大夏之谓，在于匈奴人认为自己是夏禹的后人。勃勃曾说："朕大禹之后，世居幽朔，祖宗重辉，常与汉魏为敌国……今将应运而兴复大禹之业……"[①] 统万城的名号，即显示出了赫连勃勃的不可一世之志。

这里的大夏国不是党项人所建的西夏国。统万城初建于公元413年，耗时五年而成。公元431年，北魏拓跋焘灭大夏国。至唐，党项人聚集于统万城一带。唐末，党项人拓跋思恭协助平定黄巢起义，因功而势力渐强，并被赐姓李（此元昊称李元昊之由），后逐渐脱离唐中央政府的羁縻，并以此为龙兴之地，逐渐衍化出了李元昊的西夏政权。

北宋初，统万城成为党项人袭扰宋朝的基地，淳化五年（公元994年）宋太宗攻破夏州（即统万城），毁之。从城建之初至被毁，统万城虽经战争频仍600年，但却是鄂尔多斯高原南部的中心，包括政治、经济、军事和交通。1600年过去，繁华净尽，宫室早已不再，如今只有高高的灰白色城迹，突兀于鄂尔多斯高原的旷野南际，数里之外即可遥视，今人称白城子。无疑，统万城是黄河文化大观园中的一朵奇葩，鉴于其历史的特质及文化意义，统万城遗址现为全国重点文物保护单位。[②③] 统万城一带生态变迁方面的昭示意义，更为今天所重视。

因为"无定河项目"中有"黄土地历史文化"的内容，几次项目讨论

[①] 《十六国春秋辑补》卷六十四《夏录一·赫连勃勃》，中华书局，2020，第760页。

[②] 详参戴应新：《大夏国与统万城》，三秦出版社，2015。

[③] 马力：《被黄沙掩埋的辉煌——统万城随想》，《中国工程咨询》2018年第1期，第108-111页。

会，都有人吟起唐朝诗人陈陶的《陇西行》，无定河之名，却因其一首诗作而声名远播。

> 誓扫匈奴不顾身，五千貂锦丧胡尘。
> 可怜无定河边骨，犹是春闺梦里人。

此诗的"诗眼"是后两句，"可怜无定河边骨，犹是春闺梦里人"，平实的两句诗，写尽春闺苦情。

"无定河边骨"是死于残酷的战争吗？是，也不是。

从无定河往北，就是广袤的朔方地，朔方者，北方之谓，杜牧有诗"汉武惭夸朔方地，周宣休道太原师"。历史进程中，发生在无定河岸边的战争不知凡几，唐时也一样，"醉卧沙场君莫笑，古来征战几人回"。战争是残酷的，但是，不能回乡的"无定河边骨"，有时却不是战死沙场，而是死于官长的贪婪，史学家钱穆先生专门分析过这两句诗。

唐朝曾实行"府兵制"。"府兵制"下，当兵须有资格，即按户口的等级，兵员须来自殷富之家。兵士平时在桑梓，亦兵亦农，国家免除当兵人的田租捐税。"府兵制"较前"募兵制"大有好处，府兵不消耗军饷，减轻了国家的财政负担，府兵有身家，自爱而奋勇。然"自高宗武后时起，'府兵制'已经逐渐崩坏"[1]，玄宗后"府兵制"愈坏，若是戍边，兵士从军出发，都需要自家准备自己的花销，个人备办的财物，经登记造册之后被代为保存，用时支取。若是遇到贪财的边将，则会压榨兵士，让兵士加倍做苦役，愿其早累死，好贪下财物。边将又不将死亡人员的名单上报中央，中央也就无从将死讯告知乡里，于是"军人家属犹在梦求征人平安归来"[2]。钱先生如是分析。诗写的不是情，写的是史。

唐朝"府兵制"学的是北周成法。《木兰辞》："东市买骏马，西市

---

[1] 全汉昇：《唐宋帝国与运河》，重庆出版社，2020，第37页。
[2] 钱穆：《中国历史精神》，九州出版社，2012，第76页。

买鞍鞯,南市买辔头,北市买长鞭。"《木兰辞》也是写实,从此可看出,北朝时期,当兵确实需要自己置办"行头"。

统万城造得异常坚固,历经 1600 年风吹雨打,一个"土城"仍能残壁屹立,让后人惊异,也确乎是一个奇迹。昔日的繁华已尽被黄沙掩埋,那不禁使人发问,当初何以将这一固若金汤的城池建于戈壁黄沙之中呢?

那只是今日的想象。

早年勃勃北游契吴山,曾叹曰:

美哉斯阜,临广泽而带清流。吾行地多矣,未有若斯之美。①

这是北魏的文献,是勃勃本人的感叹,胜却多少后人的研究。契吴山离统万城约 70 里。依据勃勃的话语,不难推断出统万城所在,也是水丰草美之地。须知勃勃对营建统万城是极其重视的,按城建后的刻石所言,"乃远惟周文,启经始之基,近详山川,究形胜之地,遂营起都城,开建京邑。背名山而面洪流,左河津而右重塞……"②。"近详山川,究形胜之地",是在极为讲究的情况下才定出城址建都,周边当然会是良好的环境。刻石记功,文用骈俪,也深深反映出匈奴人所受汉化的影响。当然,治下也非全部的匈奴人,彼时的匈奴后裔,已不是完全的游牧状态,而是农牧兼营,这就是文化的融合。

现在的研究也证实,除护城河外,城北边确实有一条古河道,积水盆地的长度达 40 公里,东南向流,在距离城约 1 公里处注入无定河③。

---

① 《十六国春秋辑补》卷六十六《夏录三·赫连昌》,中华书局,2020,第 777 页。
② 同上书,第 771 页。
③ 胡珂:《使用 DEM 水文分析方法发现的统万城古河道及其环境意义的初步讨论》,《考古与文物》2015 年第 4 期,第 120-123 页。

无定河注入黄河，流域内侵蚀严重①，粗泥沙含量大，黄河泥沙的沉积主要是粗泥砂。本区域的风沙活动、降雨量和人类活动对流域产沙和粗泥沙入黄带来重要影响②，其实是与周边环境相适应的。研究也发现了城内开渠引水的痕迹③。或许就是这条古河道为统万城的护城河和城内用水提供了水源。城内水源不可能是城南侧的无定河，无定河河谷深切，水上不去。有河水，已经进入农牧交错带，于是，水润绿色，托举出了白色的统万城。

人言孤证不立，现再找条硬证据，用数据说话。公元427年，北魏太武帝拓跋焘攻下统万城，俘获大量人员、物资、马匹、牛羊——"魏主入城，获夏王、公、卿、将、校及诸母、后妃、姊妹、宫人以万数，马三十余万匹，牛羊数千万头，府库珍宝、车旗、器物不可胜计"④。

东晋十六国时期，割据政权遍地，如此多的缴获得自于统万城，只能说明自给能力的强大，因而必有良好的生产力条件，即生态良好。但反过来，今日生态状况的脆弱，也是强力开垦导致生态恶化的例证。

华美、壮丽、固若金汤的统万城被攻破了，看着这座孤城，拓跋焘说了这么一句话：

"蕞尔国而用民如此，欲不亡得乎？"只此一句话，可看出拓跋焘体恤民力。他确实是素行节俭、爱惜民力的一个人。

虽号称大夏，勃勃所建的大夏政权只存在了25年。

---

① 高夏晖、高雨轩:《无定河流域泥沙和径流变化研究》，《地下水》2020年第6期，第167-169页。

② 颜明、孙莉英、闫云霞等:《风水两相作用和人类活动对无定河粗泥沙输沙量的影响》，《水土保持通报》2012年第6期，第89-92页。

③ 邓辉、夏正楷、王琫瑜:《从统万城的兴废看人类活动对生态环境脆弱地区的影响》，《中国历史地理论丛》2001年第2期，第104-113页。

④ 《资治通鉴》卷第一百二十《宋纪二》，宋文帝元嘉四年六月乙巳，中华书局，1956，第3795页。

我们难以知晓《水经注》成书的准确时间，统万城被北魏攻下至郦道元亡身正好一百年，由此推定，至《水经注》的时代，统万城周边，至少在大的范围内，已表现出生态脆弱的特性。所谓脆弱，在于绿洲与沙土地彼此毗邻并存。《水经注》写道：

> （奢延）水西出奢延县（即统万城，汉设）西南赤沙阜……奢延水又东北与温泉合。（温泉）源西北出沙溪……（黑水）东南历沙陵，注奢延水。①

奢延水即无定河，《水经注》记录了统万城周边的"赤沙阜""沙溪""沙陵"。如此密集的"沙"字之用，当视为北魏时周边已有沙丘或沙漠的环境。

详细对照引证的材料，可以得出的明确结论是：统万城所在局部的范围内，水草丰美，有密布的小河流和湖泊（广泽），而大的视野下，生态是脆弱的，韧性差。于是，人类的强力活动，成为生态恶化的推手，最终的结果，是使这曾经的局部水草丰美也消弭无形。让人感叹，城墙犹在，无奈黄沙西风。

统万城一带的开发，可溯源至西汉。从十六国起至北宋初年宋太宗放弃统万城，500多年时间内，周围都承载着较多的人口，生产方式以农业和牧业并存，这就存在一个问题：过度的放牧与过度的垦殖。现在我们考虑三个独立变量：

牧业、农业、抛荒。

土壤，本身就是一个有机的生态系统。无论是牧业，还是农业，对土壤生态都会有扰动，比较起来，牧业对土壤生态的扰动要小，农业因为有犁耕，会破坏土壤结构，对土壤生态的扰动要大些，会增大水土流失。无论是牧业，还是农业，都是人类活动的具体内容，是一种正常现

---

① 郦道元：《水经注校证》卷三《河水》，陈桥驿校证，中华书局，2007，第84页。

象，否则，保持原生态人怎么活呢？总不能回到穴居野人的时代。但当人类活动的强度，牧业、农业的开发强度，综合起来如果超过水土资源承载力，必然的结果就是生态破坏。上述500多年的人类活动强度，就为统万城一带这个生态脆弱地区带来了强烈的生态压力。研究显示，"现代统万城附近无定河流域的人口数字要远远低于西汉、北魏、唐代和北宋时期的人口数字（以统万城近旁的纳林河乡为例）"。① 由此可以知道，统万城一带的生态状况恶化是历史形成的。

那么，如何看待抛荒呢？宋毁掉统万城靖边撤民之后，必然会有抛荒期的出现，依靠自然的修复，生态为什么没有回到良好的状态呢？

抛荒后的自然修复，不是一个简单的话题。

"国破山河在，城春草木深"这是杜甫描写长安城破后的春日景象，城破，也可看作是"抛荒"吧。而能有"城春草木深"的境况出现，那是在长安。长安，除了"八水绕长安"，从长安城往南就是秦岭，有着较为丰沛的降雨量。杜甫的诗极为可信，我早年听说过，民国三十二年（1943年）前后，当家乡外出逃荒的人返家的时候，发现村子已完全荒芜，村中街道、院子里所长草木与野地几无差别，连土墙上部都长满了草，粮食野生于荒草间。这可看作"生态的自我修复"。但对于更为干旱的地区、生态状况极为脆弱的地区，譬如"朔方地"，"抛荒"是否能带来"自我修复"的效果呢？当是一个值得探讨的问题。

统万城所在的毛乌素沙地，降雨量并不少，靖边县的多年平均降雨量约在400毫米，但"毛乌素沙地区的土壤结构十分独特，在间滩地上广泛分布着泥炭层和黑炉（垆）土。而在表层的黑炉（垆）土、栗钙土之下潜存着很厚的沙层，这种沙层就成为毛乌素地区沙漠化的潜在

---

① 邓辉、夏正楷、王琫瑜：《从统万城的兴废看人类活动对生态环境脆弱地区的影响》，《中国历史地理论丛》2001年第2期，第104-113页。

因素"①。

西汉的开发，已经使得"新秦中"成了农业区，但东汉初年撤掉了朔方、五原等八郡，人民内迁，"抛荒"了。已经开垦的农业化土地，一经"抛荒"，完全没有了植被的保护，生态状况就越发恶化了。虽然至建武二十六年（公元50年）再行恢复旧有建制，但恶化了的生态再未被修复至旧貌。②不只是统万城一带，颇为类似的是河套平原的某些区域（保尔套勒盖灌域，磴口一带，乌兰布和沙漠东侧），"下层是河湖相中细沙组成的积沙层，上层是河流冲积的黏土层。当黏土层一旦被强烈的风蚀剥开之后，下层沙层便随风吹扬，很快就被搬运到地表上来'就地起沙'……"③作个粗糙的比喻，保护盖一旦拿掉，下层沙就泛滥于地表，难以收拾了。保尔套勒盖灌域"原系西汉时期一个富庶的农垦区，到了公元140年，匈奴南侵，东汉王朝被迫放弃垦区内迁，从此田野荒芜，地表风蚀，遂成流沙"，比之于原始地面，风蚀达1米。乌兰布和沙漠"自东汉以来，已吞掉三座县城，毁掉几十万亩良田"。④

至此我们明白，同属于朔方地，统万城一带以及保尔套勒盖灌域一带的初始沙化，与农业开垦之后的"抛荒"有很大关系，政治上是同一原因。至于宋太宗时期的再度内迁，其实也是被逼无奈，生态环境恶化程度已相当严重，内迁后的再度"抛荒"，必然使得已经恶化的生态环境雪上加霜。

我自己曾在内蒙古的格根塔拉一带参观过种土豆的大田。格根塔拉在呼和浩特北边，距离呼和浩特约140公里。我就是在这里看到的草原

---

① 陈新海:《统万城与朔方地的历史沧桑》，载芈一之主编《黄河上游地区历史与文物》，重庆出版社，2006，第156-158页。
② 同上。
③ 陈耳东:《河套灌区水利简史》，水利电力出版社，1988，第7页。
④ 同上书，第10页。

"天似穹庐，笼盖四野"的景象，虽然没有看到"风吹草低见牛羊"的景象，但土豆周边的草地被杂草保护着，近土豆地的草高（或是浇灌的原因），远处的草低，但却显示出坚韧——我少年时代割过草、熟悉草，那些草都有老根，有"春风吹又生"的生命力。虽然地上有些小粒径的砾石，但可以判断出，风吹沙起的情况基本不存在。土豆秧碧绿而茂盛，基本上也覆盖了裸露的土表。地里有一个大型的喷灌装置，像个大蜈蚣，长度要在一百米开外。我想到，这块已经开垦的土地若不再种植，那裸露的土表将很难再被草皮所覆盖，风吹土扬也将成必然。

草原上：野草、土豆秧田与喷灌装置

多年来常看到这样的标语：退耕还林，退耕还牧。"退"是容易的，"退"后的建设尤为重要，"退"，不能随意"抛荒"。没有人工干预的"退"，对生态脆弱地区或干旱地区，未必能带来预期的"自然修复"的效果。还是那句话，要积极发挥人的主观能动性，生态建设也一样。

基于统万城一带生态恶化及河套灌区局部地带沙化、盐渍化的历史与现状，我有了如下三点想法。第一，自然生态的状况与人类活动之间的关系，不是一种简单的线性关系，人一旦对自然生态有了大的扰动，再怀抱原生态（初始状态）的想法，既无必要，也不可能。因为，热力学第二定律"明确地说明自然界所有过程都是不可逆的"，"要使自然界任何已经发生的过程完全逆转是不可能的"，"实际上不可逆根本不是一个过程，而是一个连续的平衡状态"。①更何况，西北脆弱的生态是自然过程（气候变化）加人力推手（如翻耕、种植后的"抛荒"）共同作用的。但这却进一步提示，人在生态文明建设中具有主观能动性、具有积极的作用。第二，灌溉之于产量，也不是线性关系，不是灌溉力度大，产量就成比例地增高，这看似人人都懂得的道理却未必真是这样，我这样说是基于自己的了解，这就为节水灌溉留下了空间——这对于灌溉施行者，很具有意义。我出身于农村，我知道有一些农民潜意识中存在着灌溉力度越大产量越高的想法。第三，土壤肥力的发挥（包括土壤盐碱成分的适度），与在土壤上的耕作更不是线性关系。上述这些，或许就属于"复杂性科学"的研究范畴，因为，复杂性科学的出现，反映了某些共识标准随时间所发生的变化②。对于像河套灌区这样特殊的地方、对北方的环境影响大的地方，应基于整体的生态健康以及社会经济效益，建立起一套可更新的"评价标准"。随着生态文明的建设，人们的认知水平在不断地提高，也就是说，人们"共识"的标准必定会发生变化，不断地更新"标准"，属于与时俱进，属于进步，以求良性发展。

十三、滋润所及丰稔祥和

阴山山脉—贺兰山是我国季风区与非季风区分界线中的一段，也是

---

① 杰克·霍金凯：《无序的科学》，王芷译，湖南科学技术出版社，2007，第16-17页。
② 艾伦·B.唐尼：《复杂性思考：复杂性科学和计算模型》（第2版），郭涛、朱梦瑶译，机械工业出版社，2020，第10页。

半干旱区与干旱区分界线中的一段。贺兰山下阴山前，因为纬度高，日照充足，昼夜温差大，再加上黄河水的浇灌，有誉满天下的农业"高端"产出。

贺兰山东麓的葡萄，其品质已经超越法国波尔多之所产。由贺兰山下葡萄酿出的国产酒，已经成为欧洲葡萄酒会所的"奢侈品"。"贺兰山下果园成"本是唐诗，果园飘香已超越千年，怎么会逊色于别人呢？"果园内"又岂限于葡萄呢？有很多极富品质的蔬果。

河套雪花粉，俨然小麦粉中的贵族。"民以食为天"，如今吃饱饭的中国人，开始讲究口感，于是，就有了全国农产品地理标志的"五原小麦"。

向日葵（其中油用的称为油葵，食用的称为花葵），这种抗旱耐盐碱的油料作物，自从在河套安家以后，就为这块土地涂抹上了大块的色彩。河套向日葵，也是全国农产品地理标志。

滩羊、各类蔬菜……

黄河继续前行，抵达偏关——黄河入晋第一县。

"半壁孤城水一湾，万家烟火壮雄关。"我已经习惯古代雄关的高墙城楼，来偏关的路上也见到了写有"宁武"的红色城楼——看起来很新，是不是宁武关古城楼的修复我不能确定，但很遗憾的是，在偏关县，自己没能看到威武雄壮的偏关城楼。偏关与雁门关、宁武关合称三关，是明代长城外三关。杨家将的故事在这里流传很广。偏关县颇有些大自然的神奇遗存或人文古迹，如黄河入晋第一湾老牛湾，长城古堡，明长城及前代长城，为数众多的烽火台……所有这些都没走到，而是直接抵达了黄河万家寨水利枢纽。

我来过黄河万家寨水利枢纽两次，两次都是冬天。

这里已是黄河"绳套"的末端，黄河经过河套大平原的调整、蓄积力量，重新进入大峡谷。可想而知，黄河该如脱缰的野马，奔腾向前。其实，在万家寨水利枢纽，我没有看到那种奔腾咆哮的气势。黄河诚然有着雷霆万钧之力，但万家寨，不只是万家寨的水利枢纽工程，已经使黄河驯服。

时在深冬，山色苍黄，少有树木，黄河已经完全封冻。抬眼望，两岸山顶间，横拉出一道索桥，悬于半空。正想着走在桥上该有一番勇气，却眼见一辆摩托车，风驰电掣由左岸山西省跨河到了右岸内蒙古。

啊，瞬息间的"走西口"！

看着脚下冰封的水库，看着眼前"走西口"的人，我想了很多。

……

我听过《西口情》的民歌。听此歌，重新想起所见凌空索桥上瞬息间的"走西口"。何以走西口？正如闯关东吧！还是让歌词来回答：

走西口的眼泪，流不尽祖辈的柔情。
黄土坡驼铃传来的时候，
口外的哥哥，牵挂着故乡的亲亲。
哎哎呦，哎哎呦……
大黄风吹来流浪的沙蓬，
吹断了归途，吹不断大榆树的根。

那曲调真的是凄美、婉柔、空旷、辽远……唱出了思念，唱出了柔情，唱出了心酸，唱出了悲凉，是在峁梁荒漠间的孤独宣泄，也是一种荡气回肠。

如今，巍巍大坝锁大河，"走西口"已成历史，已成传说。而瞬息间的"走西口"，不再是艰难的讨生活，再没有大黄风吹断归途的悲伤，而是山河作证，换了人间！

一路走过来，我对河套有了更多的了解，原来河套是这么重要的一个地方，对北方，对中国。这里历史遗迹丰富，文化积淀厚重；这里河山壮美，物产丰富；这里生态脆弱，影响范围广大，是所面临的挑战之一。

给本节做个最重要的总结：整个河套地区的降雨量都偏小，如果没有灌溉渠道的存在，所谓的"天下黄河富宁夏""塞外江南""黄河百害、唯富一套"，将统统不存在。水，无疑会成为这里事关生态和可持续发展中的最关键因素。

我们所需要做的还很多。

2021年4月消息：通过万家寨引黄工程北干线，已实现黄河"牵手"北京永定河。

愿滋润所及，岁岁丰稔，一片祥和。

第六章　探步河汾

取这样一个名字，在于古冀州之地，崇山为屏障，大河为襟带，河山俊美，土地膏腴。尧都平阳，舜都蒲坂，禹都安邑，昔为帝王都。物华天宝，人杰地灵。虽几经河汾之地，但因为是匆匆之行，只能作"探步"之言。人曰行万里路，读万卷书，河东之地，其为书也，厚重鲜有可比者。

一、初光：河畔文化遗址

这里言及古冀州的河汾区域，主要包括晋陕大峡谷、汾河流域，涑水河流域。

山西是我去过次数较多的省份，去的次数越多，越觉得自己对山西不了解，反而得出了一个结论，山西是一个"藏在'深闺'人不识"的省份。国人实在应该多了解一下山西，不说别的，单从人类前进的步伐和文明前进的步伐看，山西的古人类文化遗址之多、之重要，恐怕很少有别的地方能与之相比。

文化遗址既多，也就不能罗列，那就结合博物馆展示内容叙述几处与文明前进的步伐有关的遗址——它们通常与水源、与河流产生关系。我去过两次山西博物院，外加若干额外的补充——参观其他的博物馆，比如参观清华大学艺术博物馆关于山西文物精品的展出。

黄河出晋陕大峡谷，进入小北干流地区（即禹门口至潼关段），静静地流淌，似在调整、在休息，为进入下一段大峡谷蓄积力量。休息，就会翻身，于是，"三十年河东，三十年河西"，人谓之黄河的游荡；当然，这两句话后来演变成了关于世事变化的民间俗语。

黄河大拐弯处的河左岸是芮（ruì）城县，芮城县靠黄河左岸呈长条状分布。初知芮城，是因为三门峡水库修建之时，将国之瑰宝永乐宫壁画移到了那里。芮城地方之古，在殷商时期已为封国。芮城有各类重点文物保护单位132处，其中国宝级单位12处①，文保单位之多，鲜有可比者。事实上，不只是芮城，黄河大拐弯处的左岸一带的人类文化遗址都非常密集。

晋西南旧石器时代遗存与运城新石器时代重要文化遗址分布（运城博物馆展板资料）

芮城县有一小村，名曰西侯度，黄河流域中华先民的第一缕火，就在此处点燃，考古所发掘出的180万年前的动物骨骼、角、牙齿上，发现有火烧的痕迹。显然，那时的人类已经会用火了。这是我在山西博物院参观时知道的信息。

---

① 《基本县情》，2021年12月25日，芮城县人民政府网站：http://www.rcx.gov.cn/zjrc/jbxq/index.shtml，访问时间：2022年12月20日。

展示西侯度遗址的橱窗照片，其前景是一条深沟，后面是渐高的山，梯田层层缠绕，可判定是土山。照片上有这样的文字：

西侯度遗址照片（山西博物院展板资料）

位于山西南部黄河转弯处的西侯度遗址，是中国已知最古老的旧石器时代人类文化遗存之一，距今约 180 万年……根据生态学分析，当时这一带为疏林草原环境，气候凉爽，四季分明。

显然，"疏林草原"的环境，为食物的采集提供了条件。地貌有高山深堑存在，就有泉水溪流存在的条件。这是黄河流域最早的旧石器时代遗存。

就在西侯度文化遗址展板旁边，是芮城匼（kē）河文化遗址群的介绍，距今 80 万年。从西侯度遗址到匼河遗址，人类在这里一下子跨越了 100 万年。

展板资料说明：

匼河文化与后来的丁村文化有着密切的渊源关系，其石器制造技术已有一定进步。在华北大石器文化传统中，具有承上启下作用。当时气候比今天更为温暖湿润，有茂密的森林、广阔的草原以及河湖沼泽，人类经济生活以渔猎、采集为主。

这里，出现了"茂密的森林""广阔的草原""河湖沼泽"，与西侯度遗址展板上的用词"疏林草原环境"比较，就知道气候环境已经有了大的变化。此时仍是食物采集的时代，距文明的曙光尚远。但我们发现，这里有了湖泊，人类向河湖迈进，在向水前进，向文明的方向迈进，人类文明与水伴生。

此处插入"丁村遗址"的信息。"丁村遗址"是地处山西的又一处重要的文化遗址，分布于丁村附近的汾河两岸，故又称为"汾河文化"。"丁村遗址"有人类化石的发现，制造工具和使用工具已较前人有巨大的进步。研究认为，"丁村文化源于匼河文化是完全可能的，而这种联系还可以追溯到西侯度文化"。[1] 汾河流域是黄河文化的中心区域之一。

接下来有这样两块相邻的展板：

一是"枣园稼穑"，介绍一处位于翼城县的新石器时代遗址，距今7000年，人类已进入食物生产时代，反映出晋南的农耕面貌，为山西新石器时代的基石。

二是"陶唐故国"，介绍的是位于襄汾县的陶寺遗址。汾河穿襄汾而过，陶寺遗址距离现在的汾河只有5公里左右，显然，是产生于汾河谷地的文化。陶寺遗址距今4500年，属于龙山文化时代，时间上已与"尧都平阳"的文献记录相衔接。目前在晋南临汾盆地一带的汾河下游，已发现陶寺文化遗址75处[2]，可谓是非常密集。

这几处重要遗址，都在黄河大拐弯处的邻近地带。山西境内，最为厚重的黄河文化遗迹、遗址就集中在这一区域。

---

[1] 侯仁之主编《黄河文化》，华艺出版社，1994，第73页。
[2] 中国社会科学院考古研究所：《中国考古学·新石器时代卷》，中国社会科学出版社，2010，第562页。

以时间为横坐标，标示出人类前进的方向，以工具、器物、居住条件、生活方式等为纵坐标，代表内容。不难看出，人类由最初的蹒跚学步，快速进入了阔步前行的阶段，即在相同的时段内，距今更近的年代，人类创造出了远超前段的文明。

二、河、汾、浍之地

《尚书·尧典》："汤汤洪水方割，荡荡怀山襄陵，浩浩滔天。"

这是大禹治水的原因。

在《史记·五帝本纪》里，政府已具雏形，大禹接受舜的安排而治水，舜称为"美尧之功"。由此，追寻尧时代的古史，相当于追寻大禹时代的古史，二者年代相差不远，说尧时代的事就是大禹时代的事，也未尝不可。当这些记载和考古发现相结合的时候，对中华文明的探源则具有重要的意义，可以充分证明，黄河大拐弯处一带为华夏文明的重要源头之一。

洪水"怀山襄陵"，最符合山西地面先民居住的条件，山西到处都有纵横交错的小流域和台地，因而有临水的高地，有用水的方便性和避水的安全性。山西是典型的黄土地区，最适于农业耕作，但洪水对先民的影响也大。于是，洪水的传说可由代代口传而终被记录在文献中，也因此，姚汉源先生认为许多水旱灾害的神话是流传于山西的，诸如女娲、黄帝战蚩尤、大禹、台骀、盐湖等故事，尤其是晋西南地区[①]。

陶氏遗址的发掘，让许多蒙昧不清的事渐渐明晰起来，其实在时间和空间上，已与"尧都平阳"无限接近起来。尧即陶唐氏，"陶"为什么连"唐"字呢？原来尧即天子位迁都平阳之前受封于"唐"，即今太原，后居陶。《禹贡锥指》引郑康成《诗谱》云：唐者，帝尧旧都，今曰太原

---

① 姚汉源：《先秦时期有关山西水利的神话传说和记载》，载《黄河水利史研究》，黄河水利出版社，2003，第555页。

晋阳。是尧始居此，后乃迁河东平阳。①

平阳即临汾，临汾尚有尧陵遗址，遗址旁建尧庙，创修年代不可考，唐朝以降，历代修葺。

我们可以基于文献记录和考古发现，猜想大禹是在尧都——陶寺一带，接受舜的治水命令。猜想不是无根据，数学上有很多的猜想是基于可枚举的确切结果而提出的，一旦获得证明，则成为定理。陶氏有城市、宫殿，相当于有处理政务的地方，再加上碳-14 标志物测定的年代，共同构成猜想的基础。

舜对禹说："女（同'汝'）平水土，维是勉之。"

禹拜，让于契、后稷、皋陶。

舜命曰："女（同'汝'）其往视尔事矣。"

这无可争辩的命令，成了禹一生承担的事业。

此段对话，不是编纂，是《史记·夏本纪》的记载。

时至春秋，后人这样评价大禹治水："美哉禹功，明德远矣。微禹，吾其鱼乎？"（《左传·昭公元年》）。

本想到襄汾走一趟的，抗疫的原因，出行多有不便。事有凑巧，2021 年冬，山西集中全省范围内的文物精品在清华大学艺术博物馆进行了一次展览，水利系王春红老师告诉了我，自然是不能错过，这就成了前文所说的参观山西博物院的补充。我对历史文物，尤其是史前文物，有一种痴迷：想了解人类前进的步伐。王老师本身是晋南运城人，又是清华大学艺术博物馆的资深讲解员。出身北大的王老师，出于对家乡的爱，对文化的爱，愿意单独给我讲授，很令人感动。先说结果：由于在陶氏遗址的展橱前停留太久，花了半天时间居然没能看完展览，内容太多了。王老师对我特殊的关照也没有享受到，讲解时，围拢了一大堆人，

---

① 胡渭：《禹贡锥指》，邹逸麟整理，上海古籍出版社，2013，第 14 页。

其中还有从山西老家跑来清华看展览的。我能理解，文物精品散布于全省各地，即使山西人想要多看一些也不容易，而在清华的集中展览，正好提供了一个机会。有一家人来自垣曲县，垣曲属晋南运城地区。垣曲有重要文化遗址——垣曲古城东关遗址。该遗址是在试掘的基础上，因黄河小浪底水库的建设而进行抢救性发掘的，"东关遗址的文化遗存从早到晚可分为仰韶文化、庙底沟二期文化、龙山文化，殷墟、西周、东周、宋代等大文化期"[1]。从这里，我们看到了黄河文明在黄河边的连续发展，多么有意义！后来在运城博物馆，我看到了一个晋南文化层的展橱——将逐层覆盖的文化层做成了一面墙壁，更为直观地将黄河文明在黄河边的连续发展表现了出来[2]。

晋南文化层（摄于运城博物馆）

---

[1] 中国历史博物馆考古部等编《垣曲古城东关》，科学出版社，2001，第17页。
[2] 紧邻文化墙，是人类远祖"世纪曙猿"化石发现的展示。具体信息如下：晋城所在的晋南，是探寻人类起源与演化的重要地区。1995年中美联合考察队在垣曲盆地发现了距今4000多万年的"世纪曙猿"化石。它是迄今发现最原始的高等灵长类动物化石，填补了低等灵长类动物向高等灵长类动物演化的空缺，改写了包括人类远祖在内的高等灵长类动物起源于非洲的说法。

王老师从第一个展橱——旧石器时代起,次第讲下去,比较详细地讲解了彩陶上的图案,有写实的,有抽象的,我特别注意到了有多种几何图案,后来在山西运城博物馆,我看到了更多的彩陶图案。由此看来,绘画史至少得从新石器时代讲起。音乐史也一样,如河南有贾湖骨笛的发现。无疑,史前的人已经懂得从视觉与听觉中获得精神享受。艺术,与人类文明同步前进。

运城出土陶器纹饰(摄于运城博物馆)

陶寺文物展橱中有一件朱书扁壶,上有红色的"文"字图案,4000多年的历史了,于今一眼就能认出来。王老师说:殷墟的文字是一种成熟的文字。我确信。能将复杂的事记载下来,如王国维先生于殷墟甲骨中考证出先王世系,当然是一种成熟的文字,不会是文字的初生。后来,我在殷墟博物馆的文字厅看到了这样的标牌:

甲骨文是一种成熟的文字。象形、会意、形声是甲骨文的三种主要造字方法……形声字后来发展成汉字的主体。

很为祖国的文字而自豪，全世界最古老的三大文字系统，两河流域楔形文字、甲骨文、埃及象形文字，"只有甲骨文经过发展后沿用至今"（殷墟展板）。如今，几千年前的古书我们仍然能读，这在全世界是独一份。

今摘录一段考古专家对此扁壶的看法：

1985年冬张正烺先生见到扁壶照片、墨线图和原大摹本后，指出："这个字同大汶口陶文、殷墟甲骨文和现在通行的汉字属同一个系统。"用极简练的一句话概括了距今5000年以来的一部中国文字发展史，以及陶寺朱书文字在其间承前启后的历史地位。

若联系陵阳河、尉迟寺、石家河、龙虬庄、澄湖、王城岗以及丁工陶文，龙山时代文字已不是个别地点的孤立现象。[①]

应该看到，关于扁壶上的"文"的图案，是不是属于文字，存在着争议。当然更应当看到，后来的考古发掘，在陶寺又发现有"文字"图案的扁壶残片[②]，至少"文字"图案在陶寺已不属于"孤证"。

至于"文"符是不是文字，这里可以做点合理的推理。符号，一定早于文字，文字初生之期，符号与文字间没有绝对的界限，随着刻画符号的增多，刻画符号意思的确定（这是两个必备的条件），于是就形成了文字。先民的时期，承载文字的载体是受限的，也很难保存千年而不被湮灭，而将文字烧造于陶器之上，陶器所能承载的文字数量也必然有限。如此来理解，将陶寺的"文"符认作为文字或文字的前身，也不是

---

① 高炜：《陶寺出土文字二三事》，载解希恭主编《襄汾陶寺遗址研究》，科学出版社，2007，第175页。
② 许宏：《何以中国 公元前2000年的中原图景》，生活·读书·新知三联书店，2014，第22-25页。

不可。

　　文化是迁徙的，相信陶寺遗址所发现的"文字图案"（"文"及存在争议的"尧"字），即使不是具体的某个字，即使是这种"刻字"的方式，也会在族群中、在便于抵达的黄河流域内，甚至更远的地方，通过人员的流动而传播。这是一种不同于"绘画"的表达方式，不属于美学的范畴，而是让符号承载信息，比如用来命名或表述其功用，是在一种实物上的文化展示——虽有书画同源之说，但个人以为，书因为承载信息而应高于画，画则可以是纯粹的美学范畴。

　　对于夏文化，总有一些来自西方的杂音，国内的一些学者也太玻璃心，太把别人的看法当回事，这无非是某个人发表了仅代表其本人的某个看法而已，这正常，无须因此而轻视了自己的认识与观点。陶寺遗址曾是国内最大的龙山文化遗址，即使以城市、青铜器、文字所谓的文明三元素来衡量，陶寺遗址也一样不缺。"城市、宫殿、'王墓'、观象台、青铜器、文字和宣示王权的'礼器'，以及中华民族的精神图腾——龙。这一切，标示着黄河流域早期国家形态的诞生。"这是山西博物院展橱上的文字，足够权威。这里的城址是空前的，宫墙是恢宏的，文字是世界最早的，观象台是世界最早的，礼器是成套的，如果以这里列出的"元素"作为文明标准的必要条件，那么，该怎么评判域外文明呢？

　　我相信，大禹联合部族治水成功后所建立的夏朝，也是在"早期国家形态"的基础上建立的，即应该有"前夏朝"时期，这个时期是国家建立的序幕期、准备期。

　　参观完清华大学艺术博物馆回来，我对展橱内的陶器一直不能忘，一直咀嚼回味。尧何以被尊为上古帝王呢？尧只是一个人的名字吗？猛然回味起来，钱穆先生在《国史大纲》中曾言及陶唐氏是一支精于烧窑的氏族，陶、唐、尧均指尧业①。我恍然明白，与燧人氏教人用火，有巢氏教人做屋而被后人代指为人的姓名一样，陶唐氏也是被后人代指为人的姓名，其本质包含有"行业"的意思，陶唐，被简称为尧。因而，尧既指人——尧王，也指业，代表这一族精于的行业，恰如"共工"的称谓，既指善于治水的一族，也指人，还代指治水工程的官职。由此分析可知，陶器的发明与烧造，在上古时期十分重要。

> **陶唐故国**
>
> "满天星斗"般的众多"古国"，先后出现于龙山时代，成为中国古代文明的不同源头。诸多古国辐辏中原，部落联盟应运而生。陶寺遗址距今4500年左右，空间和时间都与传说中的"尧都平阳"非常吻合。陶寺文化的进步更令人耳目一新：城市、宫殿、"王墓"、观象台、青铜器、文字和宣示王权的"礼器"，以及中华民族的精神图腾——龙。这一切，标志着黄河流域早期国家形态的诞生。

山西博物院展板资料

据报道，2022年7月21日，由山西省文物局和中国社会科学院考古研究所主办，在山西太原召开了"经天纬地 照临四方——中国文明起源的陶寺模式"学术研讨会，报道引述了"中华文明探源工程"首席专家王巍先生的意见：

没有哪一个遗址能像陶寺遗址这样，全面拥有文明起源形成的要素和标志。陶寺遗址在年代、地理位置以及它所反映的文明程度等方面都与尧相当契合，是实证5000多年中华文明历程的重要支点和基石。

报道中还包括对陶寺遗址巨大门阙的解读，认为"两处高大的阙楼从宫城的南城墙上延伸出去，模式竟然和隋唐时期洛阳城应天门阙楼的

---

① 钱穆：《国史大纲》修订本（上册），商务印书馆，1994，第11页。

陶寺遗址出土的龙盘

样式相像。以至于后来的紫禁城午门，也沿袭着这种4000多年前的阙楼模式"。①宇文恺当年规划、设计洛阳城（以及大兴城），曾参照了邺城。一样的道理，邺城的建造，一样可以上溯。

这不是实实在在的文化传承的"硬件"例子吗？是实在的考古学证据，是地下的文物在说话。怀疑诚然精神可贵，承认新发现的事实更可贵。

在清华大学艺术博物馆，我也看到了陶寺遗址的龙盘，是蟠龙的形状，龙体盘绕，口眼分明，身上有花纹。以我的解读，龙的口中所含为植物的种子，其形状最像谷穗，谷类正是在黄河流域被我们的先民所驯化，是中华民族对世界的伟大贡献。自人类从食物采集时代进入食物生产时代以来，丰收成为人类生存、繁衍最重要的因素，龙衔谷穗或包含有神灵赐人粮食的寓意在里边。

此蟠龙与水有关系，盘之中心实际上是水的图案，近乎于旋涡的写实，与蟠龙互为盘绕。这尚不是中华第一条龙。1987年5月，濮阳西水坡遗址，发现西水坡蚌塑龙虎图案，据放射性碳定年法测定，距今已有

---

① 任慧采写《文明之美看东方 | 这里"最早"叫中国——中华文明起源的陶寺模式》，2022年7月21日，https://mp.weixin.qq.com/s/7dsXYIpRRUgzqUB2lFf8XA，访问时间：2023年7月28日。

6300~6500年的历史，是考古人员认定的中华第一龙①。再联想到二里头遗址绿松石龙及今日之龙的图案，不难得出一个明晰的结论：龙文化源远流长、一脉相承，龙图案的传承，远远超过了5000年文明史。鉴于图腾意味着亲本，也就是自己血亲之源，故而中华民族以龙为图腾的历史将要比考古发掘见到的图案更为久远，因为考古发掘永远不可能找到真正的原点，找到精神层面的原点更是不可能。

再多说一句，大自然的图案一定能诱发人思考，旋涡的图案对哲人一定有着吸引力，或许旋涡本身真的包含着许多未解之谜，何谓其始、何谓其终？茫茫宇宙中就有许多"旋涡"，天文望远镜拍出了许多美丽的旋涡状星系的图案，即便是近代物理学，对此也解释不清楚。

太极图，或许就因为哲人看到互相缠绕的水的图案而绘就的吧？比如在河流的交汇处，在伊洛河与黄河的交汇处——此说流传很广。

龙的图案在后世逐渐发展定型，我以为，飞龙在天（文化上认定的龙司水）、闪电的形状、江河的身躯，三者之间存在着相似性，龙的形象当基于后二者的抽象。龙之所以司水，就在于云腾致雨而龙现（闪电），江河行地则是俯卧于大地的龙。这些，都指向了水。而水生万物，成为生命之源，中国人崇拜龙，包含着对生的崇拜、对繁衍的崇拜、对水的崇拜，水又支撑着定居农业的丰稔，世界上没有什么比繁衍、比有粮食吃更重要了，于是，在崇拜、希冀的基础上，又叠加了敬畏，龙从而正式走向了神明。

在清华大学艺术博物馆只是看完了西周、东周的展品，看到了那件永远禁止出国展览、被称为山西博物院镇馆之宝的晋侯鸟尊，其器型之精美，不知用何语言来形容。作为后话，后来我曾看到一幅"子乍弄鸟

---

① 许宏等：《考古中国：15位考古学家说上下五千年》，中信出版集团（Kindle版本），2022，第421页。

尊"的图片，一眼望去，不假思考，就觉得该是出土于山西的文物，其身上所带的晋侯鸟尊的血统很明显，后查阅资料得知，果然是山西的东西，出土于太原附近，"是一件代表了中国古代春秋时期中原地区青铜器铸造工艺最高水平的珍贵器物"①。只是可惜，这件具有青铜器铸造工艺最高水平的"子乍弄鸟尊"，现藏于美国的一家博物馆。从陶寺遗址的陶器到晋侯鸟尊，时间跨度大约只有1000年，对器物进行两相对照，就会发出感叹，这1000年，人类进步实在太大了，简直是从朦胧态，一举而进入了高度的文明期。

晋侯鸟尊归属于第一代晋侯燮父，之前，晋称唐国，所以国君叔虞被称为唐叔虞，有周成王剪桐封弟于唐的故事，后燮父迁国都于晋水并更国号为晋。现太原晋祠大殿挂有"桐封"的牌匾，其主题思想是歌颂晋水对"桐封"（晋国）的润泽。

叔虞之唐国在哪里？司马迁曰："在河、汾之东，方百里。"

且做几何上的分析：这是以黄河、汾河为边界定出的地域，汾西入黄，以汾河、黄河为西边界，则隐含了南界为黄河，因为南北流的黄河抵潼关后折而向东流，如此，以汾河—西黄河—南黄河为边界，再辅以百里的尺度限制，则叔虞之唐国只能是晋南一带了。我愿这一几何图形中能够覆盖如今的襄汾县（襄汾本就属于晋南），因为在襄汾发现了陶寺遗址，这样就与传世文献的记载接近"吻合"了。《左传·定公四年》"命以唐诰，而封于夏墟"。而如今的陶寺遗址已"无穷"接近于尧都，这不就是"无穷"接近于夏墟吗？一言以蔽之，襄汾一带，既符合唐的称呼，又符合几何边界定下的条件，还符合夏墟的文化标记。以上分析目的在于说明以"唐"为号的文化传承。

其实，山西博物院早就有唐地在哪里的结论：曲沃与翼城交界处的

---

① 袁恩培、马可瑞：《子乍弄鸟尊的造型形态构建研究》，《设计艺术》（山东工艺美术学院学报），2016年第1期，第84-89页。

"曲村天马遗址",证实这里即文献记载"河汾之东,方百里"的古唐地,晋国早期都城所在(山西博物院陈列文物展示牌)。

襄汾、曲沃、翼城三地,地理上完全相连,博物院展示牌与上边所进行的分析没有矛盾处,更进一步,"曲村天马遗址"可旁证陶寺遗址为"夏墟"——信息需要一点点解读。

这一带,正是汾河、黄河、浍河浇灌出的膏腴之地。

唐之于山西,是个源远流长的文化话题,上溯源之陶唐,下延泽至李渊,文化影响则直到现在。唐国公李渊从太原起兵,终于建立了唐朝江山。至今,东南亚一带有"唐山人"的用语。"唐山人",中国人之谓也。

运城周边尧舜禹遗迹(摄于河东盐池博物馆)

三、治水冀州

"冀州为中土,古轩辕(黄帝)、陶唐(尧)、有虞(舜)、夏后(禹)、殷人所都……"此为清人胡渭语。胡渭并引顾炎武谓"古之天子常居冀州，后人因以冀州为中国号"①。很明确，冀州为中华文明的重要发祥地。

冀州在哪里？

"两河之间为冀州，晋也"（《吕氏春秋·有始》）。两河指西河（晋陕河谷）与东河（先秦时期的北流黄河②）。

由此知道，山西属于古冀州。当然，古冀州的范围要比现在的山西省面积大，而山西则为核心地区。依据《禹贡》，作为帝都的冀州是不设边界的，以其他州的边界为自己的边界。

大禹治水所用的神器为耒耜（lěi sì），那么，大禹用"耒耜"，从何处挖下第一铲开始治水呢？

答案是冀州，冀州壶口，即今日之壶口瀑布。

《尚书·禹贡》："冀州：既载壶口，治梁及岐。既修太原，至于岳阳。"

这几句主要在说大禹在河、汾之地的治水踪迹。根据这几句话，有人认为大禹在黄河上其他地方的治水踪迹，都是在"既载壶口"以后的事情。

"既载"，完成时，已经完成的意思，完成了此处，再赴他处。至于山名，则是以山标记地理，可理解为晋陕间黄河以及汾河谷地一带的治理（如不能将壶口理解为黄河的一个断面），这就"定义"下了治水的地理范围。

关于壶口治水的话题，历史上有过争论，即依据古文献争论治水的先后次序。一派曰，以"河道"而言，壶口至龙门段未开，黄河未有道路，河何以行？这是提出的问题，同时也指出了上古"洪水"的来源："大溢逆流，名曰洪水"（《吕氏春秋》）。这可认为是"洪水"的原始"定义"，其他江河的"洪水"，则为原始意义的延拓。因而，须借大禹神斧劈开河道，方止洪水之漫流，使民免却鱼鳖的命运，故宜先开壶口——窃以为，古人不具有地质变迁的知识，难以解释何以形成深隙河谷，故

---

① 胡渭：《禹贡锥指》，邹逸麟整理，上海古籍出版社，2013，第20页。
② 姚汉源：《先秦时期有关山西水利的神话传说和记载》，载《黄河水利史研究》，黄河水利出版社，2003，第555页。

须借助大禹的神斧,如此则一切迎刃而解,"青山遮不住,毕竟东流去",于是,川源皆朝宗于海。然反对者则言,兖州居下游,下游不先治理好,河水何以行至下游?围绕着是否从"既载壶口"开始治水的话题,展开争论的有孟夫子、有朱熹……聚讼多矣!

显然,这是将"精神上的认定"和"实际的可能性"搞混了,虽各说自理,却不免让人觉得失却了意义,近乎无聊。可以认定"禹,尽力乎沟洫"(孔子语。夫子之所言,禹致力于挖沟排水,此为人所能及),岂可认定铜石并用时代的"铜质耒耜"能挖开晋陕大峡谷?如此读古人书,则无异于钻牛角尖。河出昆仑,经行处,出峡谷越大漠,一往无前,万里入海,精神力量无穷,而地理信息正确,如此足矣。先儒的争论,是将"传说的圣迹"人格化了。

那么,何以先儒近乎"愚"?

非也!其实先儒是在假乎先圣讨论治水问题、导河方法,他们是在发挥自己的治水思想。摆在他们面前的未解之谜太多了,治水太艰难了,如前述的河流何以劈开峡谷,洪水何来?横流何以消退?人力既不及,只能假借具超自然能力的先圣为名来化解之。在如今科学昌明的时代,当继承治水文化中优秀的哲学思想,而以科学思想武装自己,思想史范畴的东西不是科学,若只是"信而好古",则就是故步自封了。

大禹治水成功之后,随"山川形变",将天下分为九州:冀州、青州、徐州、兖州、扬州、梁州、豫州、雍州、荆州(禹贡九州)。虽说如此,冀州却是先于九州的更为古老的地理概念,含有"中土"的意思,"正中冀州曰中土"(《淮南子·地形训》),即前说的冀州为中国的代称。九州的概念出现较晚,约在战国时代。也因此,才有一派认为,神禹先治壶口,是先要将中土冀州,即帝都之地的洪水治好,再及下游"兖州"。

先于河汾之地兴工治水,完全可以理解。汾河谷地,是先民主要生活的地区，导通汾水入黄，水干涸而地出露，非冀州之民所盼乎？

终于，我们在古人的争辩中发现了一条有关治水方法更为清晰的信息，即：鲧何以败，而鲧之法不可尽弃。

禹能修鲧之功，则鲧功不皆废也……鲧惟知治太原，而不知道壶口以及梁、岐，此功所以不成。故禹必先事壶口、梁、岐，而后修鲧之旧迹，自太原以至岳阳也。①

这一段已经将鲧、禹治水成败的原因总结得很清楚，治水的定义域：汾河谷地，以及汾河口。禹的成功是在其父亲的基础上取得的，不只是经验，还包括工程。

这提示我们，当将眼光投射到汾河经行处时，则"神话"可解释，治水工作也具体了，完全可以避开神话所具有的神力。

以下解读将更为具体。

世传鲧用堵的办法，何为堵？最容易理解为修筑坝工阻断河水，此系对"堵"的误读。鲧用堵的办法，也只是沿水边修筑"拦水埂"，以防止氏族农田、房舍被淹（即共工氏"堕高堙庳"之意，"共工"一词快读近乎 gun，共工与鲧或为一人？），如此而已。然水流滚滚而来，下游泄流不畅，低矮的堤防（说"拦水埂"也可），难以抵挡谷地平原被淹，难以阻挡淹没范围的持续增大，此鲧"功所以不成"之谓也！

汾河西南流入黄，入黄处为典型的游荡性河段，黄河游荡到东岸，则泥沙沉积的高河床与高水位必定导致汾河入黄不畅，继父治水的大禹，一定观察出了问题的所在，于是"禹必先事壶口、梁、岐"。壶口、梁、岐者，南流黄河之标记也，以山标水，即壶口、吕梁山一带之晋陕间黄河②。

---

① 胡渭：《禹贡锥指》，邹逸麟整理，上海古籍出版社，2013，第30页。
② 这里是谈冀州，冀州西拒河，则梁、岐应当在山西境内。梁山应为吕梁山，岐则应为狐岐山。陕西岐山太远，标注不了河、汾。禹门口右岸是梁山，故以该梁山标记黄河也是可以的。

汾河入黄、陶寺遗址及重要地点位置示意图

"既修太原,至于岳阳"才是真正人力可胜任的治水工作。

于是:大禹带领大众在汾河入黄的地带开始实施导引工程,如何导引? 挖沟导引是也! 即"尽力乎沟洫",回到了夫子所言。

在宽阔的河滩地带挖一沟非难事,虽是铜石并用时代也可行——这已经完全没有超自然的力量。一旦沟挖成、水有出路,则积水可汹涌而出,从而涸干土地。

然其父既修之"堤防"功不可废,即整个汾河流程上的堤防工程或加固,或加高,或增长。太原,原之大者也! 当理解为整个汾河谷地,不是今日之太原市;岳阳,太岳山之南。

此乃"既修太原,至于岳阳"之意。简而言之,导引汾河口,整修堤防,就是大禹所做的工作。

"导引汾河口"就是减小下游对上游的顶托。下面将过渡到"下游对河流的顶托",此我所最关心者!

对古文献的解读,重要的是辨其事、知其理,要能超越神话。或云,下游河道受到顶托,必定泄流不畅,人人都懂,原不必钩沉晦涩难懂、佶屈聱牙的古文献。

黄河、汾河及吕梁山、太岳山位置示意图

不是这样!已经沉淀为文化的东西,要以历史的眼光视之,要以哲学的眼光视之,而不是将其视为"技术"或"技术路线"。洪灾年年有原属正常,常常遭受同样原因的洪灾则不正常。除却自然的因素外,不知史、未能接受教训,则是另一些因素,就是人的问题了。想起了杜牧那句著名的话:"后人哀之而不鉴之,亦使后人而复哀后人也。"此系世传鲧禹治水方法不同、结果不同之意义所在,也是我解读古文之目的。

四、不厌其烦说顶托

将上述所谈到的洪灾问题归结为八个字:下游顶托,泄水不畅。

下游顶托的例子非常多,为能起到"警示"作用,今不厌其烦。

先及汾河。

1963 年以后，黄河主流东移夺汾，倒灌入汾，顶托上游来水，影响汾河入黄，进而引起汾河下游河床抬升，有的河段变成了地上河，致使行洪不畅[①]。黄河倒灌汾河，殃及村庄城镇，1964 年，河津县城被迫搬迁。

20 世纪 70—90 年代对汾河口曾进行过三次治理，主要工程措施之一是增高堤防[②]。此为"鲧功不废"，能够提高防洪能力。但淤积问题难以解决，淤积问题不解决，下游顶托问题就依然存在。

2021 年是个多灾的年份，先是河南郑州及豫北的大水，至 10 月，汾河遭遇洪水，但见汾河下游洪水漫漫，田庐漂没于一片泽国之中，人们又遭受了洪灾。

二十多年间三次治理汾河河口段，频次足够多，完全不是"惟知治太原（即治理上游河道堤防），不知治汾口"的情形，尽管如此说，但毕竟病根没去，"下游顶托，泄水不畅"的问题还是存在。

不能不感慨，"美哉禹功，明德远矣。微禹，吾其鱼乎？"治河、治水，重在导，一个"导"字，概括了先圣的要旨。国人都知道这一点，但如何领会其精髓，则有感悟深浅的不同了。

话题稍远一些。

三次治理汾河口段，不能解决所有的问题，原因在于，但凡同黄河相关的治水问题，都太复杂了，因黄河的游荡而引起倒灌、侧蚀、塌岸等诸多问题古已有之。想塌岸范围大对汾河入黄也有影响。最早记录的塌岸在春秋年间，"梁山崩，壅遏河三日不流"（《春秋谷梁传》）。梁山何以崩？或可能就是黄河侧蚀冲掉了山根。著名的后土祠和秋风楼曾多次搬迁。历史地理学家史念海先生曾感慨："在萧瑟的秋风里，登上楼顶，

---

① 王兵：《黄河东倒夺汾对汾河的影响分析》，《科技情报开发与经济》2005 年第 23 期，第 170-172 页。

② 梁建秀：《汾河入黄口河道整治研究》，《山西水利》2012 年第 4 期，第 28-29 页。

凭栏遥望，滚滚洪涛，烟雾迷离，汾阴脽（shuí）的旧地和汾阴城的遗址已不易指点清晰了。"汉武帝曾在汾阴脽上建后土祠祭祀，汾阴脽是一个长达数里高有十余丈的巨大冈阜①，处于黄河和汾河的交汇之处，四周环水，可理解为河中岛。据后土祠内的展板资料，明隆庆年间，黄河干流向东摆动，汾阴脽遭侵蚀，至明万历年末，后土祠东移。之所以东移，估计这时汾阴脽已所剩无几，危及建筑物的安全②。

据后土祠展示板所称，最早来脽上祭祀的是黄帝，三代时期帝王亦来脽上祭祀。汉武帝元鼎四年（公元前113年）建祠脽上。共计有九个皇帝二十四次来过后土祠祭祀。

对汉武帝来说，无论是汾水还是后土祠，都有着异乎寻常的意义。

据《汉书·武帝纪》，元鼎元年，"得鼎汾水上"。元鼎四年，"六月，得鼎后土祠旁"。

禹铸九鼎。鼎的意义，标示着江山社稷。得鼎于汾水，或许就是汉武帝建后土祠的真正原因。

老百姓常说"皇天后土"，后土者，大地母亲是也，后土文化就是根祖文化。与后土祠相伴随，黄河畔的万荣县、稷山县都有稷王庙，这又同农业祭祀联系起来。中国将社稷代称江山，盖因中国以农业立国，是个农业社会。根祖文化、农业祭祀集中于一处，可窥测出此一带为重要的黄河文明发祥地、农业文明发祥地，也有考古学证据在，附近有仰韶文化遗址群③。

"泛楼船兮济汾河，横中流兮扬素波。"（汉武帝《秋风辞》）汉武帝诗中的汾河当指汾河、黄河两条河流，因为至《水经注》时代，河还是

---

① 史念海：《黄河流域诸河流的演变与治理》，陕西人民出版社，1999，第55-57页。
② 史念海先生认为，汾阴脽湮没于洪流可能就在隆庆年间。见《黄河流域诸河流的演变与治理》第61页。
③ 薄云山、大原、张亚明：《中国土地文化的魂魄——万荣后土祠土地文化传承价值》，《华北国土资源》2016年第2期，第10-12页。

黄河的专称，天下其他河统称"水"。想汉武帝时代汾河口很少有淤积抬升，如果汾河口散乱水浅，则楼船由渭水，济黄河，再入汾河会遇到较多困难，会搁浅。那时的汾河水，清澈扬素波，其河身与同时代的渭河当不相同，宏观上反映出汾河流域与渭河流域生态环境状况的不同。因为，汉武帝时代为漕运专开了一条渠，由长安起傍南山300里至渭口，与渭河平行，盖因渭河水浅滩多（但不是不能航行），漕船承载负重困难多，效率低。

现在的后土祠、秋风楼建于同治九年（公元1870年），虽是一处庞大的建筑群，但仍不及原来的规模。站在秋风楼后边的高地上，可见缥缈河水。据说，秋风楼景色绝佳之时在秋天，风起白云飞，时见南飞雁，极目祠西，"落霞与孤鹜齐飞，秋水共长天一色"。我来秋风楼的时节，却在初夏，虽与秋天景致大有不同，但树木葱郁，百花争艳，远观近看，颇觉江山如画。因有所感，于是，站在那楼后的高地上，想了四句诗，将远山近水，都镶嵌在了里边，名曰《至秋风楼》：

秋风楼下望鲁秦，汾汇大河共雄浑。夹岸连山延华岳，锁钥重关仰禹门。

出得后土祠，没循来时的台阶道路回走，而是捡了条偏僻小道，原因是，这一条小道在靠近一声声晋剧唱腔传来的方向。晋剧板胡声，极具穿透力，我难以判定声源有多远。沿小道走到坡底，才发现后土祠的左手一侧稍远处，有绿荫曲廊，有戏曲爱好者，正在一起切磋交流，在享受戏曲人生。

次及渭河。

西汉中叶之后，因为渭河航运不尽如人意，故有西汉漕渠、隋朝广通渠之开凿。黄河东西奔流，渭河或有淤积，但不严重，由于有侧蚀塌岸的存在，（北）洛河时为黄河的支流，时为渭河支流——为渭河的支流时间更长些①。渭河、(北)洛河、黄河于临近之处交汇，河道情势复杂，现在有标准的水文断面所代表的"潼关高程"，以其高于修工程前的高度，来表征对渭河产生的影响。"在三门峡水库修建前，渭河是一条冲淤平衡的地下河，洪水灾害并不严重。"②渭河口和渭河河身的淤积，主要发生在三门峡水库修成之后，有所谓"拦门沙"的形成，因为潼关高程的抬升，渭河泄流不畅，带来一系列影响，于是渭川平原相应的洪灾就出现了。华县、华阴段已形成地上河，淤积延伸至灞河口，渭河又进一步倒灌南山支流，2003年8月至10月，渭河流域出现5次大洪水，出险98次，而咸阳水文站、华县水文站只是2～3年的常遇洪水。地域利益的不同带来了不同的观点，以至于有重新审视三门峡水库存在必要性的声音③。当年黄河夺大清河入海，山东巡抚丁宝桢就言及黄河对入黄支流的影响，并作为黄河应该复故道的理由（见本书"第十三章　大三角洲——千里大平原"），所以，对于水利这个工程学科来讲，历史的经验真的很有借鉴价值。再延拓一句，现在每年都会出现城市内涝的问题，所谓"内"，是相对于"外"说的，何为外？从水力学的角度看，就是城市排洪河流的外边界在同样流量的情况下有了更高的水位，因而泄流不畅，这与渭河平原的洪灾，本质上是一样的。用最简单的话说就是，外水高，内水低，洪水如何能流得出去？既要吸取既往的经验教训，还要善于吸取既往的经验教训。这样才能超越经验教训的"简单枚举"，知其理而致其用。

再次及淮河。

淮河因为黄河于南宋建炎二年（公元1128年）夺淮，鸠占鹊巢，

---

① 辛德勇：《黄河史话》，中国大百科全书出版社，1998，第26页。
② 宋进喜、宋令勇、郭颖：《渭河下游河道泥沙淤积及其对河床比降的影响》，《干旱区资源与环境》2010年第9期，第110-113页。
③ 安启元：《陕西渭河下游洪灾成因分析及防治建议》，《西安财经学院学报》2009年第3期，第5-9页。

受黄河高水位的顶托，最终导致苏北大地烟波浩渺洪泽湖的形成——悬湖也，其淤沙来源也是黄河，淮河最终失却入海通道，尾闾改由芒稻河入江至今，淮河也由一条几乎很少有洪灾记录的河流变成了一条"小雨小灾，大雨大灾"的河流。淮河的一次次灾患，其实伴随着黄、淮、运交汇处清口的一次次抬高[1]，此乃"下游顶托，泄水不畅"最典型的例子，被祸最甚者，由明及清，及民国，故新中国成立后有"一定要把淮河修好"的治淮大役。

再次及永定河。

永定河在金元之前，并不闻大的灾患，而金元之后，永定河河患逐渐增多，且越往后越多，至清，皇帝治河，康熙、乾隆都自视为治河高手，却也是束手无策，堤防决而复，复而决。于今，卢沟桥永定河治水碑数通，均是御笔。究其原因，永定河沙多，有"小黄河"之称，河身日高，一也；当年的永定河并不入海，而是注入东淀（三角淀），东淀日蹙，二也。此又"下游顶托，泄水不畅"之显例，至民国年间，淀中高程已高于堤外 3～6 米，并最终淤废[2]。故国内悬河，也非黄河孤例。

在这里，录下《清史稿》中总结出的对永定河治理的关键方法，于今仍很有参考价值：

> 永定河自康熙间筑堤以来，凡六改道。救弊之法，惟有疏中洪、挑下口，以畅奔流，筑岸堤以防冲突，浚减河以分盛涨。[3]

几句话中给出了数项措施："疏中洪"——疏浚主河道；"挑下口"——挑深河流出水口，此为最关键措施，理论上有用，实际上作用有限，因

---

[1] 韩昭庆：《洪泽湖演变的历史过程及其背景分析》，《中国历史地理论丛》1998 年第 2 期，第 61-76，249-250 页。

[2] 王长松、尹钧科：《三角淀的形成与淤废过程研究》，《中国农史》2014 年第 3 期，第 104-111 页。

[3] 《清史稿》卷一百二十八《河渠志三》，中华书局，1977，第 3811 页。

为东淀在"乾隆后期已经基本上淤为平壤"①,即工程措施落实得不到位;"坚筑两岸堤工"——确保两岸堤防安全之谓;"浚减河"——疏通分洪河道,减河用语,主要用于海河流域。

有鉴于永定河的实际情况,才有了"一定要根治海河"的号召,才有了永定新河的开挖,将永定河的洪水直接输送到了海里。

再次及沁河。

沁河入黄,受黄河的顶托,历史上黄沁并溢多有发生,沁河入黄前也是悬河,且临背差(河床比堤外地面高出之值)高于黄河。

再次及郑州"7·20"大水。

2022年1月,国务院灾害调查组发布了《河南郑州"7·20"特大暴雨灾害调查报告》②,其中一条调查结论为:"壅水顶托影响城区排涝。"何以会"壅水顶托"?本质原因是下游天然河道贾鲁河的严重萎缩、行洪断面减小、下游与贾鲁河衔接段存在卡口,以及河道坡降的变缓,由此引起了下游高水位对城区河道的顶托。河流一旦相交、相汇,就容易受到主河流较高水位的顶托,而一旦受到顶托,必然排洪不畅,对城市河流来讲,排洪不畅,将引起城市积水。对于平原区的城市来讲,摊大饼式的发展,将使城市排洪压力增大,原因是汇流快、汇流面积增大,城内地势平坦,排洪河道缺乏足够的坡度,随着河道的增长,水面线趋于更缓。河水流动,其动力来源就是河流的坡度,如果下游顶托,则水流流动的动力来源就会减小,因为水面坡度小了(近似将水面坡度视为河流坡度)。

---

① 王长松、尹钧科:《三角淀的形成与淤废过程研究》,《中国农史》2014年第3期,第104-111页。
② 《河南郑州"7·20"特大暴雨灾害调查报告》,国务院灾害调查组2022年1月,https://www.mem.gov.cn/gk/sgcc/tbzdsgdcbg/202201/P020220121639049697767.pdf,访问时间:2023年6月26日。

五、禹门口、孟门、壶口

汾河入黄上游约 35 公里（直线距离）是禹门口。禹门口，又称龙门[1]。左岸，山西河津；右岸，陕西韩城。龙门左右岸都称龙门山，因为左右岸相对，缺口就是龙门。《东周列国志》有"秦晋大战龙门山"的内容，该龙门山在黄河左岸，因为秦兵是东渡黄河作战；右岸龙门山则位于韩城市龙门镇北。

《尚书·禹贡》："导河积石，至于龙门。"

可见，《禹贡》将龙门视为重要的河段节点，同样是在以山标水。

黄河"龙门"为河津与韩城所共有，两地都有大禹庙，河津大禹古庙在抗日战争期间被日军毁坏，现大禹庙为重修；韩城大禹庙则为全国重点文物保护单位。

历史上有名的龙门古渡就在禹门口这个位置，今黄河右岸陕西一侧建有古渡龙门风景区。古渡龙门，见证了历史上说不尽的战争与和平，多少风流人物，同古渡的名字联系在一起。古渡选择在这里，是最适宜在这里渡河，这里也同时集中了铁索桥、公路桥、铁路桥。现在的发展速度太快，古渡下游 500 米处，又建起了雄伟的禹门口黄河大桥。古渡，成为了历史，但也沉淀成了文化。

出了禹门口，黄河就流出了晋陕大峡谷，黄河在宽阔的平旷地带，信马由缰，缓缓流向潼关。

河左岸接纳了汾河、涑水河。

有世称涑水先生者，文正公司马光是也，其主持编纂了伟大的编年体史书《资治通鉴》。以流过桑梓的水来尊称世之大贤，原是古人的传统，如柳宗元的称谓柳河东，概因其祖籍在河东郡，即今运城市永济、

---

[1] 洛阳伊河之伊阙也称龙门，有著名的龙门石窟。

芮城一带，标准的河汾间人士。多说一句，曾路过柳氏民居，在山西的沁水县，正是柳宗元的后人所建，现为全国重点文物保护单位。这一带的文人学士实在太多了，如写出《滕王阁序》的王勃就是河津人。真是文化山西。

河右岸接纳了渭河。

汉太史公司马迁祠墓就在河右岸的韩城。开创纪传体体例的伟大历史学家司马迁为韩城人（一说河津人），中国第一部水利通史文献就是《史记·河渠书》。《史记》之后的官方正史中，都记录有水利的内容，或设置专篇，诸如《沟洫志》《河渠志》，以记录水利的大事。

写到此，不由感慨：河边两司马，史笔昭世人。实在令人钦敬！

黄河的雄、奇、美，于晋陕大峡谷表现得最为集中，夹岸山高、壁陡，而河曲、滩险、水浑、涛怒，水势，一泻千里。

晋陕大峡谷是黄河上最长的大峡谷，与上游青甘地区大峡谷显著的区别是河谷狭窄（200～400米），偶有宽阔的地方（3～4公里）[1]，因而修建水库带来的土地淹没损失少。这一段的河流落差大，极富水力资源。黄河于中游的支流最多，除汾河、渭河属于较大的支流外，晋陕大峡谷两岸还接纳不少流程较短的河流，"易涨易落山溪水"，故而此段洪水对下游有较大影响（龙门实测最大流量达21000立方米每秒，调查估算的最大洪峰可达30000～33000立方米每秒[2]）。晋陕大峡谷，也是黄河粗颗粒泥沙的主要来源区之一，故两岸生态与水土保持，对减少入黄泥沙很有意义。这一带也是缺水区域，在谈及规划中龙门水库的修建时，钱正英副主席曾言："这个地区缺水问题比华北还严重。"[3]

---

[1] 张含英：《征服黄河》，中国青年出版社，1955，第10页。

[2] 黄河水利委员会、勘测规划设计研究院编《黄河志》卷六《黄河规划志》，河南人民出版社，1991，第285页。

[3] 同上书，第290页。

第六章 探步河汾

晋陕大峡谷，壶口、孟门、龙门示意图

龙门（禹门口）突然展宽，孟门山纵卧河中央

我们不妨到晋陕大峡谷一行。

李白："黄河西来决昆仑，咆哮万里触龙门。"

《水经注》卷四："（龙门山）大禹所凿，通孟津河口，广八十步，岩际镌迹，遗功尚存。"可以这么理解，龙门口左右岸的大山原是一体的，大禹将其凿开，黄河直通孟津（黄河最后一个峡谷出口）。

237

岩迹尚留镌凿之痕，说明山岩壁立，如神斧削成。河在此处突然展宽，摆脱了夹岸高山的束缚，水势的明显变化，衍生出流传甚广的鲤鱼跳龙门故事。故事有多种版本，今录一则：

龙门山，在河东界。禹凿山断，门阔一里余。黄河自中流下，两岸不通车马。每岁季春，有黄鲤鱼，自海及诸川争来赴之。一岁中，登龙门者，不过七十二。初登龙门，即有云雨随之，天火自后烧其尾，遂化为龙矣。（《三秦记》）

此故事言简而信息多，且富于趣味，黄河鲤鱼，确实是红尾。

禹门口，自古为秦晋交通咽喉。古之天堑，今为通途，瞬息之间，可跨越晋陕两省。

既是交通要道，又是战略要地。秦晋大战龙门山，秦穆公俘获晋惠公，因"秦晋之好"，将惠公释还。《左传》数语交代了此战的原因："晋饥，秦输之粟；秦饥，晋闭之籴。"这就是"秦晋大战龙门山"的原因。

明末清初的著名思想家顾炎武一定来过禹门口，我读到过他以《龙门》为题的诗词：

亘地黄河出，开天此一门。千秋凭大禹，万里下昆仑。

入庙焄蒿（xūn hāo）接，临流想像存。无人书壁问，倚马日将昏。

"入庙""临流"说明是身历其境。此诗借大禹、龙门及屈原故事，表达渺茫、郁闷的心情，寓家国情怀于其中，临黄河而独想象，家国情怀愈为加重。

"天下兴亡，匹夫有责"就出自顾亭林先生。亭林先生对治河有着特殊的关注，对淮徐地区的黄、淮、运问题进行特别的考察，在《天下郡国利病书》中，亭林先生将清口淤垫，影响洪泽湖泄流，进而影响淮河归结为"门限沙"的影响，如此深刻的认识本可让三门峡的修建接受历史上的教训，惜没有。我曾有《源远流长·黄河夺淮——从清口到三门峡》一文详述，此处不赘言了。

《天下郡国利病书》截图，门限沙的表述[1]

从禹门口逆水上行约 60 公里，抵孟门。

《水经注》引《淮南子》曰：

龙门未辟，吕梁未凿，河出孟门之上，大溢逆流，无有丘陵、高阜灭之，名曰洪水。大禹疏通，谓之孟门。

《水经注》又曰：

孟门，即龙门上口也！

大禹疏通的，到底是孟门还是龙门？到底哪里是龙门？龙门上口何意？河出孟门之上何解，大溢逆流又何谓？

《水经注》固然写得清楚，但毕竟古文言简，使人费解。

其明确的意思是：大禹开辟了从孟门到龙门这一河段的深谷河槽，此河槽未开通之前，高峻的吕梁山阻挡了黄河前行的道路——没有河道。在被今称为"孟门"的地方，被阻挡的黄河四溢泛滥，周边地平旷，无

---

[1] 详参顾炎武：《天下郡国利病书》册十三，收入《四部丛刊》三编史部，昆山图书馆藏稿。

高阜限制洪流，四溢泛滥之水被称为"洪水"。"龙门上口"之谓，是说这段窄深河谷统称为"龙门河段"，孟门为龙门段的上游入口，下游出口就是俗称的龙门（禹门口）。

孟门山是纵卧在黄河中间的一座低矮的山，并不是岸边的山。孟门山中间有凹陷，水面之上不相连接，视觉上为河中央的两块礁石，一大一小，称两个河心岛似乎更准（称山实际上增加了理解的难度，会误解为河岸之山）。顺河向的孟门山将黄河分隔为左右两道，如水进入了门洞一般，故有孟门之谓（可类比于三门峡之三门的名称）。

要之，孟门山左右两侧的河道，都不是龙门，只是孟门。孟门左岸为今山西吉县，右岸为陕西宜川。

我这里絮语絮叨孟门、龙门，其实有原因在。

古时孟门一带交通闭塞，少有人至，故有将孟门讹传为龙门者。这就愈发增加了"龙门"名称的混乱程度。有鉴于此，清朝宜川县令、《宜川县志》的编纂者吴炳有《壶口考》一文，并附有图，将壶口、孟门、龙门辨别得很清楚，民国年间余正东等编纂的《宜川县志》将二者收录。

孟门的黄河远比龙门处的暴烈，吴炳有七律《壶口二首》描述之，今录其一[①]：

> 闻说导河经始地，当年疏凿半留痕。
> 四时雾雨迷壶口，两岸波涛撼孟门。
> 官阁卧游劳想象，清宵坐对悸心魂。
> 村氓不解尊神禹，冷落虚岩破庙存。

据此诗，孟门一带也有大禹庙。

从孟门上行约5公里许，即达著名的壶口瀑布。

一条闻名世界的大河，由三面跌入深窄的河谷中，诚为天下奇观，

[①] 壶口文化研究会编《宜川县志》第一册《壶口民俗风情》，西安地图出版社，2007，第86-88页。

我国 50 元人民币就采用了壶口瀑布雄浑的图案。

《水经注》对孟门一带有这样的描写：

其（河谷）中水流交冲，素气云浮，往来遥观者，常若雾露沾人，窥深悸魄。其水尚崩浪万寻，悬流千丈，浑洪赑（bi）怒，鼓若山腾，濬波颓叠，迄于下口。①

《元和郡县图志》描写孟门山：

河中有山，凿中如槽，束流悬注七十余尺。②

可以明白，这是对"孟门"与"壶口"的共同描写，那时，壶口与孟门之间的距离尚近，作者没有将二者分开描述。在历史的长河中，在水流的侵蚀下，壶口退缩至今天的位置。"天下之至柔，驰骋天下之至坚"，老子如此说。不止于此，整个晋陕大峡谷有今天的形成，与水流的切割直接相关。

由上述引文，从"悬流千丈"到"束流悬注七十余尺"，可知"悬流"或"束流悬注"才是壶口名称的来源，如悬壶倒水，水舌下浪涛滚滚。二者虽未提壶口，但壶口不是不存在。

吴炳在《壶口考》中认为"因上流宽广，至此收束归槽，如壶之口然，并非山名"。其意在辨伪，言下之意，壶口得名因河收缩成槽状，类壶嘴。难以同意，其没有表达出悬壶倒水的动态，天下没有壶之口如槽者，河收缩归槽，何以类壶之口？

阅读《宜川县志》，我知道了"旱地行船"，就是从内蒙古河口镇方向驶来的航船，抵达壶口时由于难以逾越这一道"飞流直下三千尺"的障碍，不得已将船拉上岸，垫以木头的滚子，在纤夫的牵引下，"旱地行船"，待绕过壶口段，再于峡谷中航行。这也算奇观了，也给民间故事"跑旱船"找来了实例。

---

① 郦道元：《水经注校证》卷四《河水》，陈桥驿校证，中华书局，2007，第 103 页。
② 李吉甫：《元和郡县图志》卷第十二《河东道一》，中华书局，1983，第 343 页。

尽管很艰难，但晋陕大峡谷的航运同黄河晋豫大峡谷一样，有着悠久的历史，南来北往的船只，造就了熙熙攘攘的水旱码头，如今称为古镇。这些古镇是如此具有魅力，吸引着寻找历史的人，吸引着寻找灵感的人。历史不曾远去，我相信黄河大峡谷的水上交通，有朝一日也会闻名天下。①②

明人张应春（曾任山西吉州知州）有《观壶口》：

星宿发源自碧空，凿开壶口赖神功。
吐吞万壑百川浩，出纳千流九曲雄。
水底有神掀巨浪，岸旁无雨挂长虹。
朝奔沧海夕回首，指顾还西瞬息东。

这里有涉及"河源"的内容。元人首探河源——官方的考察，由此诗知道，至明，人认为黄河源出星宿海已成"通识"。

"黄河之水天上来"，天之辽远有着太多的未解之谜，人们对黄河的探索，一直未有停止。

要想领略黄河的雄浑、黄河的不屈、黄河精神的伟大，就请到壶口来吧！

六、黄河在咆哮

黄河咆哮响彻云霄处，无疑在壶口。

我想起了《黄河大合唱》，想起了有线广播时代曾十分熟悉的钢琴协奏曲《黄河》，想起了它的每一乐章的名字：《黄河船夫曲》《黄河颂》《黄河愤》《保卫黄河》。一念生起，那种雄浑的曲调就于耳际交回萦绕，一直在响。

---

① 黄立文、冯雷：《黄河府谷至禹门口航运建设初见成效》，《人民黄河》1989年第4期，第3-5页。

② 马健：《黄河壶口至禹门口航运开发探讨》，《中国水运》2002年第3期，第34页。

> 风在吼，马在叫。
>
> 黄河在咆哮，黄河在咆哮。
>
> 河西山冈万丈高，河东河北高粱熟了。
>
> 万山丛中，抗日英雄真不少。
>
> ……

请看一下《黄河大合唱》的创作背景。

1938年9月，武汉沦陷后，诗人光未然带领抗敌演剧队第三队，从陕西宜川县的壶口附近东渡黄河，转入吕梁山抗日根据地。途中目睹了黄河船夫们与狂风恶浪搏斗的情景，聆听了高亢、悠扬的船工号子。

1939年1月，光未然抵达延安后，创作了朗诵诗《黄河吟》，并在这年的除夕联欢会上朗诵此作……（当）年3月，在延安一座简陋的土窑里，冼星海抱病连续写作六天，于3月31日完成了《黄河大合唱》的作曲，以中华民族的发源地黄河为背景，热情地讴歌了中华儿女不屈不挠，保卫祖国的必胜信念。[①]

《黄河大合唱》一经演出，即传遍了神州大地，影响所及之处，极大地激发起中国人民抵御外侮的抗战精神，极大地鼓舞起中国人民坚强不屈的抗日斗志，召唤起更多的中华民族优秀子孙奔赴抗日救国的战场。

我无意中看到过几则反映当年情形的影像资料，其中一则是一队有志青年，专门跑到壶口瀑布，齐唱《黄河大合唱》，然后奔赴延安，寻求救国真理。他们在延安经过集训，奔赴各地，成为抗战的中坚力量。虽然是影像资料，我却非常感动于这种仪式。他们之所以要追求这种仪式感，是要汲取黄河的精神力量，是要以黄河百折不挠、一往无前的力量自勉、自励并激励国人，其昭示的是伟大的中国人民亘古以来的勇敢不屈。

青山不老，黄河长流！

[①] 《黄河大合唱》创作背景，2019年5月27日，央视网：https://tv.cctv.com/2019/05/27/ARTIgKG6QIwDZgWOtZWf4WAg190527.shtml，访问时间：2022年12月20日。

我们重新回到禹门口。

禹门口有抗战烈士纪念碑，以纪念民国二十七年（1938年）12月在禹门英勇抵抗日本侵略者而壮烈殉国的原国民革命军陆军新编第八师290位阵亡将士。纪念碑由河津县人民政府立（公元1992年12月29日）。

禹门口石崖上，镌有当年为褒扬抗日阵亡将士的巨幅石刻。英烈的名字与精神，与祖国山河同在！

七、过风陵渡，抵达盐湖

由禹门口南流的黄河，经过130余公里的"闲庭信步"，蓄足了力量，"潼激关山"（潼关），折而向东，再度进入峡谷区。黄河之东，像胳膊肘般转弯被大河包围的地方，就是芮城。转折点，为风陵渡。

时间是在20世纪80年代中后期，我从西安坐火车回北京。

印象中火车经过了孟塬站。提到孟塬，是因为曾经有过疑问，为什么许多火车都停靠孟塬而不是潼关。后来知道，因为修建三门峡水库，潼关老站早已经搬迁了，孟塬站"代替"了原潼关老站的业务。

白天的车，是欣赏沿途风光的好机会。火车越过了风陵渡大桥，车行方向的右侧出现了台阶的地貌，左侧地平旷。这是典型的黄土地区，但颜色略暗，以我在农村的经历，可以判断出，有水，都是丰产的土地。

早在少年时期我就知道风陵渡，当时听到的名字是"风流渡口"。如今同山西永济的朋友谈话，又听这么说。可以判定，是当地人口音称"风流渡口"。

作为黄河上有名的渡口，很多的文学作品以风陵渡为创作背景或创作元素。金庸先生的小说《神雕侠侣》中有诗"风陵渡口初相遇，一见杨过误终身"，脍炙人口。元人赵子贞有诗："一水分南北，中原气自全。云山连晋壤，烟树入秦川。落日黄尘起，晴沙白鸟眠。挽输今正急，忙杀渡头船。"言虽简，气势在，以广角入境，景深极大，远近都非常清晰。

当年马超潼关大战曹操，风陵渡是重要渡口。初，曹军集结于潼关东面，后曹军一部北渡黄河入晋，再经蒲津关西渡黄河进入渭北，再在渭口附近南渡渭水，采用迂回战略，抄了西凉军后路。这一仗，曹操几乎将老命丢掉，损失人马无算，但战略上是胜利的。对峙中，曹操闻说西凉增兵而窃喜，终于来了个一锅端，也为以后经营西北广大的地区（远及羌戎之地）奠定了基础，如曹魏代汉后，魏文帝于黄初三年（公元222年），在西平亭故城的基础上筑成西平郡城[①]。

风陵渡之得名，在于此处有风后陵，或风陵堆。风后陵至少在唐时已经成为当地名胜，有众多的古籍记之，包括地方志。谁为风后？有二说，一指黄帝的大臣，《史记》疏解中认为风后为黄帝的三公之一。风后是伏羲的后裔，风姓，曾助黄帝破蚩尤；还有一说就是女娲。

风陵渡地处芮城风陵渡镇，前已述及的西侯度遗址、匼河遗址都在风陵渡镇。探寻人类前进的步伐，探寻黄河文明，不能错过河汭（ruì）地带。

风陵渡有黄河第一大渡口的称号。此处为陕西、山西、河南"鸡鸣三省"之地，为交通要枢，人员物资交流多，渡河需要量大。

盐池周边的黄帝、蚩尤遗迹（摄于河东盐池博物馆）

---

① 百度百科"青海省"词条，详参 https://baike.baidu.com/item/%E9%9D%92%E6%B5%B7%E7%9C%81/19428913，访问时间：2023年6月26日。

火车继续前进，进入永济县境内。

当是初冬时节，凭窗远望，天晴，但灰蒙蒙。车行左侧是麦田，麦苗弥望。永济是个老地方，古称蒲坂，唐时置为中都。永济最为出名的是鹳雀楼，王之涣的《登鹳雀楼》选入了课本，无人不知，"欲穷千里目，更上一层楼"几乎转化为成语，且富含哲理。

行至运城市附近，车慢慢停下，但并不是车站，而是停在了荒野。

印象中我是下了车，抬头，蓦然间发现了一个大湖，湖之大，一望无际。在我的印象中，山西大部干旱缺水，山连高岭，沟壑纵横。可怎么这里会有一个烟波浩渺的湖泊？殊是令人惊奇！总觉得自己沿湖边走了几步，鞋上也因此留下湖边泥土的气息。不远处的湖边，似乎有一些发干的野草，稀疏，在微风下轻轻地摇动，还感觉到有些冷。这是实情，还是幻觉？时间太久了，难以分辨清楚了，可眼前总有这个画面在晃动。

从此，山西有一个美丽的大湖就深深地印在了心底，这无异于沙漠旅行者曾经遇见过的清泉和绿洲，觉得是一次奇遇。后来才知道，是自己贫乏而寡闻，才会产生这样的感觉。这个位于山西晋南盆地的盐湖——主要产食盐与芒硝，自古及今都很有名，而且古代的名气远胜于今。"面积约132平方公里，已有4000多年的开发历史"[①]，在运城市人民政府的网站上，将其称为"运城盐湖（中国死海）"。

将运城盐湖称为中国死海当然是旅游的需要，其实，运城根本不必借助于"死海"的名气，"死海"的名气在中国也不够响亮（当然，我理解其意，是说运城盐湖的黑泥具有"死海黑泥"的保健特征）。在中国漫长的历史中，盐湖对文明之光有贡献，其不仅有着厚重的文化底蕴，更是历代持久的经济资源，另外，其自身的风光特色也足够吸引人。记得太湖中的鼋头渚上刻有"包孕吴越"四个大字，借来，可称运城盐湖

---

① 《运城盐湖（中国死海）国家AAAA级旅游景区》，2020年12月15日，https://www.yuncheng.gov.cn/doc/2020/07/21/71095.shtml，访问时间：2023年6月26日。

"包孕三晋"。这不是过誉,如果钩沉远古历史,还相当的谦虚。

按钱穆先生的观点,盐湖一带是炎黄间"阪泉之战"的发生地,是炎黄与蚩尤间"涿鹿之战"的发生地,前文曾述及风后帮助黄帝战蚩尤,由此可以理解,为什么风后墓在晋南,战场就在这里。

黄帝又与神农"战于阪泉之野",阪泉在山西解县盐池上源,相近有蚩尤城、蚩尤村及浊泽,一名涿泽,即涿鹿矣。然则黄帝故事,最先传说只在河南、山西两省,黄河西部一隈之圈子里,与舜、禹故事相差不远。①

很显然,族群之间在盐池周围爆发战争,很大程度上是为了占有盐业资源。不止是盐,恐怕还有铜。盐湖南边就是中条山,中条山富于铜矿资源,从古代传说故事中我们可以看出一些端倪。只有蚩尤一族所使用的工具或武器中有金属制品,比如说蚩尤为"铜头铁额""兵杖刀戟""剑戟戈矛",这反映出该族或已有了铜器,即利用了中条山的铜矿资源。绛县西吴壁冶铜手工业遗址是目前中原地区时代最早、规模最大的冶铜遗存,填补了当时青铜产业链中的空白②;山西夏县在东下冯遗址和崔家河遗址的考古发现主要是手工艺品青铜铸件,碳-14标志物测定距今3500～3900年③;襄汾陶寺遗址出土的铜铃、铜齿极为精美,甚至可以认为是现代工艺的产品,其年代为公元前2300—前1900年④。这些地方,都可认为是盐池中条山周边的地区。从这些青铜制品再往前追溯几百年,就是五千年的历史了,可旁证蚩尤一族(或别的部族)已经开始用铜。而黄帝一族用的却是阵法,驱猛兽为伍,说明人多势众,以

---

① 钱穆:《国史大纲》修订本(上册),商务印书馆,1994,第10页。
② 胡春良:《填补中国青铜时代空白的绛县西吴壁遗址》,《铸造设备与工艺》2019年第4期,第64-66页。
③ 胡春良:《山西夏县的古代铸造件》,《铸造工程》2019年第6期,第67-70页。
④ 胡春良:《山西省襄汾县陶寺遗址出土的铜齿轮》,《铸造设备与工艺》2020年第1期,第47-48页。

游牧为主，更何况还有"力牧"（另一支近草泽强有力的游牧部族）的帮助①。

蚩尤战败了，大部分部族迁徙了，全国很多地方都有蚩尤的踪迹，比如蚩尤冢，其实是后人的追记，可理解为衣冠冢。还有一部分后裔仍在当地生活，如今的蚩尤村有几千户的人家。

我偏于认同"涿鹿之战"发生在盐池周边。首先，这是古冀州，是最早的"中国"（"中国"一词最早见于何尊，指洛阳），属于中原地区，气候条件最适宜生活繁衍。对部落时代的人来说，争取到条件好的地带生活当然是第一选择。其次，是从唯物主义的观点来考虑问题：此地离海尚远，离贺兰山西侧的产盐区更远，也就是说，在北方内陆区，这里几乎就是唯一的产盐地。历史上的潞盐（或解盐）出名，也因为难以获得域外资源。盐对于人的重要性，无论怎么形容都不过分，盐甚至可被认为是维持权力运作的工具，故而为了占有盐湖资源不惜发动战争。至于铜，则意味着肢体的延长。人是能够制造工具并使用工具的动物，有铜矿资源，意味着工具、武器的改善。总之，击败对手后，就掌控了盐湖周边的盐业、铜矿资源，以及肥沃的土地资源，这些资源，成为支撑黄帝成为天下共主的重要条件。

日本著名学者宫崎市定曾言：

中国最古的文明，实起于河东盐池附近，我想夏商周的国都，大体上都位于消费河东盐池的地区，毫无疑问，盐就是三代文明的经济基础。（《亚细亚历史研究·历史与盐》）②

天造地设盐池，必有神主之，神为"灵庆公"，唐代所封，至宋已

---

① 钱穆：《黄帝》，生活·读者·新知三联书店，2004，第12-18页。
② 宫崎市定：《历史与盐》，收入《宫崎市定论文选集》下卷，中国科学院历史研究所翻译组编译，商务印书馆，1965，第219页。

加封为王。池神庙中除有"灵庆公神祠"外，还供奉太阳神、风神，三神祠比肩耸立。供奉太阳神、风神，显然是为了借助神力加速蒸发，以利盐业生产。历代祭祀神祇，留下了大量碑刻，惜大多毁于战火。池神庙创设于唐大历十二年（公元777年），是一处恢宏的建筑群，雕梁画栋，斗拱飞檐。池神庙有戏台——我在山西考察，所见太原晋祠、介休源神庙、霍泉水神庙都有戏楼，看来山西的庙宇普遍具有公共服务功能，非只为宗教场所。

池神庙所在，相传为舜帝抚琴唱《南风歌》的地方，故可认为池神庙是循圣迹而建。明代建有歌薰楼，《新建歌薰楼记》曰："有虞氏谈五旋之琴，歌南风之诗，迄今洋洋盈耳。相传以为南风起盐始生。"①

南风之薰兮，可以解吾民之愠兮；
南风之时兮，可以阜吾民之财兮。

这就是世传舜帝抚琴所唱的《南风歌》。舜为什么要歌南风？风可以加速空气对流，促进盐的结晶生成，于是可以"解吾民之愠"，可以"阜吾民之财"。为舜帝歌南风作注脚的，是科学研究给出的结论："山西运城盐池为最早开发的盐湖之一，据制盐工艺考证和 C^{14} 年代学研究，证明中国先民在运城盐湖用天日映成法（靠太阳暴晒而自然结晶）采盐已有4000多年历史。"②夏商周断代工程认定的大禹建立夏朝在公元前2070年前后，也就是说，大禹的时候，先民们已完全掌握了晒盐技术。

舜帝歌南风，伴奏用的是琴，是弦乐。这让我联想到陶寺所出土的鼓、磬等打击乐器。无疑，那时，音乐已经成为重要的礼器，也成为人们生活的一部分了——喜欢听悦耳的声音，当是人的天性。伴随着先民们的生产劳动，所出现的木、石、金属撞击声，就是打击乐。

---

① 刘合心：《池神庙与〈南风歌〉》，《中关村》2006年第7期，第118-119页。
② 王梦飞：《神秘的运城盐湖》，海南出版社，2009，第7页。

歌薰楼所在，地势高，视野开阔，是盐池观景的最佳所在，后侧有华美的牌楼一座，再后侧就是规模庞大的池神庙主体建筑群。整个池神庙建筑群坐北朝南，建造在一道高岭之上，由歌薰楼南望，中条山纵横东西，而脚下与眼前，就是一带盐池，池平、山秀，江山如画。

歌薰楼、盐湖与中条山

我抵达池神庙，刚进入五月下旬，不想连续三天的高温，地面出现了很强的炙烤感，按时令，似乎不应当这么热，也许有地理因素。这种炎热正有利于盐业的生产，"河东盐池所在的运城盆地，夏季是华北最炎热的地区之一，这一季节的东南季风穿过中条山谷地，由于狭管效应，风力加强，猛烈地横扫盐池，成为池水成盐的有利条件"。这是解州盐池博物馆的展板说明，其清晰地解释了舜帝要歌南风的物理机制，在这种机制之上加上人们的希冀，于是就有了神，就有了帝王的歌咏——事实上是"祈风"。

盐湖无时不在造福人类，并留下了丰富的文化遗存。如今，运城以盐池、池神庙为依托，修建了"河东盐池博物馆"，博物馆内容非常丰富，将运城盐湖的前世今生，将与盐相关的主要内容诸如盐湖的形成、盐业开采、售卖、管理机构、盐池防护、盐池文化、盐池人物等内容，以图、文、实物等形式表现了出来。盐池文化，是黄河文化中的特色文化。

如同诸葛亮在都江堰置官驻兵一样，曹操曾在运城盐湖设置"司盐都尉"，派兵千员。对三国纷争来说，这属于重要的经济行为，实际上是军备的一部分。事实上，从上古一直到近代，盐池都由官方管理，参与管理运城盐池的盐官，不乏治世之能臣，如宋之包拯、清孙嘉淦、张之洞、曾国荃……这个名单可以开列很长，略之。盐池重要，有时皇帝也会亲自驾临视察，如周穆王、汉成帝、汉章帝、唐太宗、康熙皇帝等。

总之，从上古炎、黄、蚩尤中华三祖，到尧、舜、禹相继在晋南建立都城，以及后来的商、周势力延及晋南，盐湖地区所具有的盐业资源、铜矿资源是重要的吸引力，二者是社会发展过程中的重要物质基础，因而盐池博物馆认为"运城文明在一包盐之中"。事实上，在长久的历史中，盐湖资源的开发与利用一直都受到国家的重视。

八、禁墙与盐湖防洪

如果你看到了城墙，看到了谯楼，看到了瓮城，看到了吊桥，看到了墙外的护堑，那么，你会认为城墙内是什么？

上面所涉及的元素，都是古代为"城防"安全而设置的元素，墙内当然会是城市，如此明显的答案！

事实上未必，这里所说的，仍是盐湖。是的，运城盐湖。面积这么大的一个天然湖泊，被城墙完全包围了起来。

为什么要这么做？盐湖确实是太重要了！

柳宗元："猗氏（解池）之盐，晋宝之大者也，人类赖之与谷同，化若神造，非人力之功也！"① 封建社会两千余年，有千年以上的时间内，运城所产之潞盐，解决了约 1/3 中国人的吃盐问题②。有盐，就出现了盐商，战国初年的鲁人猗顿因经营河东盐池而成为大商人，《史记·货殖列传》对其有记载。运城盐业税收，唐时占全国的 1/8，宋时占全国的 1/6③，其在经济上的重要性，由此可见一斑。盐池博物馆的展板上说，盐池为晋商之源，我觉得颇有道理，这实是文化上的追踪。有鉴于此，政府在盐池的安全上把它当作一个城池来建设，于是就有了不称为城墙的禁墙。运城，也因为盐湖的存在，成为我国唯一的"盐务专城"。④

现在的禁墙为全国重点文物保护单位。禁墙标示显示如下信息：

盐池禁墙周匝长 116 华里，修筑于明成化十年（公元 1474 年），高丈余。正德十二年（公元 1517 年）再次加修，并增东禁门、西禁门。清代以至民国沿袭未变，经年修缮维护。主要功能有：（1）防止客水侵入池内；（2）防止盗盐；（3）加强盐工管理。（华里：中国的长度单位，1 华里等于 500 米。）

所谓"客水"当然是禁墙之外的水。禁墙的第一位功能居然是防洪，防洪当然是水利的重要内容。因此，盐池水利，就成了盐业生产的重要保障，史书上，对盐池水利有专门的篇章，所谓"治水即以制盐也"。鉴于盐池与水的关系密切，故而《水经注》中有较多与盐池相关的内容。

---

① 《柳宗元集》卷十五《问答·晋问》，中华书局，1979，第 424 页。
② 王梦飞：《神秘的运城盐湖》，海南出版社，2009，第 11 页。
③ 山西运城盐湖：《人类文明的衍生地》，《中国盐业》2011 年第 19 期，第 58-60 页。
④ 柴继光：《运城——我国唯一的盐务专城——运城盐池研究之九》，《运城师专学报》1986 年第 2 期，第 71-74 页。

盐池水利的内容（摄于解州盐池博物馆）

《水经注》中有关盐池的内容（摄于解州盐池博物馆）

在当年的荒野，我没有看到任何禁墙的残迹，旧时规模宏大的禁墙在清末因为失修已经残败，至新中国成立之前，禁墙已成断壁残垣，狐兔据以为穴。当年火车停在湖畔之时没看到残破的禁墙，或可能是自己没背景知识，不曾注意。因而，所看到的是并无阻挡的盐湖，视觉上其与一般的湖泊没什么区别。

事实上，运城的盐湖是多彩的，在不同的温度下，在不同的水深和环境条件下，盐湖会呈现出不同的色调，色彩有浓有淡，有深有浅，所呈图案有条状的、方形的、圆形的、不规则形状的。对此，有的说这是大地的调色盘，或者，上帝的调色盘。这些说法都极富想象力。但我却以为，这种说法还欠全面，因为忽略了色块间的线条，那巨大的色块和线条构成了任凭人想象的抽象画。

无疑，盐湖中大片的红色最为抢眼。鉴于有黄帝战蚩尤的神话，后人描述盐湖中的红色为"蚩尤血"。

北宋沈括《梦溪笔谈》：

解州盐泽方百二十里，久雨，四山之水悉注其中未尝溢，大旱未尝涸。卤色正赤，在版泉之下，俚俗谓之"蚩尤血"。[1]

现在科学研究证明，那大片的红色为"红色盐藻"[2]，这再一次告诉我们，神话传说中的某些神奇描述，可能有客观现实的基础，比如，这里的"蚩尤血"说法，将神话和自然现象结合在了一起。

上引钱穆先生之文"阪泉在山西解县盐池上源"，此处沈括之文为"在版泉之下"。对照来看，"版泉"当为"阪泉"。阪同坂，斜坡之意。山陕之地，以"坂"为地名最多，如潼关之黄巷坂，太行陉之羊肠坂，平陆有"虞坂"，展开地图，会发现更多的以"坂"为名的村镇。另有黄帝擒杀蚩尤，解之于盐池，血化为卤，故名其地为"解"的说法。盐池所在，正属于解州。有如此多的"草蛇灰线"，则于盐池上源找到长坡，找到泉——山西泉流众多，当不是难事。果真如此，则当年炎黄大战的具体地点就找了出来，说不定还有更多的考古发现来佐证，这意义不是很大吗？

下面，我们将目光再转回盐湖的安全。

---

[1] 沈括：《梦溪笔谈》卷三《辩证一》，大象出版社，2019，第22页。
[2] 王梦飞：《神秘的运城盐湖》，海南出版社，2009，第23页。

现代防洪靠什么？水库（大坝），堤防，蓄滞洪区。水库可以拦洪，堤防可以挡水，蓄滞洪区可以分洪或滞洪，或者，三位一体。

《读史方舆纪要》："水出石盐，自然凝成，朝取夕复，终无减损；惟暴雨霖潦，潢潦奔轶，则盐池用耗。"[①]看来，影响盐池安全的第一大因素是洪水。

正因为如此，比之于今日的防洪体系，盐湖还多了一种重要的防洪手段：禁墙。

湖泊，一般是要接纳河水的，湖泊要防止洪水涌入，这首先就会令人感兴趣。盐湖的防洪手段有蓄滞洪区、堤防、行洪渠道，这与城市的防洪规划完全一致。但凡蓄滞洪区（这里为盐湖周边之滩地），都是非常情况下才使用，我们不去谈它。盐湖的堤防，按沈括的说法，"筑大堤以防止（巫咸水），甚于备寇盗"。可见堤防之大。巫咸水，即今白沙河，北魏都水校尉元清所开。巫咸水曾因破堤漫溢，使浊水入盐池，为盐业生产造成很大破坏，后隋都水使者姚暹为盐湖开掘防洪渠道，后世称之为姚暹渠。[②]

显然，禁墙的设置，对防洪来讲，是多了一重安全系数，乃"湖防"也。

可盐业生产离不开水，因而还有极高明之处，即在绕湖一周的禁墙上设置水眼。这样，禁墙既能挡水，又能在极度干旱之年通过水眼将湖外的水引入湖中。你见过哪座城池的城墙上设置"水眼"供汲水之用吗？禁墙"水眼"之设置，对我这个学水利的人来讲，也颇感惊奇，真是极富巧思。禁墙，成了平衡的边界，成为维持以客水进行盐业生产和防止客水对生产造成侵害的边界。

---

① 顾祖禹：《读史方舆纪要》卷三十九《山西一·山川险要》，中华书局，2005，第1793页。
② 韩睿、朱润娇、王海燕、薛吉信：《运城市盐保中心开展盐湖水系调研第八十六天——走进夏县白沙河》，2021年12月29日，https://baijiahao.baidu.com/s?id=1720433993476058153&wfr=spider&for=pc，访问时间：2022年12月20日。

禁墙的存在，使湖泊成了"城"，名副其实的"盐湖城"。不！盐湖+运城市，才构成今日完备的"盐湖城"，运城因盐湖而兴，因盐湖而荣，盐湖是运城闪亮的明珠。

运城盐湖，其开发至少有4000年了，作为资源性的湖泊，即或是说其地处卑下，湖水不会干涸，何以盐业资源不会穷竭？一个主要原因是地下汇水带不断为盐湖带来"动储量"[①]，正因为此，运城盐湖保持了永远年轻——可持续发展。但不可不知，世界上有的盐湖死亡了，如美国的西尔斯盐湖；有的不断萎缩，如中东地区的死海，其水位在不断下降。这给我们带来警示。现代工业的开发能力是极强的，但为了资源的可持续发展，盐湖现在实行保护性开发。我十分赞成保护性开发的做法，现代人对资源的开发比不得古代的时候，现代人的技术手段太过强悍。任何竭泽而渔的行为都值得怀疑，资源，是可持续发展的基础，任何依靠资源而建立起的一方文明和繁荣，当资源枯竭时，都会面临困难，如果这种资源是水，则影响愈大。

九、汾河絮语

我曾多次见过汾河。

汾河是山西省内最大的河流，为黄河的第二大支流，有山西母亲河之称。汾河谷地经过了两个盆地：太原盆地、临汾盆地，两者都是膏腴之地。通常，河流盆地都是沃壤。

那是在20世纪90年代初期吧，初见的汾河，呈灰白的状态，缓缓流过太原市郊，连涟漪都不曾有。那时的汾河水量似比现在的大，河岸也未曾修整，完全的自然状态，依稀的印象，河畔尚有水草芦荻。北方地区，能有这么一条大河静谧地穿市而过，对城市、对居民，都是幸福。

---

① 王梦飞：《神秘的运城盐湖》，海南出版社，2009，第16页。

那次，我去看了晋祠。通晋祠，只有一路公共汽车，是那种只有一节的公共汽车，车开得很慢。路两旁，可见排水沟，沟水表面浮现着煤灰，连路面都呈现灰黑的色调。那时的空气环境质量较差。

晋祠为晋源，《山海经》曰："悬瓮之山，晋水出焉。"那次我也爬上了悬瓮山，山上一片衰草，没有树木，时在秋后。我熟悉水灌晋阳的故事，智伯渠发源于此。流淌了2000多年的智伯渠，大约在20世纪90年代末期被填平了，原因是晋源泉流的枯竭。晋水为汾水支流。

后来去过多少次太原，却是忘记了，每一次的感受都不同，只觉得汾河两岸越来越美。印象中，太原市整治汾河还得了联合国人居奖，确实，在以后的岁月中，感觉太原市的空气质量、环境质量比之于初次的汾河行，不知改善了多少。近年，我曾独立于河畔欣赏汾河的夜景，彩灯将汾河装扮得光怪陆离，多彩的河岸，多彩的桥，镜像的水面，如幻境般美丽。

由于多次与汾河有过近距离的接触，对汾河的新闻，我也会多加关注。2021年，山西境内的汾河、沁河、浊漳河都出现了洪水灾害，其中沁河出现特大洪水，汾河也因洪灾造成了巨大损失。汾河洪水出现于国庆长假期间（称"10·5"暴雨），汾河下游堤防决口，电视画面显示，洪水一片白茫茫，南同蒲铁路路基被冲垮，铁路高悬，村镇遭淹，文物古迹遭袭。洪水过后，我与几位专家一起到沁水流域进行了专业考察，其中一项就是洪水状况。回来之后，除了专题报告，还写了本书中的"第十章　沁水清、丹水清"。

人们或许会有疑问，何以年年治水，还会遭遇水灾？

治水，与人类的文明史一样久远。窃以为，河流有洪水才是正常现象。河流过几年发一次洪水，有利于河流健康，也是河流生命力的表现，对河道生态有利，河滩地遭遇有限的淹没也会变得肥沃。期望河流永远不发洪水既不现实，也不可能，指导思想也不对。如此大的流域面积，天气状况由老天爷把控，只要碰到极端天气，就一定会有洪水，洪水现象将永远存在，因而河滩的存在是必需的，河滩地上的河卵石，就是河流宣示领地的标记物。任何防洪工程，都有洪水的设计频率，洪水超过设计标准，就超过了工程的控制能力。人们在一定程度上能够控制洪水，但不要试图完全控制住洪水。人们建造防洪工程以及进行各种努力，是要尽可能地减少损失，所谓趋利避害是也。但过犹不及，凡事做过头了，利弊关系也会产生转化。

初欲在汾河上修水库得水利、避水害，时在民国年间，涉及山西的治水先驱、延聘的美国工程师、抗日战争胜利后留用的日本工程师等。坝址的最终确定获得了苏联专家的帮助。梦想的实现是在新中国成立之后。1958年，上马修建汾河上的第一座大型水利水电工程汾河水库，而同时期，黄河干流上大型水利水电建设如火如荼。汾河水库是中国最高的水中填土坝，"当时国内外没有工程实例可以借鉴"[1]。有鉴于此，汾河水库在坝工建设史上占得一席之地。

汾河水库的功能之一就是防洪。此外，汾河水库还有一个角色，山西重要的地表饮用水水源地，如今的汾河水库，水质达到了二类水质标准。中国许多水库都具有饮水的功能，例如，密云水库对于北京，其重要性无须再表。洁净的饮水，是影响人民生活健康和人均寿命延长的重要因素，而地表水的储存无疑需要依靠水库。

汾河水库位于娄烦县，属于汾河的上游段。娄烦（楼烦）是一个古地名，春秋时有古娄烦国，其接受周王的册封，本是娄烦之戎生活的地方。至战国，娄烦被赵武灵王所灭。赵武灵王不仅实行了"胡服骑射"

---

[1] 黄河水利委员会、勘测规划设计研究院编《黄河志》卷九《黄河水利水电工程志》，河南人民出版社，1996，第358页。

的军事改革，还能用娄烦的胡兵，这当是赵军强大的一个原因，胡兵通常有着强悍的战斗力。"主父（赵武灵王）行新地，遂出代，西遇楼烦王于西河而致其兵。"[①] 廉颇晚年受邀而客居楚国，曾感叹楚兵不如赵兵，大约是从身体素质上说的，赵兵中该有胡兵，廉颇的主要军旅生涯是在赵惠文王（赵武灵王之子）时期及之后。今娄烦县有娄烦古城遗址，为全国重点文物保护单位。比娄烦古城古老得多的是山城峁遗址，处于汾河水库西岸，为一处仰韶晚期文化和龙山早期文化遗址，山西省文物保护单位。众多的考古学证据充分证明了汾河流域是黄河中游地带一处重要的人类文明发祥地。

  我参访汾河水库是在阳历四月中旬。在水库管理人员的陪同下，参观了大坝以及发电厂。坝上游，水面无际，天气晴好，阳光明媚，水的颜色介于绿与蓝之间，而坝坡之上的水体，因为相对较浅，颜色的浓度变淡。风稍大，库面虽未现波浪，但坝坡面上却有水体往复荡起的浪花。坝下游，左侧为平整的台地，但右侧却为窄深的峡谷，由上游顺河吹来的风，汇聚于右侧，形成威力强大的风流，人于右岸坝面难以立身。坝下游的台地，则仍为平静的世界，因而在此停留了不少时间，盖因为水库管理局所做的"文化建设"所吸引：有红色岩面的浮雕，在讲述汾河水库施工过程中的故事；有黑色岩面的浮雕，在讲述古人治水的故事；多处的拾阶亭台，均有让人阅后难忘的楹联佳句，写山，写水，写情，写景。特别值得一提的是，坝下游立有原山西省委第一书记陶鲁笳吟诵汾河水库的诗句，其中有一句是"治水必治山"。我认为此诗句颇得治水之高妙，有指导意义。山有良好的植被与生态，可以涵养水源，使河流有持续的基流；可减缓地表径流的形成，有益于防洪；可减少水土流失，以减少泥沙对河床的淤积，减小河床的萎缩——不单指汾河，而是具有普适性。

---

① 《史记》卷四十三《赵世家第十三》，中华书局，1982，第1813页。

常翻阅《水经注》，汾河发源于管涔山熟记于心。《山海经》："管涔之山，汾水出焉。"《水经注》沿袭此说。2011年，山西省水文水资源勘测局重新确定汾河的源头是神池县太平庄乡西岭村①，这是专业机构公布的结果，具体细节不清楚，不知是否为官方所核准。在2017年出版的《黄河志·黄河流域综述》中，仍然记载为"汾河发源于山西省宁武县管涔山"。②本人赞成以科学手段确定河流的源头，但河源在哪里不只是科学问题，还涉及历史、文化，要照顾到传统，盖因河源之处，往往泉流细小难辨，容易导致分歧。

汾河古有航运之利，从"泛舟之役"算起至今有两千余年。汾河上航运的彻底绝迹发生在1963年。"'泛舟之役'是汾河航运的最早历史记载，同样是运粮，1963年河津缺粮，政府调集二十艘船只经汾河运送粮食，这成为汾河历史上的最后一次航运。"③其实，宋以后汾河流域生态状况已经开始受到人类活动的巨大影响，主要是滥采滥伐，反映在航道上，即航运功能的逐渐降低。明清期间，汾河的航运功能已经很有限。笔者曾利用史念海先生专著中森林变化的图像资料进行估算，算得黄河与汾河间的森林在不同时期，即两周、秦汉、唐宋及明清时期的面积，分别是现代面积的3.26倍、3.17倍、2.87倍和1.41倍。这几个数据，很好地诠释了汾河的航运功能逐渐走低的原因④。另外，河流的下游，有赖于上游的保护，如果上游植被破坏，则下游一定灾患多⑤。

---

① 《〈典出山西〉特别节目：管涔之山 汾水出焉》，2018年4月18日，黄河新闻网：https://baijiahao.baidu.com/s?id=1598037838094173389，访问时间：2022年12月20日。
② 黄河志编纂委员会编《黄河志》卷二《黄河流域综述》，河南人民出版社，2017，第38页。
③ 《〈典出山西〉特别节目：管涔之山 汾水出焉》，2018年4月18日，黄河新闻网：https://baijiahao.baidu.com/s?id=1598037838094173389，访问时间：2022年12月20日。
④ 史念海：《黄河流域诸河流的演变与治理》，陕西人民出版社，1999，第179-250页。
⑤ 孟万忠、王尚义、牛俊杰：《汾河上游流域人类活动影响下的森林覆被变化》，《太原师范学院学报》（自然科学版），2007年第1期，第75-79，110页。

十、河汾治水人

治理河流灾患，是亘古以来的任务。本节将述及河汾间有代表性的几位治水神、治水人，他们或在河汾间治水，或籍贯在河东而效命于国家。

最早在河汾之间治水的有鲧、禹、台骀，其中台骀是治汾的主角。《春秋左传诂》载：

> 台骀能业其官，宣汾、洮（即涑水），障大泽，以处大原。帝用嘉之，封诸汾川……由是观之，则台骀，汾神也。①

台骀大约是与禹之父同时代的人，因治水之功，被封为汾神。

按清人胡渭的说法：

> 川宜宣，泽宜障，此一定之理。鲧欲继台骀之业，而以治泽者治川，以害人者救人，能不败乎？②

胡渭的评述非常重要，即河流之洪水需要宣泄，而湖泽之水须用堤防障之，各有相宜之法。古代的汾河谷地多有薮泽，结合《春秋左传诂》记录，可知台骀做到了宣、障并用，故能成其功而被封神，后形成了汾河流域特有的台骀信仰③。汾河上、中、下游均有台骀庙，其中下游侯马的台骀庙规模最大，初创于春秋时期，历史久远。这最可以理解，侯马一带，为汾浍之地，土厚水深，晋之都城新田就属于今之侯马。外延一句，我在山西文物精品清华展中看到了侯马出土文物"侯马盟书"，其写在玉片上，为毛笔书写。"侯马盟书"是"继河南安阳殷墟甲骨文、商周时期铜器铭文、战国至汉代竹简以来，中国早期文字的又一重大发现"。④河流的安

---

① 洪亮吉：《春秋左传诂》卷十五《传·昭公一》，中华书局，1987，第642页。
② 胡渭：《禹贡锥指》，邹逸麟整理，上海古籍出版社，2013，第34页。
③ 张俊峰：《神明与祖先：台骀信仰与明清以来汾河流域的宗族建构》，《上海师范大学学报》（哲学社会科学版）2015年第1期，第132-142页。
④ 田建文：《考古解开"晋都新田"之谜》，《人民日报》2022年4月2日07版。

全，事关晋国都城的安全（晋景公将都城由绛迁往新田，为晋国新都城，史称新绛。如今的浍河水库岸边，就是春秋时期晋国的都城新绛①。晋国最辉煌时期都城在绛，旧绛与新绛距离在 20 公里左右，二者都在汾浍之间），官民都会重视汾神祭祀，此处台骀庙规模宏大，合乎情理。

次及宋人司马光，兼及文彦博。

说司马光是北宋政治家，历史学家多晓之。而关于司马光涉及治水事，人们或多生疏。可司马光确实有治理黄河特大灾患的经历，古代的治河人都是官员，司马光有这样的经历，当然就属治河人中的一员，恰如水利部公布的第一批治水名人中的苏轼，苏轼在担任徐州、杭州、儋州知州时都有治水功绩，如修筑了人们熟知的杭州苏堤。

由于黄河迁徙、南北决的过程复杂，涉及的人、事、时间、地点多，这里尽量简化，粗线条交代一下司马光参与治理河患的背景及过程。

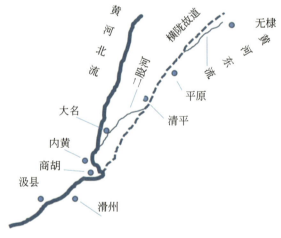

北宋东流黄河与北流黄河示意图（据《中国水利发展史》改绘）②

---

① 浍河流域与沁水流域紧邻，东侧为沁水流域，沁水县一带有旧人类文化遗址——下川遗址。该遗址首次发现旧石器晚期的火塘、石磨盘，并发现有重要矿物赤铁矿。沁河流域有丰富的舜帝、汤帝文化传说。要之，这一带，历史文化非常丰厚。

② 姚汉源：《中国水利发展史》，上海人民出版社，2005，第 189 页。

北宋，河患多，尤其是接近后期，决溢频繁。宋仁宗景祐元年（公元1034年），河决澶州横陇埽，黄河向北迁徙，决口久不塞，任其自流，形成横陇河道。至庆历八年（公元1048年），河决澶州商胡埽，大河进一步向北迁徙。清人胡渭曾提出著名的黄河五大徙之说，此为第三次大徙。

这次大徙，引起了朝堂激烈的争论，即"北流"与"东流"的争论。"北流"派认为河不可回归横陇故道，黄河北流，优点多；"东流"派意见与之针锋相对。

欧阳修反对堵北决，反对让大河重新回归横陇旧道。欧阳修的视角偏重技术上的"可行性"，与其他的朝堂上对决的观点无多大关系。宋仁宗至和二年（公元1055年），欧阳修上书朝廷，言辞非常犀利，《宋史·河渠志》中附载有欧阳修奏章。其言曰，使黄河回归横陇故道，"不量人力，不顺天时，知其有大不可者五。……今欲逆水之性，障而塞之，夺洪河之正流，使人力斡而回注，此大禹之所不能"。[①]

宋神宗即位，年号熙宁。元年（公元1068年），有司提议开二股河，将大河导向东流，同时都水监同意闭塞北流。看前文所附简图即知，这事实上还是让大河回归旧道，只不过需要挖一段新河。

司马光所承担的工作就是现场调研，调研新堤防建设、开挖二股河及相关的问题。

司马光给朝廷的汇报意见为：赞成开二股河，但对闭塞北流持不同意见，认为还需要在黄河上做些河道工程，等上四五年，待二股河冲深，再行闭塞北流——司马光走的似乎是中间路线，不急于闭塞北流，也不说不闭塞北流。

于是，朝廷决定让司马光担任"施工局长"，负责挖河。

---

① 《宋史》卷九十一《河渠一》，中华书局，1985，第2268-2269页。

事有蹊跷，有个人给皇帝讲了这么一句话：认为委派司马光挖河是委屈司马光，"非所以褒崇近职、待遇儒臣也"。

朝廷因此而收回了成命。

给皇帝提意见的话读起来使人颇感不舒服，但却说明了一个问题，有宋一代，士大夫阶层宁可以浅斟低唱换浮名，也不愿意从事实务。人说宋朝弱小在于兵将两不相知，此诚然是事实，但与士大夫阶层看不起实务，不重视实践也有关系。这种流弊，非只是宋朝所仅有。至清情况大有改观，河官地位崇高，除具有总督的头衔，一般还兼有尚书（或侍郎）、都察院右（副）都御史衔，说明了对河务的重视。

此为熙宁二年（公元1069年）事。

这一年王安石开始变法，史称"熙宁变法"，为中国历史上的大事。日本学者吉冈义信认为："北宋时期的商胡北流成为王安石革新政治的起因。"① 这就将变法大事与治水结合起来了。

少年时我曾读过王安石的《答司马谏议书》，如今尚能记得几句："昨日蒙教，窃以为与君实（司马光）游处相好之日久，而议事每不合，所操之术多异故也。"读此文，知道了新旧党争，王安石、司马光分别为新旧党的代表人物。

这里的"所操之术"，当是治国理政之"术"，不是治河"术"。但在治河上，王安石与司马光意见也确实不合。至于个人关系，按王安石的说法，是"与君实游处相好之日久"。这我相信，政见不同，未必就一定影响私人关系，如苏轼反对王安石变法，在苏轼陷入"乌台诗案"后，王安石一样出手相救，后才有苏轼的黄州之行，即被贬为"检校尚书水部员外郎黄州团练副使"，这个职务或可能与水利有关或人事关系归属于"水部司"。

---

① 吉冈义信：《宋代黄河史研究》，薛华译，黄河水利出版社，2013，第233页。

第六章 探步河汾

熙宁二年（公元1069年）七月，二股河通水，北流势减，初步有了闭塞北流的条件。八月，司马光仍然反对闭塞北流，其在朝堂上坚持自己治河的"学术"观点，真的颇为难得！司马光虽未被派去挖河，可事实上仍在"治水"。外延一句，或因为司马光于史学上的贡献太大，为政及道德文章太过光辉，《训俭示康》流传太广及以身作则的事迹太过感人，以至于在其墓园的生平展示馆中，未提及司马温公在治水上的经历。

于是，宋神宗和王安石再派人调研，当年，就急急闭塞了北流[1]。

司马光、王安石的意见不合，是不是将政见也混入了治河之中呢？不能妄拟，事太具体，属于急需办理的国家事，不是坐而论道，都会从实际出发。但可以肯定的是，历史上大的水利事件，往往容易与政见、权力纠缠在一起，如北宋时期为给汴河补水，是引黄还是引洛，分属新旧党不同阵营的人就持不同的意见；再如康熙时期的治河，靳辅与于成龙的技术之争最后发展为复杂的官斗。熙宁变法，深得宋神宗的支持，黄河大决口发生在宋仁宗年间，虽也费大力，终未使大河安澜。神宗即位，内忧外患，之所以起用王安石变法，也在于想尽快立下事功。宋神宗挽河东流之心只怕比任何人都强烈，若黄河能尽快回归旧道，有很大的象征意义，是得到了老天爷眷顾的象征，故此而急于闭塞了北流。

这是心理上的分析，是的，新官上任还三把火呢，何况新皇帝登基。我有根据在：熙宁元年宋神宗按传统派人于济渎庙隆重祭祀济水，用于当年祭祀仪式（谓之"投龙"）的白玉被发现，上边有清晰的纪事镌刻；熙宁六年（公元1073年），因为老天爷下了场雪，宋神宗认为是瑞雪，即派元老重臣文彦博去济渎庙"谢雪"，二事见《源远流长·水祭祀大观园——济渎庙》，不赘述。由此可知，宋神宗太希望风调雨顺、海晏河清了。

---

[1] 姚汉源：《中国水利发展史》，上海人民出版社，2005，第178-212页。

这里稍及文彦博。

文为北宋名相，后人尊称文潞公。文也是治水人，对介休洪山水利有贡献。介休洪山泉有源神庙，庙内陪祀尧舜禹的就有文彦博。文为汾州介休人。介休水利就是洪山水利，《洪山水利条规碑》记曰："狐岐胜水，宋文潞公始开三河……计地立程挨次轮转，设水老人，渠长。"说的是文潞公文彦博开三条渠道分水事，"狐岐胜水"指的是狐岐山下洪山泉形成的河流胜水，胜水流入汾河。"计地立程"是根据耕地的亩数分配灌溉的时间……很无奈，于今洪山泉枯竭了，我曾经站在枯竭的洪山泉池旁长时间发呆，而旁边就是雕梁画栋的牌匾，上写："有本者如是"，本意是溥博源流，不舍昼夜，如今反而成了讽刺，泉已竭，本何在？

然而，黄河北流是自然的选择，黄河的东流则是人力所为，很多情况下人力难以胜天。黄河东流八年以后，在南岸大决，看来横陇河道下游淤高了不少，河道行洪能力变差了。复堵之后，又三年，黄河再次北决，黄河第二次北流……此后又经过不知多少的折腾，至1099年，全河北行，东流彻底断流。此后，无人再言挽河东流事。

黄河再次南行，北宋已经灭亡，南行原因是建炎二年（公元1128年）的杜充决河，其影响至今，前边已经提及。

杨一魁，明山西安邑（今运城）人，曾任漕运总督、河道总督，这是与水相关的两个最高职位。

潘季驯第四次任总河，仍采取以前的老办法"以堤束水""束水攻沙"和"以清释浑"，其关键技术措施是加高淮河的挡水建筑物——洪泽湖高家堰。但潘季驯的"高光"时期已过，开始走背运。万历二十年（公元1592年），淮河流域遭遇罕见大水，"泗州大水，州治淹三尺，居民沉溺十九，浸及祖陵"[1]。有人将灾祸归结于潘季驯的治河方略失当，在各方

---

[1]《明史》卷八十四《河渠二》，中华书局，1974，第2056页。

压力之下，潘季驯辞职回家了，后被削职为民。

与潘季驯治河思想完全不同的是"分黄导淮"之说，议论者众，其中以杨一魁为代表。万历二十三年（公元 1595 年），杨一魁以工部尚书兼都察院右副都御史的头衔任总河。针对潘季驯治河出现的问题，杨一魁提出"分杀黄流以纵淮，别疏海口以导黄"①，具体工程措施是：开辟新河三百里，泄黄河水，增大行洪能力；疏浚清口一带的淤沙七里，以改善洪泽湖泄流所遭遇的"肠梗阻"；并在高家堰上修了三个泄水闸，"泄淮水三道入海"。此外，分一部分支流水入江。这些措施条条对症，取得了很好的效果。然而，黄淮运交织的问题太复杂，不久之后，新开河淤平，运道受阻，尤其是万历二十九年（公元 1601 年），黄河再次遭遇大水，上游商丘萧家口（在黄堌口之上游）大决，"全河入淮，势及陵寝"。万历三十年（公元 1602 年），万历皇帝极其震怒，"帝以一魁不塞黄堌口，致冲祖陵，斥为民"②。

我查《明史》，见杨一魁言："善治水者，以疏不以障。年来堤上加堤，水高凌空……滨河城郭，决水可灌。宜测河身深浅，随处挑浚，而于黄河分流故道，设减水石门以洩暴涨。"（《明史·河渠二·黄河下》）。读此文，未觉得有什么不妥之处。杨一魁的问题是河决淹没了明祖陵，其一也；其二，可能是天灾超出了人力可控的范畴。这是两条重要的边界条件。有不可抗力的存在，就难以获得问题的满意解。时也，运也？治水艰难，皇家无情，请勿以成败论英雄。至清，靳辅能放手治河，就在于已不存在对明祖陵的顾虑，外加康熙的强力支持。而靳辅治河有大的成就，其撒手锏就是多设"减水坝"，这不就是杨一魁"设减水石门"的方法吗？

---

① 《明通鉴》卷七十，清同治刻本，第 1382 页，中国基本古籍库。
② 《明史》卷八十四《河渠二》，中华书局，1976，第 2067 页。

康基田是清代山西兴县人。兴县紧靠晋陕大峡谷东岸。康基田家境贫寒，成长艰难。乾隆二十二年（公元1757年）登进士。于嘉庆四年（公元1799年）授其"资政大夫兵部侍郎兼都察院右副都御史，总督江南河道提督军务"①。我初知康基田，是因为检阅《河渠纪闻》，书中有关于曹操将黄河与汴河分开的记述，康氏对河、汴分开的做法大为赞赏，使我印象深刻。其认为，曹孟德之所以为一世之雄，与其在淮水流域大力开运渠、进行水利屯田大有关系。汴渠，在长久的历史中具有舟楫之利的一条河，无论是对当时还是对后世，都太重要了，河、汴分开，从而避免了汴渠的淤积。重视汴渠的淤积问题，是历史的宝贵经验，王景治河，一项重要的措施就是河汴分流，或曹孟德之所行，就在于吸收了王景治河的经验。

康基田是一代水利大家，治水经历非常丰富，足迹遍布黄淮运。在我的家乡河南济源，康基田修过古灌区广济渠（今广利灌区），其身后墓冢也在济源。在河南河北道的任上，每年汛期来临，康都要奉旨襄办淮徐防洪，后调任江南淮徐道。因为精通水利，历练多，其终至总河之位。水利上康有专著《河渠纪闻》，是历代治水经验和自己治水经历的总结。康基田不但是水利大家，且是史学大家，文名远播。②③

我应当多提一句，康基田在广东台山任知县期间，对台山的"四大书院"有贡献④。在文教上的贡献，即如河堤寸寸，泽被后人，会被永远铭记。

---

① 康基田，兴县名人，2021年4月21日，兴县人民政府网：http://www.sxxingxian.gov.cn/zjws/wsgk/kjws/201808/t20180802_770045.shtml，访问时间：2022年12月20日。
② 详参牛寨中、牛苑：《禹后治河又一人：康基田》，山西人民出版社，2013。
③ 张清林、王晋一、李泽琴等：《康基田传略二三事》，《吕梁教育学院学报》2019年第2期，第159-162页。
④ 《五邑文脉"四大书院"200余年"崇文重教"传统不改》，2022年3月23日，https://baijiahao.baidu.com/s?id=1728020670481196624，访问时间：2022年12月20日。

录康基田诗一首：①

> 耄老解组返星轺（yáo），又荷殊荣下九霄。
> 丹桂重开刚八月，白头感遇历三朝。
> 君恩深处言难罄，臣力衰时志未消。
> 载赋鹿鸣还入宴，天香云外姓名标。

时年康基田85岁，中举六十周年纪念。嘉庆帝"加恩赏三品衔"，恩准其参加鹿鸣宴后赴工地任河工顾问。力衰志未消，真正的"老骥伏枥，壮心不已"，令人钦佩。

十一、几处干涸的湖泽、泉流，兼及镇河楼

数十年前，曾为看到盐湖而惊艳，湖面无际；数年前，又因看到霍泉而惊艳，泉水量太大。其实，这都是自己不学之故，原来山西在古代就是一个湖泽大省、泉流大省。

气候变化，历史演进，沧海桑田，使山西变成一个人们印象中干旱缺水的地区。虽然如此，今日也要看到山西在水上的贡献，黄河的许多支流、海河的许多支流都发源于山西，永定河的正流桑干河也发源于山西，所以我说，山西是个河源之省。

今简述几例河汾间的湖泽、泉流。

昭馀祁薮（昭馀祁），大泽也！众多古籍多记之，或称其为全国十薮之一，或九薮之一。昭馀祁，有不同的名字，近邬县者，为邬泽，地在今介休境；近祁县者为祁薮。以汾水为源。介休，因春秋人物介子推守志焚绵上而得名，古代禁火的寒食节，即因纪念介子推而设置；祁邑是太原盆地最早的城邑，为春秋时期祁奚大夫所筑，其"外举不避仇，内举不避亲"

---

① 寇宗基、邱建平：《康基田治河诗简论》，《晋阳学刊》1989年第5期，第107-108，103页。

的故事在历史上流传，祁县近世则因晋商云集而为世人所知[①]。昭馀祁与汾水相通，既大，推测对汾水该有"调节"作用，恰如人所共知的洞庭湖于长江，水大则"吞"之——衔远山"吞"长江浩浩荡荡，水小则"吐"之。有这样的湖泊存在，无论是对减轻水患，还是对稳定河流的水量，都有大的作用。昭馀祁大约在元时干涸，其尾迹时盈时涸。[②]

晋泽，又名台骀泽，其实是晋祠泉最终的汇流地。晋祠泉、晋水、晋泽，三者为一体。清顾祖禹在《读史方舆纪要》中写道："（晋泽）旧为晋水汇流处，蒲鱼所钟。……今泽已干涸。""蒲鱼所钟"四字，令人有无尽想象，分明是一派江南景象。无奈的是，顾祖禹的时代，"泽已干涸"；时至今日，晋祠泉也干了。泉已干，渠已填，泽已涸，再谈"三家分晋"，再谈"水灌晋阳"，已经没有了晋水的载体。

这里，因为顾祖禹"蒲鱼所钟"，让我想起陆游所写下的优美诗句"蒲鱼自足被四方，烟艇满目菱歌长"。其实陆游这两句描写饭稻羹鱼、烟艇菱歌的诗，出自一首极为伤感的诗《丙午五月大雨五日不止镜湖渺然想见湖未废时》，全诗基本上都在写鉴湖堙废所带来的灾患，同时不忘鉴湖为民众带来的富足，将其拿来类比于昭馀祁真是恰到好处，可警示后人。看来，湖沼因人力而堙废，非今日才有。诗太长，今录几句：

朝雨暮雨梅正黄，城南积潦入车箱……直浸山脚白茫茫。湖三百里汉讫唐，千载未尝废陂防……旱有灌注水何伤，越民岁岁常丰穰。

陆游大部分时间都在镜湖边生活，写有不少关于镜湖的诗，关于镜湖灾患的诗也不止一首，其中一首名为《镜湖》的诗更是直接写到人对镜湖的伤害：

镜湖泆（yì，通溢）已久，造祸初非天。

[①] 祁县志编纂委员会编《祁县志》，方志出版社，2018，第1页。
[②] 王京燕：《从文物资料看历史上昭馀祁泽薮的变迁》，《文物世界》2011年第6期，第43-45、60页。

次及鼓堆泉。鼓堆泉共计有泉眼 29 个。

隋开皇年间，已引鼓堆泉灌溉。泉有名，更有名人名文加持。嘉祐元年（公元 1056 年），司马光任并州通判，与同僚游鼓堆泉之后，因"爱其气象之美"，感其有"清明之性，温厚之德"，有"润泽之功""功德及人"，写下《绛州鼓堆泉记》，言辞华美之中，不忘述及鼓堆泉之功能，其曰："（鼓堆泉）水极清洁，洞鉴毛发。盛寒不冰，大旱不耗，淫雨不溢。其南釃（shī，分流）为三渠，一载高地入州城，使州民园沼之用。二散布田间，灌溉万余顷，所余皆归之于汾。"[1] 由此可知，鼓堆泉既作城市水利之用，又溉田，余水归入汾河。

鼓堆泉水资源量有多少呢？山西省的评价结果为年平均 4100 万立方米[2]。足足一个中型水库。无奈的是，这个开发千余年的富民泉，绛州历史上有名十景之一的"石鼓泓泉"，于 1999 年彻底断流[3]。真的是"造祸初非天"！

宋范仲淹的《岳阳楼记》因为被选入课本，人人知道了"先天下之忧而忧，后天下之乐而乐"；明人阎绳芳有《镇河楼记》，虽不是课文，但如作为学生课本的补充读物，也是合适的，因有现实意义，此文告诉了今人该"忧"的一个重要方面。

汾河有支流昌源河，于祁县入汾河。早在明朝，昌源河就被开发，祁人引河灌溉，因之而富足。可昌源河也有发脾气的时候，祁县一带，本为平旷之地，古有湖泊昭馀祁，地势低洼，一旦河流发水，昭馀祁蓄

---

[1] 李玉明主编、王国杰分册主编《三晋石刻大全》运城市新绛县卷下编《佚失石刻·鼓堆泉记》，三晋出版社，2015，第 459 页。
[2] 《石鼓神泓——鼓堆泉》，《山西水利》2010 年第 8 期，第 3-6 页。
[3] 韩睿、朱润娇、焦亚妮、薛吉信：《运城市盐保中心开展盐湖水系调研第五十八天——走进新绛县鼓堆泉之生态篇》，2021 年 11 月 30 日，https://new.qq.com/rain/a/20211130A0CRB300，访问时间：2022 年 12 月 20 日。

积洪水可减免洪灾，而当洪湖沼堙废之后，但遇河流暴涨，则洪水漫漫，村社为墟。为镇河灾，人们在祁县贾令镇修下了镇河楼，因有《镇河楼记》。镇河楼今为全国重点文物，为明代建筑。

《镇河楼记》曰：

正德前，树木丛茂，民寡薪采，山之诸泉汇而为盘陀水，流而为昌源河……溉田数千顷，祁以此丰富。

这是一条小河带来的田园牧歌。

嘉靖初元，民竟为居室，南山之木采无虚岁。而土人且利山之濯濯，垦以为田，寻株尺蘖（niè），必铲削无遗。天若暴雨，水无所碍，朝落于南山，而夕既达于平壤，延涨冲决，流无定所，屡徙于贾令南北，而祁之丰富减于前之什七矣。①

逐年采木，净尽山林，为逐泉利，垦山为田，由此而带来了生态破坏，文中总结得很清楚。为垂鉴后人，特刻石写下了警世之语："勒石垂鉴兮万有千岁。"②

窃以为，镇河楼立于祁非为祁也，为汾也；勒石垂鉴非为晋也，为天下人也。既言之凿凿，观乎今日之湖泽堙废，泉流枯竭，今人何以自省呢？

河流在塑造着大自然。河流的上、中、下游是一个完整的生命体，河流的上游，一般有良好的植被，良好的植被是河流的健康生命之源。上游具有良好植被，至少可为中、下游提供两方面的贡献，一是稳定的基流，二是对河堤提供保护，即不带来过多的泥沙淤积河床，不带来倏忽而至的洪灾，因而能降低洪灾的程度。

《镇河楼记》不长，该说的都说了，是警世之文、醒世之文，是生态保护的科技论文，若选为中学生阅读，就有了较多的受众。

---

① 光绪《山西通志》卷六六《水利略》，三晋出版社，2015，第3201页。
② 王元恺：《禁南山记》，载中国人民政治协商会议平定县委员会文史资料委员会主编《平定文史资料》第14辑《平定碑刻文选》，平定县印刷厂印制，2001，第95页。

十二、一份祈愿：河汾之水，永惠桐封

古冀州之地——山西，可写的东西太多，有待于将来吧。

去山西出差，每次都会带来一些山西特产。小米、黄米、莜面、老陈醋……

我知道晋祠大米在历史上很有名，可没在火车站的超市里看到有小包装的晋祠大米在卖，我希望能买到一点。我知道，我的要求现在还有点奢侈，缘由是，"一条瓜蔓水，十里稻花香"，晋祠大米是由晋源的水浇灌出来的，可现在晋源无水。

> 人说山西好风光
>
> 地肥水美五谷香
>
> 左手一指太行山
>
> 右手一指是吕梁
>
> 站在那高处
>
> 望上一望
>
> 你看那汾河的水呀
>
> 哗啦啦啦地流过我的小村旁

电影《我们村里的年轻人》里的这首歌，国人太熟悉了。

愿"哗啦啦啦"流过小村旁的不仅仅是汾河，还要有晋水、昌源河、浍河、涑水……这里的关键词是"哗啦啦啦"，"哗啦啦啦"意味着河流具有健康的生命力。

元人任仁发《水利集》卷九论曰："夫水利之在天下，犹人之血气，然一息之不通，则四体非复吾有。大而江河川泽，微而沟洫畎（quǎn）浍，其大小虽不同，而其疏通导达，不可使一日之壅阏则可也。"

愿河汾之水，永惠桐封。

第七章　渭水东流

《禹贡》将天下田土计分为九等，雍州，"厥土惟黄壤，厥田惟上上"[①]。可见，雍州之黄土地，为上等中的上等，乃天下唯有的一份。沃土得渭水的滋荣，成为黄河文明的重要发祥地。渭源附近，发掘出最早的新石器时代文化遗址；沣水畔，建立起分封一统的西周丰镐二京；渭水畔，矗立起郡县一统的秦咸阳城；八水绕长安，让人魂牵梦萦……这是一块神奇的土地，上古圣王生息于此，百姓繁衍安居于此，史家于此写出绝唱，诗人于此吟出"剑气"与"月光"，这里有贯通古今的水道，这里有丝绸之路的辉煌与高光……美食、佳酿、信天游、秦腔……一言以蔽之：金城千里，无限江山。

一、从忧虑说起

若干年前，在电视里看到一则消息，说是西安半坡博物馆因为暴雨进了水，有图有真相，着实让人大吃一惊！我参观半坡博物馆是在1986年，转眼，时光走过了38年。之所以让我吃惊，原因在于，依稀的印象

[①] 李约瑟认为《禹贡》为世界上最早的土壤学著作。戴维·R.蒙哥马利，《泥土：文明的侵蚀》："中国自四千多年前帝尧的时代起，就根据九种不同的土壤等级来安排农业生产并制定相应的田赋。对作为中国最早行政区划的九州的土壤性质的认识，成为中国古代经济结构形成的基础。"（《译林出版社》）

里，那是一处以"土"为主的遗址，倘若遭遇"洪水袭击"，会不会影响到这处重要的人类文化遗址的安全？后来再没听到什么动静，推测该是没受到什么损失，也就放心了。后来进一步了解到，半坡博物馆遭遇"洪水"围困不是第一次，这就成了讽刺。古人都懂得"择丘陵而处之"，要避水害，既如此，何以在科技发达的今天，这处人类文化遗址会遭水淹？原来，是遗址周边盖起了林立的高楼，使得半坡博物馆之所在，成了低洼之处，于是，"水文"情势发生变化，出现了洪灾，殃及了古人的"家"，殃及了我国建立的第一座新石器时代人类文化遗址博物馆，成了"文化的遗憾"。这种情况，并非半坡遗址一处独有，遭受洪灾，已成摊大饼式野蛮生长城市的通病，成了"城市的遗憾"。我用"水文"情势变化来描述增多的城市洪灾，是从微观尺度视之。此外，天然河流的水文过程所发生的变化一样剧烈，要不怎么会有那么多断流、干涸的河道，那么多倏然而至的洪灾？譬如2021年郑州的"7·20"特大暴雨灾害。其调查的结论就是一个很好的例证，既涉及城市，也涉及天然河流：总的看，河南郑州"7·20"特大暴雨强度和范围突破历史纪录，远超出城乡防洪排涝能力，全市城乡大面积受淹，城镇街道洼地积涝严重、河流水库洪水短时猛涨、山区溪流沟道大量壅水，形成特别重大的自然灾害。[①] 我注意到了"特大暴雨强度和范围突破历史纪录"的表述，气候变化，是老天爷的事，没有办法，但提高防洪减灾的能力，却是人力可为的事。

二、逆行至渭源：河畔的文化遗址与传说

还是回到半坡遗址。

虽时间过去了几十年，但还是能够清楚地记得，半坡有半地下室的

[①]《河南郑州"7·20"特大暴雨灾害调查报告》，国务院灾害调查组2022年1月，详参 https://www.mem.gov.cn/gk/sgcc/tbzdsgdcbg/202201/P020220121639049697767.pdf，访问时间：2023年6月26日。

圆形房屋，各式各样的生产工具，当然，最亮丽的还是彩陶，这是仰韶文化的特色。据《中国考古学·新石器时代卷》，半坡文化是"典型仰韶文化"。"以半坡文化、庙底沟文化和西王村文化为主干的仰韶文化，被有些研究者称为'典型仰韶文化'，其文化特征主要表现在器物方面。"①

关中地区的仰韶文化遗址，几乎全部分布在河畔，渭河畔和泾河畔的遗址密集程度高，西安一带，因为有秦岭北坡密集的小流域，故而仰韶文化遗址的密集程度最大，这充分说明了文明的肇始与河流的关系，也充分证明渭水流域是黄河文化的中心区域之一。

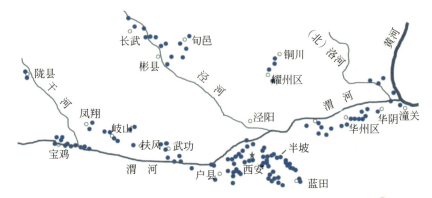

关中地区仰韶文化遗址分布略图（据《西安半坡》改绘）②

半坡遗址，位于浐河旁的二级阶地上。"二级阶地"地势高，可以避水害。此处，依山靠水，是古人理想的"结庐"之地。

司马相如《上林赋》："荡荡乎八川分流，相背而异态"，是对上林苑的描写，据此，后人凝练出"八水绕长安"一语。八水，即泾、渭、灞、浐、沣、潏（yù）、滈、涝。半坡边上的浐河，为"八水绕长安"的河流之一。

---

① 中国社会科学院考古研究所：《中国考古学·新石器时代卷》，中国社会科学出版社，2010，第212页。

② 西安半坡博物馆编《西安半坡》，文物出版社，1982，第5页。

浐河发源于秦岭北坡，其上游有三条支流：库峪河、汤峪河、岱峪河。"峪"指山谷，以"峪"名河，名副其实，山谷本身就是积水区域。人称秦岭北侧有72峪，这众多数目、大大小小的"峪"就构成了渭河的右岸支脉。依我看来，八百里秦川，南边承接的源出秦岭的支流，绝不止72条。秦川一带，或喜欢用"峪"命名山谷吧？恰如阴山前爱用"沟"命名沟谷山溪。喜《三国演义》故事的人都知道"子午谷"，"谷"是书中用语。我曾去过长安县（今长安区）一老乡家，老乡口若悬河给我讲《三国》故事，他的用词是"子午峪"。可见，"峪"才是鲜活的语言。

浐河流入灞河。潘安《西征赋》："南有玄灞素浐，汤井温谷；北有清渭浊泾，兰池周曲。"这两句都在写水。玄，偏黑的颜色；素，偏白的颜色。颜色告诉我们，灞河的水深广，浐河的水清浅，浐河是灞河的支流，当然比灞河清浅。"玄""素"都与"浑"无关，浐河、灞河都发源于秦岭，说明秦岭具有良好的生态植被。灞河为"八水绕长安"的河流之一。潘安是西晋人，看来西晋时期，泾河已经变浑了。

"灞河柳"最为出名，李白："秦楼月，年年柳色，灞陵伤别"；罗隐："灞岸晴来送别频，相偎相倚不胜春。自家飞絮犹无定，争解垂丝绊路人"。李白的诗，写得伤感，看来，豪爽爱饮之人也有情绪低落的时候。罗隐的诗将柳拟人化，却写出了"灞柳风雪"。"灞柳风雪"为"关中八景"之一，暮春时分，草长莺飞，飞絮无"才思"，唯知漫天飘飞絮，却不晓新条绿绦，扰了路人。

灞河，渭河的一级支流，黄河的二级支流。灞河东岸，有蓝田县王公岭人类文化遗址，距今约100万年；西岸，有蓝田县陈家窝人类文化遗址，距今约50万年[1]。论说黄河文化的源远流长，不必于浩繁史籍中

---

[1] 详参陈梧桐、陈名杰：《万里入胸怀：黄河史传》第二章，华东师范大学出版社，2019年。

找论据，最简单的路径，是展示一下人类文化遗址图，就可以说明一切。

渭水流域的半坡仰韶文化遗址，其年代比河南渑池县仰韶村的仰韶文化遗址要久远，但不是最久远的，最久远的仰韶文化遗址在渭河上游的甘肃秦安县，即秦安大地湾遗址，由甘肃博物馆文物考古队于1978—1984年间发掘①，其包含有前仰韶文化（大地湾文化）、典型仰韶文化和常山下层文化层。《中国考古学·新石器时代卷》："以半坡文化、庙底沟文化和西王村文化为内涵的典型仰韶文化……它在公元前约5000年承继大地湾文化而来，在公元前3000年以后演变为庙底沟文化及其相当的文化而去，它是黄河中游地区延续发展了20个世纪的一支重要的新石器时代文化。"②

大地湾遗址坐落在葫芦河支流清水河③南岸的二、三级阶地上，是一处山地村落，因而位置与河面间的高程差会更大一些，这可理解为，更早的先民为避水患留下了更多的空间。随着人类文明的进步，人类认识能力的提高和自身抗拒水害能力的加强，人们生活的地方逐渐走低，逐渐走向河谷——人类从以穴居和巢居到构筑房屋，就是一个从高处到低处生活的过程。河谷地带除用水更方便外，土壤也更为肥沃。当然，这意味着人类也必须面对更多的挑战——与洪水的斗争。从某种程度上说，这是人类对自我的挑战，而进步就是在挑战中产生的，英国历史哲学家汤因比将"挑战"看得很重要，认为文明产生于"挑战与应战"。

葫芦河是渭河上游的第一大支流（渭河支流流域面积大于10000平方公里的计三条，分别为葫芦河、泾河和（北）洛河）④。黄河的支流、

---

① 中国社会科学院考古研究所：《中国考古学·新石器时代卷》，中国社会科学出版社，2010，第208页。
② 同上书，第226页。
③ 与宁夏入黄的清水河不是一条河。
④ 黄河志编纂委员会编《黄河志》卷二《黄河流域综述》，河南人民出版社，2017，第39页。

更次级的支流，与文明的关系最大。

何以用"葫芦"命名一条河流？让人联想。

首先，有葫芦河沿岸是伏羲女娲的故乡的传说①，葫芦河于天水注入渭河。而今日，人们普遍认为天水就是羲皇故里。

其次，是与生殖文化发生关系。伏羲也写作包羲。闻一多先生利用训诂学的办法，论证伏羲女娲与匏（páo）瓠（hù）的语言关系，结论是，伏羲与女娲，名虽二，义则一。匏瓠就是葫芦，二人都为葫芦的化身。

至于为什么以始祖为葫芦的化身，我想是因为瓜类多子，是子孙繁殖的最妙象征，故取以相比拟。②

历史上留下的传统节日，一定是文化的遗存。如今，中原一带，端午节前娘家为新出嫁的姑娘所送端午节的礼物有瓠子，大约就是古代生殖文化的遗存，有象征意义，瓠子多子，带着"子"字。瓠子与葫芦是同属同种植物，只是外观形状不同而已。

伏羲与女娲是两个人，闻先生称"义则一"，是因为伏羲与女娲的婚配，即有夫妻之义，是文化上的升华。上古时代，兄妹结义为夫妻，并无道德上的瑕疵。"在原始时代，姊妹曾经是妻子，而这是合乎道德的。"③马克思如是说。

伏羲与女娲的婚配图，有许多的考古发现，如河南南阳出土的伏羲女娲画像砖；山东武梁祠出土的伏羲女娲石刻像；新疆吐鲁番出土的《伏羲女娲图》绢画……相关的出土文物，种类多，流传广，历史长。新疆出土的《伏羲女娲图》绢画是唐代文物，是中原神话传播至西域的实证。各民族间的文化交往，自古及今，一直存在。

自天水沿渭河上行150公里（直线距离）即达渭源。

---

① 王岚海主编《宁夏水利史话》，宁夏人民出版社，2017，第8页。
② 闻一多：《伏羲考》，上海古籍出版社，2009，第51页。
③ 恩格斯：《家庭、私有制和国家的起源》，人民出版社，2018，第38页。

《禹贡》：

导渭自鸟鼠同穴，东会于沣，又东会于泾，又东过漆沮，入于河。

上引文"鸟鼠同穴"为山名，亦称鸟鼠山。沣、泾都在八水绕长安之数。既载于《禹贡》，则渭水就为大禹所导，今有左宗棠"大禹导渭"的摩崖石刻在，有气势磅礴的渭源禹王庙，有大禹率众劈山导河的塑像。全国大禹"劈山导河"之踪迹既多，则显然为自古及今的文化上的"同宗"。

渭河源出甘肃渭源县鸟鼠山。鸟鼠山有三源，有禹王庙，有记曰"三源孕鸟鼠，一水兴八朝。"

渭源一带的文化史迹甚多，这里有先秦古老的军事遗迹，有战国秦长城，秦始皇曾巡视之；有久负盛名的灞陵桥，有众多名人为其题匾额，如蒋介石题曰"绾毂（wǎn gǔ）秦陇"。此二者，均是全国重点文物保护单位……隋炀帝西征曾临渭源，《全隋诗》录有《临渭源》一首（并录有《还京师》一首，前后照应）。其诗开头即点明"届此"：

西征乃届此，山路亦悠悠。地干纪灵异，同穴吐洪流……滔滔下狄县，淼淼肆神州……①

"地干纪灵异"当表述的是，以灵（鸟）、地干（鼠）标山，其为名，"异"也。既"异"，则"疑"也，1000多年后，顾颉刚先生有联云"疑问鼠山名，试为答案岐千古；长流渭川水，溯到源头只一盂"。

河之源，定为"一盂"，对比来看，隋炀帝"洪流"之说则是"文学"的夸大。也可理解吧，此次隋炀帝是西征，身后的滚滚貔貅无疑是"洪流"，时在大业五年（公元609年）。《隋书·炀帝上》记曰，三月，"车驾西巡河右"，夏四月"大猎于陇西"，后"出临津关，渡黄河，至西平，陈兵讲武"。与此段记载相关人与事，可参见本书"第三章 从西宁到积石"。

---

① 吴玉贵、华飞主编《四库全书精品文存》第十一卷，团结出版社，1997，第216页。

打开地图细察，渭源县西边为洮河，洮河西北流，入黄河刘家峡水库，渭源县境及周边则有仰韶文化、马家窑文化和齐家文化遗存，是一处富集黄河文化的地方。渭水东流818公里后入黄。渭水川流不息，从古及今，滋润着雍州、滋润着八百里秦川，其不只是"一水兴八朝"，更是浇灌出了灿烂的文明之花。

三、天水：龙祖伏羲诞生地，葫芦河及女娲

渭水流域有上古三皇的"文化踪迹"，三皇有多种说法，其一为伏羲、神农、女娲。

传说，天水是伏羲的诞生地。

天水的名字由来，与"天水"有关，当地有"天河注水"的传说，大意是说天上雷电交加，地裂大隙，"天河之水"注入为湖，湖水经年不涸，汉武帝因之在上邽（邽 guī，上邽，古县名，今属天水）北城湖旁设天水郡。此传说与《水经注》记载不符。《水经注·渭水》记曰"北城中有湖水，有白龙出是湖，风雨随之，故汉武帝元鼎三年，改为天水郡"。

"山不在高，有仙则名。水不在深，有龙则灵。"龙司水，飞龙在天能兴云降雨，《水经注》的叙述更符合中国神话的风格。

《水经注·渭水》："（成纪水）故渎东经成纪县，故帝太皞、庖牺所生处也。"这里明确了伏羲（庖牺）的生身地。成纪县为陇西李氏郡望，"李将军广者，陇西成纪人也"（《史记》），李广、李暠、李渊一脉发祥于此。

在《水经注》的引述中，太皞、庖牺是两个人，基于的是前人记述。有研究认为太皞、伏羲来源不同，后合二为一[1]。对于此，我认为是有积

---

[1] 郭延坡：《伏羲形象和"伏羲传说"的再考证》，《天水行政学院学报》（哲学社会科学版）2020年第1期，第118-124页。

极意义的古代文化现象,无须进行"科学实证"。将神话现象予以科学实证的想法本身就不科学,以"科学思维"来检验神话则神话不存,何况上古之事蒙昧不清。以神话方式描述上古之事反而是适当的。任何民族的初始传说都包含非"科学"的成分(如这里的太皞、伏羲合二为一)或神话成分,但也包含事实的成分,我称之为"古代文化现象"。即或是非事实的记述(如神话不是事实),或也包含积极的意义和事实的基因。太皞、庖牺的合二为一,即含有民族团结、民族融合的文化基因在里面,如有研究者认为太皞原是东夷的首领(而伏羲则生在西边的渭水流域)。类似的还有炎帝、神农的合二为一,这也有利于南北农耕文化的融合,有研究认为炎帝是南方氏族的首领。另外,在中国的古代文化传说中,上古同一个圣人有多处的生身之地,其一方面反映文化的多元,多元是文化的生态,另一方面则反映出根祖的共同认同,后人即是支脉。

天水市有明成化年间的伏羲大庙,四进四院,规模宏大。庙内有很多的匾额,如"一画开天""开天明道""开天立极""道启鸿濛""文明肇启"等,让人追思伏羲作为"人文始祖"的功业。此外,还有古风台、画卦台等与伏羲有关的文化史迹。

自1988年农历龙年始,天水市恢复了公祭伏羲大典(天水伏羲文化节),日期在农历五月十三日,据传为伏羲的诞辰,又称为龙诞日。

将伏羲的诞辰称为龙诞日,这就上升到龙文化的层次,非常有意义,我们是龙族、龙的传人。

有关伏羲的研究,曾经为显学,至今仍有不少研究者。而最重要的学者,则首推闻一多先生。

闻先生有长篇论文《伏羲考》,其中认为"龙族的诸夏文化才是我们真正的本位文化,所以数千年来我们自称为'华夏',历代帝王都说是龙的化身……总之,龙是我们立国的象征……从前作为帝王象征的龙,现在变为每个中国人的象征了。"接着，闻先生总结了诸夏的龙族，包括：风姓的伏羲氏、苗族、褒国、越人、夏、共工、祝融、黄帝、匈奴。"由上观之，古代几个主要的华夏和夷狄民族，差不多都是龙图腾的团族，龙在我们历史与文化中的意义，真是太重大了。"简单言之，诸夏祖先的共同指向：龙。

有鉴于闻先生研究的重要性，《伏羲考》的出版前言中，对闻先生的研究进行了评述，指出：

"伏羲女娲不再是孤立的图像，这是华夏族的图腾——龙的变相。"

"他（闻一多）由华夏族的象征联系到整个中国人的象征，这是中国文化研究中第一次对民族的形象做出这样的分析。其影响十分深远。"

"伏羲的神话是中国神话中的核心，在整个中国神话中具有非常重要的地位。"①

可见，伏羲即为中华龙祖，如今，天水伏羲庙里有一匾额：龙祖。

清华大学大礼堂旁，有一尊闻一多先生的红色砂岩雕像，雕像后边的黑色大理石屏风上写着："诗人的天赋是爱，爱他的祖国，爱他的人民。"

闻一多先生对伏羲的研究充满了对民族团结的大爱，因而，对伏羲的祭祀也有着很重要的现实意义。对古文化研究，要重在挖掘其积极意义。

葫芦河发源于陇山（今六盘山），既然伏羲为龙祖，葫芦河又与伏羲文化发生关系，那么，"陇"与"龙"同音，陇山之称谓，是否会为"龙山"的变异？我这里来个"大胆猜想"，愿专家"小心求证"。无论如何，通过一条葫芦河，一条寓意枝叶繁茂、子孙繁盛的河流，使陇山与龙祖发生了关系。

有关伏羲的事迹，在本书"第十一章　嵩岳之下，河洛之间"中还

---

① 闻一多：《伏羲考》，上海古籍出版社，2009，第6-7、50-51页。

将述及，那里将与伏羲画卦、河图洛书相联系。

既然天水是羲皇故里，伏羲与女娲又是兄妹，那么，天水也是娲皇故里，具体的地点，大约在秦安陇城镇，有不少的文献资料。《水经注·渭水》中有"瓦亭水又西南，出显亲峡，石宕水注之，山上有女娲祠，包羲之后有帝女娲焉，与神农为三皇矣"的记载。有学者认为此女娲祠在今陇城的北山，今不存。由此可见，天水一带的女娲信仰有久远的历史。瓦亭水即上面提到的葫芦河。秦安县人民政府网站上有文章《秦安：女娲文化的发源地》，其中也认为，葫芦河的名称来源与伏羲和女娲有关。秦安，以及葫芦河所经过的地域，纪念伏羲和女娲的遗迹很多，不少的地名都与伏羲女娲文化有关，如风沟、风台、风茔、娲皇、风尾、龙泉，伏家湾、伏家峡、伏家河等[①]，前已述及，秦安大地湾文化遗址处于葫芦河支流的阶地上，足见此处文化遗存和史迹的丰厚。

与其他中华先祖一样，女娲的传说，全国很多地方都有。

女娲抟土造人的故事人尽皆知，想抟土所用之水为黄河水（或渭水），土为黄土，所造之人当然是黄种人。

女娲另一则人尽皆知的故事即"女娲补天"，补天的目的则是"治水"。

《淮南子·览冥训》：

> 往古之时，四极废，九州裂，天不兼覆，地不周载，火爁炎而不灭，水浩洋而不息，猛兽食颛民，鸷鸟攫老弱。于是，女娲炼五色石以补苍天，断鳌足以立四极，杀黑龙以济冀州，积芦灰以止淫水。[②]

在这段引文中，前边是现象的描述，让我们看到了滔滔洪水。何以止洪水？首先就是补天。黑龙者，水精也。杀黑龙则冀州放晴（"济"，即霁，降雨停止）；芦生于水，则不惧水，故以其灰止平地之水（淫水），

---

① 王三北、魏梓秋：《秦安：女娲文化的发源地》，2020 年 9 月 22 日，https://www.qinan.gov.cn/html/2020/lsqf_0922/46667.html，访问时间：2023 年 1 月 10 日。

② 刘安：《淮南子集释》卷六《览冥训》，中华书局，1998，第 479-480 页。

隐含相生相克的道理。

冀州，狭义指山西一带，广义可代指四海之内，盖因冀州为九州之中，帝王之都，不设边界。无论是秦安大地湾，还是半坡，都发现有谷物（半坡有谷子，大地湾有黍子）的遗存。甘肃、陕西、山西、河南西部，大都是黄土地区，土质与气候条件最适宜种植谷子一类的作物。"黄土是我国有特色的第四纪沉积物。黄土在中国北方的分布，大致为北纬30°~40°的范围。其中以黄河中游地区分布最为广泛，构成了切割程度不一的黄土高原。"[1]谷子、黍子都是旱作农作物，耐旱。黍子类作物的驯化就在中国的黄土地区。想"淫雨霏霏，连日不开"，不只是带来"水浩洋而不息"的问题，也很影响谷子的生长（谷子不耐涝），这必使先民们愁容满面。因而，女娲补天，更具有农业丰产上的意义。上古之时，水灾是人类社会所面临的主要灾害，故此，上古圣人大都有治水的记录。

以帝王的顺序，女娲在大禹之前。大禹采用劈山导河的方法来治水，而女娲则又不同，女娲更趋于找"原因"，故而要"补天"。女娲补天、杀黑龙使天放晴，其"神性"更大，大禹"尽力乎沟洫"（孔子语）则"人力"成分更大。历史越往前溯源，则神性成分越大，是符合道理的。世界各民族的图腾都有神性，换言之，都是神。

四、宝鸡：江边宝成线，中华先祖炎黄二帝

从天水沿渭河顺流东下140公里（直线距离），达宝鸡。

宝鸡古称陈仓，让人想起成语"明修栈道，暗度陈仓"。继而，让我想起宝成铁路。

请让我写下初坐宝成线的印象——建设改变中国，水利工程是建设，铁道工程更是建设。

---

[1] 刘东生、文启忠，郑洪汉，安芷生：《黄土的物质成分和结构与水土保持的关系》，《水土保持通报》1981年第一期，第16-19页。

初次坐宝成铁路,经由宝鸡前往成都,火车不时穿越隧洞,而出隧洞,又是河谷旁,道路果然艰难。遥想当年诸葛亮率大军出川,所走路线该有与宝成线相重叠处,原因是,现代铁路(或公路)的修筑,其选线一定会参阅古人,古人几百年、上千年的道路"寻优",找出的一定是最佳路线。

我特别注意到了一个隧洞的说明牌,其中表明了隧洞的开工、竣工日期,印象中该隧洞的贯通只用了一年左右的时间。我是学工程出身的,有地质和地下工程的知识,知道修建宝成铁路的艰难,当时条件极为有限,能如此快速地挖通隧洞,我于不自觉中感叹着中国铁路工人的伟大。

宝成铁路,北起陕西省宝鸡市,向南穿越秦岭到达四川省成都市,全长669km。1952年7月1日成都端动工,1954年1月宝鸡端开工。1956年7月12日,南北两段在甘肃徽县嘉陵镇接轨通车。①

当火车停靠秦岭站时,趁停车的间隙,在车站月台上简单活动了一下,秦岭的名气太大,而脚下的车站却是个简单的小站,未见到拥挤的人流上下车。回头看,是刚刚钻出来的隧洞,眼前的铁路似有建瓴之势,明显地看到,火车要下坡了。

宝成铁路取线与河谷关系示意图

---

① 《学习、调研、实干:宝成铁路建设回顾》,《党史博览》2018年第1期,封3、封2。

"西当太白有鸟道，可以横绝峨眉巅。"太白山是秦岭的主峰，正在宝鸡的境内。我知道，我们所乘的火车已经越过了秦岭。宝成铁路的修建，让"蜀道之难，难于上青天"成为永远的历史。而四年的时间，宝成铁路得以通车，分明是创造了人间奇迹。

"太白"应无恙，"当惊世界殊"。这是先于三峡工程的惊世之作！

此后，我看到了西南流的嘉陵江。火车沿嘉陵江走了很长一段时间，江流缓慢，江水清澈，现出青绿的色调，不时能看到几朵白色的浪花。

其实，细察宝成铁路线路，即可知道，铁路跨越渭河，南出宝鸡，经散关，西南行，取线主要沿清姜河谷和嘉陵江；翻越秦岭之后则是沿嘉陵江而行。这条线路，正是古代的陈仓道（即故道，名出故道水，江陵江上游），《史记·高祖本纪》："八月，汉王用韩信之计，从故道还……"这是秦蜀间开凿最早的一条道路。① 非常类似的一条河谷路线是陈仓道东边的褒斜道，也是河谷道路，下边会述及。自古及今，河道所劈开的峡谷，都是交通的重要孔道，古代秦蜀间道路多与河流有关。

古代秦蜀间道路示意图（据赵静、李靖婷《秦蜀古道》改绘）②

---

① 赵静、李靖婷：《秦蜀古道：秦巴山区交通网》，《中国公路》2016年第6期，第34-48页。
② 同上。

宝鸡，是炎帝故里。

炎帝，即神农氏，因长在姜水附近，故其部落姜姓。

《国语·晋语》载："昔少典娶于有蟜（jiǎo）氏，生黄帝、炎帝。黄帝以姬水成，炎帝以姜水成。成而异德，故黄帝为姬，炎帝为姜。"[①]

《帝王世纪》载："炎帝神农氏。姜姓也。人身牛首。长于姜水。有盛德。都陈。作五弦之琴。始教天下种谷。"[②]

类似的史籍记载尚多，告诉我们炎黄二帝都在河畔长大。强调河流为二帝之"籍贯"，在于先民的生活对于河流有着高度的依赖性，为生活，为耕稼，为畜牧。

现代史学家郭沫若先生说："传说最早的是炎帝，号神农氏。据说炎帝生于姜水，姜水在今陕西岐山东，是渭河的一条支流。"[③]在岐山之东，则当在渭河北岸。

《水经注·渭水》中说："岐水又东迳姜氏城南，为姜水。"此处姜水也在渭河北。

可也有说法称姜水为宝鸡市渭河南岸支流清姜河。此类文化现象，无须辨正。

清姜河岸有"散关"，范雎曰"秦四塞以为固"，"散关"，正是关中四塞之一。历史上，发生在散关的战事不胜枚举，譬如《三国演义》中就有许多精彩的故事围绕散关发生。陆游《书愤》"楼船夜雪瓜洲渡，铁马秋风大散关"脍炙人口，"大散关"一句，实际是写自己在散关一带的抗金经历，其另一首诗作可为此句作注："我昔从戎清渭侧，散关嵯峨

[①] 徐元诰：《国语集解》卷十《晋语四》，中华书局，2002，第336-337页。
[②] 皇甫谧：《帝王世纪》卷一，载《续修四库全书》第301册，上海古籍出版社，2002，第3页。
[③] 郭沫若：《中国史稿》（第一册），人民出版社，1976，第108页。

下临贼，铁衣上马蹴坚冰，有时三日不火食……"[1]

原始农业，刀耕火种，所以炎帝的帝号含有善于耕种的意思，传说炎帝"三岁知稼穑"（见钱穆《黄帝》），被称为五谷神，故也称神农氏。中国自古以农业立国，稷者，百谷之长。土生五谷，所以社神、稷神（谷神）合称社稷，后成为国家的代称。

除农业的贡献外，神农氏另一大贡献是医学上的，神农尝百草的故事人们熟知，《神农本草经》以神农命名，该是对神农的纪念。

炎帝故里到底在哪里，今人多争之，据说有5个之多，恐还不止。即或在宝鸡境，姜水（包括姜氏城）也有不同说法。都对！

原因呢？先民或为了寻找更适合的地方，或为躲避战争而迁徙，迁徙到哪里，哪里就留下了圣迹，这原本有事实的因素在；或者，后人为了获得庇佑，就将传说带到了迁徙地，在当地祭祀先圣，并让传说落地生根，比如埋下衣冠冢，这是一种精神之需，并形成先人祭祀的文化——慎终追远，祭祀先人，才是中国根深蒂固的宗教。后一原因可能更接近本质。窃以为，关于上古帝王的生息之地，只要有传统的记述，都属有文化渊源，人们该持宽广的胸襟，不必把祖宗"据为己有"。

今宝鸡市渭滨区有炎帝祠，即神农炎帝的陵寝。宝鸡建炎帝祠（庙）的历史很久远。

黄帝的故事在本书"第十一章 嵩岳之下，河洛之间"还将述及，那里的叙述多结合考古发掘资料，即努力向"科学"靠拢。

《史记》曰："黄帝崩，葬桥山"。桥山在今黄陵县，在（北）洛河[2]的西岸。

---

[1] 钱仲联校注：《剑南诗稿校注》卷十七，收入《陆游全集校注3》，浙江教育出版社，2011，第136页。

[2] 洛阳平原有洛河。渭河有支流洛河，该洛河过去在地图上标注为北洛河，现在标注为洛河。这里写（北）洛河是便于区别。

《史记·索引》案：大戴礼"宰我问孔子曰：'荣伊言黄帝三百年，请问黄帝何人也？抑非人也？何以至三百年乎？'对曰：'生而人得其利百年，死而人畏其神百年，亡而人用其教百年。'"①

读古人书，或有疑问，上古圣人何以活了那么长时间？其实，这不是中国特有的现象，其他国家民族也有。孔子的话正好可给予回答。

其实，黄帝亡而人用其教何止百年呢？人本乎祖，中华民族的子孙最讲究敬天法祖，最讲究慎终追远，黄帝之教一直在惠及子孙，此所谓源远流长是也！

1937年，在抗日战争的艰难岁月，为了联合抗日的大业，国共两党共同派代表公祭先祖黄帝，毛泽东主席亲自撰写了《祭黄帝陵文》，其中曰：②

> 赫赫始祖，吾华肇造。
> 胄衍祀绵，岳峨河浩。
> 聪明睿知，光被遐荒。
> 建此伟业，雄立东方。
> ……
> 亿兆一心，战则必胜。
> 还我河山，卫我国权。
> 此物此志，永矢勿谖（xuān）。
> 经武整军，昭告列祖。
> 实鉴临之，皇天后土。
> 尚飨！

---

① 《史记》卷一《五帝本纪第一》，中华书局，1982，第11页。
② 陈晋：《抗战前夕，国共两党同祭黄帝陵》，《党的生活》（黑龙江）2011年第4期，第28-29页。

祭拜黄帝历史久远，从先秦直至现代，黄帝陵园内，历代祭奠文、物之多，实难以胜记。

黄帝陵为第一批全国重点文物保护单位，编为"古墓葬第一号"，故有"天下第一陵"之称。2006年黄帝陵祭典被国务院列入第一批国家级非物质文化遗产名录。

黄帝是中华民族位居第一的先祖，号曰"人文初祖"。黄帝陵所在的桥山，坤厚雄伟，沮水环而绕之，林木参天。天地钟秀于此，长眠此地的先祖黄帝，永远保佑着中华民族的亿兆子孙。

五、都城与水

渭水过宝鸡市东行，河谷盆地逐渐变宽，进入关中平原。

左岸经行地区：凤翔、岐山、扶风、武功。这一带，就是历史上有名的周原。

清人章学诚说，六经皆史。

中国最早引水灌田的记载来自《诗经·大雅·公刘》："笃公刘……相其阴阳，观其流泉……度其隰（xí，低湿的地方）原。"大约在夏商时期，周先王之一的公刘，曾带领部族从今陕西武功一带，迁至彬县、旬邑一带安居，开荒种地，引水灌田，繁衍子孙。公刘是后稷的曾孙[1]。后稷曾佐大禹治水，立下大功。

《诗经》曰："古公亶（dǎn）父，来朝走马。率西水浒，至于岐下……。周原膴膴（wǔ，肥沃），堇荼如饴……曰止曰时，筑室于兹。"古公亶父，就是周太王，周文王的祖父。周太王带领族人迁居到了土地肥沃、水草丰美的周原。

此为《诗经》所记之古史，是说周先人的迁徙。

---

[1] 陈上明：《黄河引黄灌溉大事记》，黄河水利出版社，2013，第3页。

如今有周原遗址在，并有不少考古学遗址，考古发掘证明了《诗》。但《诗》并没有表现出周人为周原拓荒者的信息，今人也不当误读。周原一带有前仰韶文化遗存，有丰富的仰韶文化遗存，还有远在黄河下游的商人文化遗存[①]，因而商周之际，这里并不是封闭的"周文化"，周太王之前商周即有来往，且周人也是迁徙到周原后才自称周人[②]。我认为，这反映的是文化的连续发展。这里是最适宜于文化扎根的河流地带，靠河，有平旷的河漫滩，再向远处，就是连续分布的黄土阶地，"周原膴膴"。黄河流域的黄土，经过先人们的精心耕作和改良，形成的人为土壤细腻而肥沃，是中国最可宝贵的资源，连长出的野菜"堇荼"都带着甜味。

　　至周文王，随着族人的兴旺，周原渐显狭窄，文王看上了渭河对岸更为宽阔的土地。那里的土地更显得肥沃，处于渭南，源于秦岭北坡的水资源更为丰富。于是，周文王率众而至，在沣水西岸筑了丰京——事实上，这一带是秦岭北、渭河南最宽阔的地方了。丰京位于二级阶地上，其地理位置"高毋近旱而水用足，下毋近水而沟防省"（《管子·乘马》）。是理想的城址。而岐邑，终西周之期，一直都是周人的"老家"，是"根据地"。

关中地形示意图

---

① 张天恩：《周原早期聚落变迁及周人岐邑的认识》，《文博》2018 年第 2 期，第 38-44 页。
② 郭沫若：《中国史稿》（第一册），人民出版社，1976，第 216-223 页。

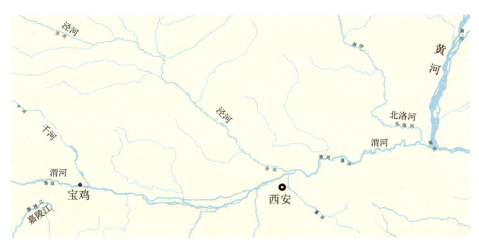

关中主要水系示意图

沣水,八水绕长安的河流之一,由秦岭发源,比起周原一带南向流入渭河的小溪,其具有更为丰沛的水量。西周时期的沣水是一条大川,是一条可以行船的大川,有发现沉船的遗迹为证据;也是一条经大禹治理过的大川。中国川源众多,即或是神禹,精力也有限,小的溪水不劳大禹亲自动手,可大禹却治理过沣水,这侧面反映出沣水流量大。无奈的是沣水渐小,所以史念海先生曾呼吁要尽力恢复秦岭北坡的森林,以涵养水源。[1]

同样,沣水两岸的第一缕炊烟并不由周人点燃,先民早就生活在那里了,即使丰镐遗址范围内也有仰韶文化遗存、龙山文化遗存,且后者为多[2],尤其是发现有仰韶文化、龙山文化和西周文化的叠压关系[3],这符

---

[1] 史念海:《论西安周围诸河流量的变化》,《陕西师范大学学报》(哲学社会科学版) 1992 年第 3 期,第 55-67 页。
[2] 徐良高、岳连建等:《丰镐考古八十年》,科学出版社,2016,第 135 页。
[3] 朱士光、肖爱玲:《古都西安的发展变迁及其与历史文化嬗变之关系》,《陕西师范大学学报》(哲学社会科学版),2005 年第 4 期,第 83-89 页。

合历史发展的规律;而且,也发现有商人墓葬①,虽属商人墓葬,未必就属于殷商的"遗民",历史文献中也未见将殷遗民迁至丰镐地区的记载(如将商遗民封至宋,或部分迁往成周),这样,即可进行这样的理解:曾经也有商人生活在沣水畔,他们或是定居,或就是"经商",保有自己的习俗。

商朝至帝乙时已趋于没落,文王曾伐之,但没取得胜利。后商纣王继位,文王励精图治,"率殷之叛国以事纣,四十余国"。至文王临死之际,灭商条件已基本成熟,遗嘱灭商。武王继位后曾两次伐纣,第二次纣自焚,商亡。西周立,武王"封邦建国""以蕃屏周",即分封了许多的邦国,邦国共戴周天子——可称为分封一统,并在沣水东岸建起镐京。②

《诗·大雅·文王有声》记载:

文王受命,有此武功,既伐于崇,作邑于丰,……考卜维王,宅是镐京,维龟正之,武王成之。

这是《诗经》对丰镐的记载。自20世纪30年代以来,有关丰镐的考古发掘,取得了许多重要的成果③。

以今日之眼光,丰京与镐京只算是一个城市,只是居于河的两边而已——有多少座城市沿河而建,一般称镐京为"宗周"(《中国史稿》),严格说该称丰镐二京为"宗周"。河于城市有用水之利,排洪之便,丰镐考古发掘证实,城中确有"沟洫"④,可解读为人工排洪渠道,将城内

---

① 张礼艳:《从墓葬材料看丰镐地区西周时期的人群构成》,《华夏考古》2015年第2期,第89-98页。
② 郭沫若:《中国史稿》(第一册),人民出版社,1976,第216-223页。
③ 刘瑞、李毓芳、王自力、柴怡:《西安市汉唐昆明池遗址区西周遗存的重要考古发现》,《考古》,2013年第11期,第3-6页。
④ 朱士光、肖爱玲:《古都西安的发展变迁及其与历史文化嬗变之关系》,《陕西师范大学学报》(哲学社会科学版)2005年第4期,第83-89页。

之水输送至天然河流——送水出城。成王时期周公在雒邑（洛阳）营建的"成周"，也是跨河两岸。由此可见，"宗周"是中国城市建设早期的"范式"，至如今，大多数城市都有城中河。

秦人的先祖伯翳（yì，即益，或伯益），曾助大禹治水，因功赐姓嬴。至西周，有后裔非子一部族为周王养马于汧（qiān）水与渭水之间（即"汧渭之会"）。汧河，今作千河。千河两岸，土水条件好，于今更显出土地肥沃、水利条件好的优势。非子马养得好，颇受周王欢喜，周孝王以秦地封非子为附庸之君，以续嬴祀，于是，影响中国大历史的秦人诞生。

今考古发掘证实，当年秦人为周王养马时所建都邑在今陕西凤翔县长青镇一带。至平王，犬戎攻破镐京，东迁，襄公勤王护驾，因功受封为秦伯，正式列入诸侯，平王也一并将岐丰之地赐给了秦伯。不数年，襄公逐犬戎于西荒流沙，辟地千里，遂成大国。至孝公，商鞅变法，由雍城（宝鸡凤翔）迁都于咸阳——有了更为宽阔的近河平地，这当然是进取的眼光，表征着发展的需要。

至秦灭六国之际，有六国人称秦为"虎狼之国"，其为虎狼也，在于秦人的强悍和国力的强盛。秦国历史，在奋发图强的路上有多位明君，如穆公之伯（称霸）诸侯，三置晋君，胸怀足够宽广；孝公用商鞅变法，足够开明；秦惠文王拓土于蜀；秦昭襄王之修都江堰……尤使人印象深刻的是秦人对六国人才的吸引与放量使用，"……此五子者，不产于秦，而穆公用之，并国二十，遂霸西戎""士不产于秦，而愿忠者众"引文虽出于李斯之《谏逐客书》，却是对事实的描述。国力走向强盛，除了历代君王的奋发图强，除了能招揽利用"不产于秦"的"士"，两大水利工程，即都江堰和郑国渠两大水利工程的建设也是重要因素。于是，秦终扫六合，一统华夏，渭水河畔，矗立起郡县一统的帝国首都咸阳城。

应当看到，秦的统一，是行政上的统一，也就是钱穆先生所言的有了统一的政府。秦的统一是符合了时代的要求，因为在秦实现统一之前，中国事实上已经有了文化上的统一。钱穆先生在《黄帝》一书中认为，中国从古到今都是一个文化单位，一个文化单位就是文化上的统一嘛。《中庸》曰："非天子，不议礼，不制度，不考文。今天下，车同轨，书同文，行同伦。"这是"理论依据"——文献记述上的文化统一，说的是先秦。当然我们理解，将这种思想变成制度，是在秦始皇时期才完全实现，后人认为这诸条的统一是秦始皇的功劳也源于此。历史是一条连续的曲线，追到底，是因为周的分封统一。再举个具体的例子，人说"春秋无义战"，但却"挟天子以令诸侯"，这就是"礼仪"上的统一，大家至少在名分上都义尊周天子。"千古一帝"是历史对秦始皇的定评，虽然贾谊认为秦之灭亡在于"仁义不施而攻守之势异也"，但暴秦及秦皇身上背负的种种恶名也难以推却六国后人的刻意抹黑，灭人国属"国恨"，失却贵族地位的六国后人，在秦灭后争先恐后骂秦始皇自在情理之中，历史的兴替中，后代必骂前朝，读史，贵在理性分析，应尽可能分析出接近事实的成分。

咸阳，山水俱阳。其实，咸阳城也是跨河而建，以渭河为城市的轴线，渭北是宫殿区，是行政中心，渭南是寝庙和园林区，如有上林苑[①]。至秦朝建立，大肆扩建咸阳城，如阿房宫。《红楼梦》写出"阿房宫，三百里"的极度夸张之词，说明历史流传中的阿房宫规模宏大，可曹雪芹并不是"三百里"的发明人，"蜀山兀，阿房出。覆压三百余里，隔离天日。骊山北构而西折，直走咸阳。二川溶溶，流入宫墙。五步一楼，十步一阁……"语出杜牧《阿房宫赋》。我印象中在电视上看到过有关阿房宫的考古发掘纪录片，大意是说阿房宫并没有修。司马迁作《史

[①] 傅崇兰、白晨曦、曹文明等：《中国城市发展史》，社会科学文献出版社，2009，第55-57页。

记》,去秦不远,阿房宫之记载,不能是子虚乌有,国务院公布的第一批全国重点文物保护单位就有阿房宫遗址,那么该怎么理解纪录片的讲解呢?权威的考古学文献指出:"新的考古资料证实,秦阿房宫前殿没有建成,只是构建了前殿基址。至于秦阿房宫的恢宏壮丽更是无从谈起……"并同时指出,"以秦之暴政、急政而速亡为戒",阿房宫被后世随意夸大,但却不是事实[1]。赋者,文学体裁是也,认真不得,杜牧《阿房宫赋》中的恢宏壮丽只是文学作品的想象与夸张。

渭北、渭南两城市以渭桥相连,"渭水贯都,以象天汉。横桥南渡,以法牵牛,渭水南有长乐宫,渭水北有咸阳宫。欲通二宫之间,故造此桥"[2]。以天汉映射城市布局,眼光足够远阔。

渭桥复毁复造,命运多舛,如《水经注·渭水》载:"后董卓入关,遂焚此桥。魏武帝更修之。"渭桥遗址于2012年因农民挖沙初露端倪,随后即进行了考古学方面的工作。此渭河桥在汉长安城外,今渭河已北向远移,遗址发掘物证明渭河的大规模远移当在清康熙之后[3]。更细致的研究表明,渭河于此处的剧烈北移在20世纪60年代之后,主要原因是人为因素,即南岸滩地的开发和堤防的建设[4]。堤防建设是应该的,是河道工程,但此处的例子可以让我们得出一个更一般的认识:滩地的开发有可能导致河势的改变,因而与河争地不只是影响行洪,也可能影响河流主流摆动,或引起游荡,影响河岸侧蚀,会带来未曾预料到的影响。

---

[1] 刘庆柱:《秦阿房宫遗址的考古发现与研究——兼谈历史资料的科学性与真实性》,《徐州师范大学学报》(哲学社会科学版) 2008年第2期,第63-65页。
[2] 李吉甫:《元和郡县图志》卷第一《关内道一》,中华书局,1983,第14页。
[3] 刘瑞、李毓芳、王志友、徐雍初、王自力、柴怡:《西安市汉长安城北渭桥遗址》,《考古》2014年第7期,第34-47、2页。
[4] 李令福:《论西安咸阳间渭河北移的时空特征及其原因》,《云南师范大学学报》(哲学社会科学版) 2011年第4期,第7-17页。

"且以大汉方制万里,岂其与水争咫尺之地哉?"语出贾让《奏治河三策》(《汉书·沟洫志》)。前贤言犹在,今人已忘却,惜哉!

渭河上古桥梁不止一处,如唐时有东渭桥、中渭桥、西渭桥。秦汉渭桥又称中渭桥,无疑,秦汉渭桥是渭河上最早的桥梁。有关渭桥的诗很多,李太白诗曰:"骏马似风飙,鸣鞭出渭桥。弯弓辞汉月,插羽破天骄……"

秦始皇为咸阳建了一个庞大的兰池宫。类似颐和园,兰池宫有宫有池,只是池之气象太大,事实上是模拟海,从风景元素可作如此推断。

初,始皇引渭水为池,东西二百里,南北二十里,筑为蓬莱山,刻石为鲸鱼,长二百丈。①

几百里的规模,当属"国家公园"。若以"国家公园"的眼光视之,则此数据当不会有"极度夸张"的意思,因为秦始皇微服游玩期间曾遇盗,"微服"说明走向了民间,而"遇盗"则说明是开放的公共公园。至唐,宫墙难觅踪迹,兰池宫称兰池陂,但历史长河中,兰池陂也堙废了,人但知其前世,却不晓其身后。

此外,秦之苑中尚有牛首池、镐池、滮池、曲江池。

池苑如此之多,说明水是重要的风景元素。

当然,这些池沼不只是为了观赏,尚有灌溉与渔业之利,如《诗经·小雅·白桦》:"滮池东流,津彼稻田。"滮池既载于《诗经》,说明周时滮池已被开发。这些池沼直至汉代中叶都有较大的经济价值。也不妨进行如下设想:较多的水产能换来现钱,是眼下的利益,或许就对汉武帝产生了影响,因而汉武帝实行了盐铁专卖制度。"山海,天地之藏也,皆宜属少府,陛下不私,以属大农佐赋。"(《史记·平准书》)这是国家集中财富的重要手段。长久的中国历史上,所谓的农业经济,其实

---

① 李吉甫:《元和郡县图志》卷第一《关内道一》,中华书局,1983,第 14 页。

是小农经济，农民在自家的土地上可以种出粮棉油，这是可不必依靠别人的生活必需品。但还有两种必需品，盐与铁，是自家的土地上种不出来的，因而必须依靠国家，国家管控盐铁，是在生活必需品上把握住了"命脉"。盐的暴利，在于专营，乃"赡国之术"，实际上是一种征税的手段，未必是其量少。追踪起来，盐铁专卖，来自管仲的"官山海"思想，"唯官山海为可耳""海王之国，谨正盐策"（《管子·海王》）。

至今，也是盐业专卖，烟酒专营。

暴秦无道，二世而亡。西汉立国，张良有一段非常著名的话：

夫关中左崤函，右陇蜀，沃野千里，南有巴蜀之饶，北有胡苑之利，阻三面而守，独以一面东制诸侯。诸侯安定，河渭漕挽天下，西给京师；诸侯有变，顺流而下，足以委输。此所谓金城千里，天府之国也。①

此段话，足见张良长远的战略眼光。张良已经预见到将来京师军民的吃饭问题单由渭河平原供给不能保证，因而和平时代，需要依靠黄河、渭河漕运"西给京师"；如若东方诸侯有变，也可以凭借渭河、黄河运兵顺流而下。如此可看出，西汉的政权，非常倚重黄河、渭河的航运，不只是漕运。

历史地看，由秦开始的郡县制是在西汉逐步实行起来的。前期的西汉，实行了一段有限度的分封制（郡县、邦国均有），关中长安是唯一的京师。这显然没有借助西周的两京制，可洛阳对东制诸侯太重要了，周公在世之时，西周的山东诸侯已经发生过叛乱，尽管是同姓诸侯。西汉高祖在世时，早年分封的异姓王叛乱，所以高祖曾留言，"非刘氏而王，天下共击之。"同姓而王也靠不住，如汉景帝时期发生的"清君侧"为名的吴楚七国之乱。后来汉朝完全实行秦朝的郡县制，加强中央集权，地方官员由中央委派，这样就消除了分裂的隐患，也就没必要再设置"陪

---

① 《史记》卷五十五《留侯世家第二十五》，中华书局，1982，第 2044 页。

都"洛阳作为"中央军区"东制诸侯。由此看来，秦汉并称，由秦所创立的行政构架实在是历史上的大贡献。中国的英文词 China 就是秦的音译，与瓷器没什么关系，这是"影响中美关系 50 年"的大人物费正清（John K. Fairbank）所说[1]。法文 Chine（中国）发音基本就是"秦"，还有其他国家的"中国"一词发音也与"秦"很相似，比如波斯语就极为相似。如此看来，在世界历史上，"秦"比"唐人街"更具影响力。[2]

京师地位崇高，西汉长安逐渐繁荣起来，军民越来越多，成为当时世界上最大的城市之一，为了"保障供给"，国家对漕运的倚重也越来越大。由渭河、黄河漕运艰难带来的负效应逐渐凸显，以致后世政权，将漕运看作了选择定都之地的重要考量因素。

西汉武帝时期，在秦上林苑原有基础上大修或开凿了昆明池、太液池等湖沼。太液池的水源于昆明池，可见是串联的湖沼，水系是沟通的。据称昆明池又源自西周的"灵沼"[3]。这极有可能，因为在古代生产力水平比较低下的情况下，水利工程的继承性很强，否则，工程量就太大了——今日水利工程的建设，若有古代工程的遗迹，则应有鉴古的谦逊态度，在此基础上开拓创新。昆明池面积广大，据称是中国历史上最大的人工湖泊，其得名，实是类比于云南昆明滇池，滇池别称昆明池[4]。

（元狩三年）发谪吏穿昆明池……

瓒曰："西南夷传有越巂（suǐ，一说读音为 xī）、昆明国，有滇池，

---

[1] 费正清：《中国：传统与变迁 费正清中国通史》，张沛、张源、顾思兼译，吉林出版集团有限责任公司，2013，第 48 页。

[2] 关于欧洲人称呼中国为"China"有两种说法，其一为来源于梵语中的"Cina"一词，可能是"秦"的音译；其二为"Cathay"（契丹）演变而来。二者信息来源不同，见宋念申《发现东亚》，新星出版社，2018，第 16 页。

[3] 王建国：《昆明池的历史演变及其现代开发初探》，《兰台世界》2014 年第 22 期，第 153-154 页。

[4] 详参《三辅黄图校释》卷之四《池沼·汉昆明池》，中华书局，2005。

方三百里。汉使求身毒国,而为昆明所闭。今欲伐之,故作昆明池象之,以习水战,在长安西南,周回四十里。"①

是时越欲与汉用船战逐,乃大修昆明池,列观环之。治楼船,高十余丈,旗帜加其上,甚壮。于是天子感之,乃作柏梁台,高数十丈。宫室之修,由此日丽。②

大修昆明池的原始目的是训练水军,作池训练水军实在是不靠谱,池浅而没有风波之险,之后成为宫室园林之地也就成为必然。这颇似两千年后颐和园的故事。"池中有龙首船,常令宫女泛舟池中,张凤盖,建华旗,作櫂(zhào)歌,杂以鼓吹,帝御豫章观临观焉。"③

既为皇家园林,就有非比寻常意义的景观元素,比如,"秦始皇曾在咸阳东引渭水作长池,筑蓬莱,刻石鲸。汉武帝在太液池造三神山"④。无疑,这些都是对传说中仙境的模拟,隐含不切实际的幻想,宋人所著《雍录》言:"武帝之凿昆明池,刻石为鲸鱼及牵牛、织女,正以秦之兰池为则也。"⑤秦皇也好,汉武也好,都是中国历史上少有的雄才大略的皇帝,唯对生、对死表现得极为愚昧,每每被方士捉弄,君王也难过生死观。窃以为,秦始皇虽背负暴君的恶名,但汉武在诸方面却颇有模范秦皇的味道,不只是作池以兰池为则。比如在"思想领域",李斯曾建议"若有欲学者,以吏为师",始皇"可其议",这有利于"统一思想";至汉,董仲舒建议"推明孔氏,抑黜百家",汉武则"罢黜百家,表章六经",于是,"独尊儒术"。至于广拓疆土,一个在东南,另一个在西北。

为开发汉文化,历史上堙废的昆明池,成了现代"八水润长安"建

---

① 《汉书》卷六《武帝纪第六》,中华书局,1962,第177页。
② 《史记》卷三十《平准书第八》,中华书局,1982,第1436页。
③ 赵岐:《三辅故事》,张澍辑、陈晓捷注,三秦出版社,2006,第23页。
④ 何清谷校注:《三辅黄图校注》卷之四《池沼》,三秦出版社,2006,第2版,第310页。
⑤ 程大昌:《雍录》卷第六《禹周秦汉五洰溱图·兰池宫》,中华书局,2002,第127页。

设的重要内容，这是一个文化生态景区项目①。但不止于此，其有实在的功能，包括滞洪的功能、水源地的功能以及调节"引汉济渭"水量的功能。古之"八水绕长安"是几何意义上的平铺，而现代"八水润长安"则强调了水的自然属性，有益于提升水的文化属性。将历史文化沉淀与现代水利结合起来，是值得肯定的方向。单纯的文化开发，不容易实现"可持续发展"，而城市水利若不照顾文化的功能，尤其是不注意挖掘历史文化的底蕴，则容易被认为是不具有文化养分的冰冷的工程，缺少足够的吸引力，因而不用太久就会老化而面露憔悴之色。有鉴于此，二者可为一体而互养，正如肌肉之于骨骼。文化之源，加上清流不断，是城市水利可持续发展新的增长点，诚如朱夫子所言，"问渠那得清如许，为有源头活水来"。再发声感慨，所谓"新的增长点"，只是说，传统水利水电建设将趋于放缓（这是由于资源的限制，如水电的开发容量已经超过其经济可开发容量的90%），而城市水利则将趋于繁荣——居于钢筋混凝土森林中的都市人，对"山水之居"要求更高。事实上，城市水利在中国也是源远流长，偃师商城就有完备的供排水系统（结合考古发掘，本书中还将述及，见本书"第十一章　嵩岳之下，河洛之间"）。

　　我去过现在西安的昆明池·七夕公园，留下深刻印象的是，采用了雕塑的手法讲故事，人们在慢行或停下休息时，即可浸润于传统文化之中。我因时间匆匆，没能驻足细读。印象中，高楼下，池水边，有一墙角，据称是汉代遗存。水面很大，正是荷花盛开的时候。"接天莲叶无穷碧，映日荷花别样红"是说西湖，而西安的昆明池水面则比西湖大，这超越了许多人的主观认识。

　　经过约400年的分裂之后，隋统一了中国。隋唐并称，在于隋是开创的一代，而唐则是继承的一代。历史惊人地相似，隋与秦的开创之功

---

① 古晓娟：《千年昆明池盛景重现》，《视界观》2017年第6期，第6-10页。

永垂史册，但都是短命的朝代，二世而亡。

隋的京师，比汉之长安城更偏南，有水的因素在。汉长安城近河，地下水位高，水含盐卤高，水质偏硬，于居民生活多有不便。更何况，经过长期的战乱，原有旧城残破，择新址另建，更为适宜。隋新都城在龙首原之南，地平而开阔，山川秀美。

大兴城和后来隋炀帝偏爱的洛阳城的规划建设，有赖于一个建筑天才：宇文恺。只言及宇文恺的建筑天才，显然是委屈了他。宇文恺还是个水利专才。在高祖时代，他已经规划了广通渠（漕渠），后将述及。

依据《隋书·宇文恺传》①，隋炀帝迁都洛阳后，宇文恺升任将作大匠、工部尚书，且宇文恺没有隋炀帝活得长，隋炀帝在世之时，以洛阳为中心的水运大动脉已经开始运行。由此推知，隋代的各段运河，除明确记载的广通渠外，通济渠（汴河）、山阳渎、江南运河、永济渠，这些在隋炀帝时期完成的运渠，都该有宇文恺的功劳，比如，作为前期总规划师的角色。因为，有隋一代，在水利土木建筑方面，没有哪个人比宇文恺更有"巧思"了。大运河，如此宏伟的工程，非有远大的眼光和专业知识不可。除却城市规划、运河规划，宇文恺在具体的宫室建筑方面可能更为专长，所以其作为建筑师的造诣可能更卓越于规划师，《隋书·宇文恺传》中主要是这方面的内容。宇文恺还修过陵墓，修过长城，有过创造发明。

大兴城的兴建，借鉴了北魏洛阳城及邺城，并以地形、地势附和《周易》八卦思想②——这也是与传统文化的结合。而方正的棋盘大街，则可追溯到曹魏。今之西安，见有"爻"为名的地方，或就是隋唐地名文

---

① 《隋书》卷六十八《宇文恺传》，中华书局，1973，第1588页。
② 朱士光、肖爱玲：《古都西安的发展变迁及其与历史文化嬗变之关系》，《陕西师范大学学报》（哲学社会科学版）2005年第4期，第83-89页。

化的遗存，"爻"是《周易》八卦中的用词。

唐长安城继承了隋大兴城，并进一步延展、增扩，将大兴城更名为长安城，将"里"更名为"坊"，因而隋唐长安城事实上是一体。今之西安，其实覆盖在隋唐长安城的遗址上，主城核心区偏北些。

隋唐长安城在城市水利方面非常重视，主要表现在利用京城周边的河流和地形为城市供水，为城郊的园林供水。多次提及的"八水绕长安"，是指东西南北四个方向各有两条河，唯中间的一块土地平旷，面积广大，"潏滈经其内，泾渭绕其后，灞浐界其东，沣涝合其右"。（《关中胜迹图志》）除水文地理因素外，仅以土地利用面积来讲，也为以后城市的发展留下了巨大的空间，故能惠及今天。长安，终成为大唐盛世辉耀世界的伟大城市，由此也不得不佩服古人的眼光。

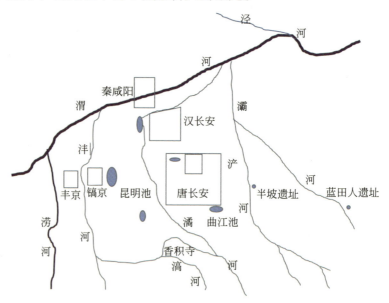

八水绕长安及历代长安城简示图（据赵红斌等作品改绘）①

---

① 赵红斌、宇文娜：《"八水绕长安"的景观生态演变及规划利用研究》，《西安建筑科技大学学报》（自然科学版）2009年第2期，第262-268页。

在"八水绕长安"及历代长安城简示图中,可清楚看出半坡遗址与蓝田人遗址相距很近,尽管两处遗址的年代相距非常远。半坡遗址为新石器时代遗址,蓝田人为旧石器时代遗址,可何以年代相差甚远的古人类都选择在这一带生存?类似的情形在黄河流域别的地方也存在。这说明了一个问题:这类靠山近水的地方适合人类生存。

我不反对英国历史哲学家汤因比文明产生于"挑战与应战"之说,但却以为偏于直接和简单,人以及其他的一切动植物,其首选的生存繁衍之地应当是"适宜生存"的地方,而不是容易受到挑战的地方。在"适宜"的地方生存一样会产生文明,产生文明的因素同样是多变量函数,而不是单变量"挑战",不能将所有有利于产生文明的因素都称为"挑战"。人生存于大自然,当然会遇见挑战,"挑战与应战"还应当有个界限(即如函数的定义域或边界,以及函数的值域),即:来自大自然"挑战"(定义域)应当在人类的"应战"极限能力之内(值域),超过这个界限,则人类会选择"逃避",就跳出了原有的"定义域"。迁徙就是一种"逃避","逃避"过程中会发现适宜生存的地方、适宜繁衍生息的地方,正像天然河流所选择的流路是最容易的,其耗能是最小的,因而也是最优的,而归宿则是大海。"应战"不是乐于为之的,是被迫的,人类的胜利在于"应战"的力量可以超过"挑战"。

潏河有一支折向西,与滈水合,二水相会处有香积寺。香积寺是"净土宗"的祖庭,为中国"佛教八宗"之一,现为全国重点文物保护单位。唐代著名诗人王维曾有《过香积寺》:"不知香积寺,数里入云峰。古木无人径,深山何处钟。泉声咽危石,日色冷青松。薄暮空潭曲,安禅制毒龙。"王维字摩诘,其字带着佛家"净"的味道。王维是笃信佛教的诗人,这首诗,着墨于外在的"清静",以构成"安禅"的环境,而结束于内心的"清净",既"空",则不再有毒龙(妄念)。

王维笔下"古木无人径,深山何处钟"的清静之地,几十年后爆发了中国历史上最为惨烈的一战(唐肃宗至德二年(公元757年)):香积寺大战。此战,郭子仪率领唐军及西域援军击败了发动安史之乱的叛军,收复长安城,这一战,也成为决定唐帝国命运的关键一战。然而此战使得香积寺遭受了严重破坏[1]。

唐时与深山近邻的香积寺,现在已处于西安城区了。

长安城周边地形,东南偏高,西北偏低,尤其是南部为终南山,属产水区域,河流溪水多,因而,唐长安就利用这天然的条件,修建了五条入城的渠道,形成了"八水五渠"的水网大格局。

西京外郭城图与水系示意[2]

---

[1] 王效锋、王向辉:《唐代香积寺之战评析》,《西安文理学院学报》(社会科学版) 2011年第6期,第1-5页。

[2] 徐松撰、李健超增订:《增订唐两京城坊考》,三秦出版社,2006,第17页。

西京外郭城图入城水系清楚地标示出了引入城内的 5 条渠道[1]，其中龙首渠以浐水为源，流入城东北兴庆宫一带。黄渠以南山水为源，供水曲江池。曲江池所在，远望近观当是风景绝佳之地，因而旁又有芙蓉园，司马相如《哀二世赋》："临曲江之隑（qí，曲岸）州兮望南山之参差。"据李令福先生的研究，黄渠之水并不结束于曲江池（与这里所附之图有所不同），而是下分两支入城，成为城东南部重要的水源[2]。这一结论符合道理，缘由是，入长安城的人工渠水，完全做到了相互间的沟通，于是，入城之水顺地势出城，再流入市区北边的漕运河道——广通渠（广通渠介于渭河南岸与长安城之间），这样就避免了封闭的湖泊（曲江池），渠道无盲端，不只是能在汛期可将洪水排出城，而还在于山水有源，"流水不腐"，有利于城市水环境。清明渠引潏水为源。永安渠以交水为源。图中由金光门入城的漕渠，虽有"漕"字，却并不是运粮的渠道，而是专供运送薪柴的渠道，所以此渠又称"南山漕河"。[3] 砍伐薪柴，对长安城周边生态带来了很大的影响，后将述及。

为什么要修多条渠道入城？一个重要的原因是为众多的池沼供水。皇家禁园需要人造湖山，达官贵人的私家园林也需要临漪观鱼，统治阶级表面上还要与民同乐，公共园林中修建池泊也自不可少。有如此众多的城内、城郊湖泊，真让人怀疑，这是今日印象中缺水的西北地区吗？由此也可以明确，当时的水资源支撑条件一定好于今天。

京城繁华，首善之地，总有引领作用，别的城市也一定会仿效，池沼，也一直是中国园林中的重要内容，"秀色通帘，生香聚酒，修景常留池沼"，宋词如是说。由此可推断，有唐一代，城市水利实为"水利工程"

---

[1] 徐松撰、李健超增订：《增订唐两京城坊考》，三秦出版社，2006，第 17 页。
[2] 李令福：《关中水利开发与环境》，三秦出版社，2004，第 198-213 页。
[3] 同上。

的一个重要内容。

引渠入城的第二个原因是水运交通，在动力机械还未发明的年代，水运就愈发显得重要，水运比陆运的优势要多，比如金元时期北京城的修建，就千方百计地引永定河的水入城，以利货物、石材、煤炭及木材的进城。郭守敬就是在金人失败的基础上再次引永定河水入城，侧面反映出元时水运交通对北京城建以及居民生活的必要性和重要性。长安南侧有终南山，众多的河流、溪水发源于此，水源的条件优越，引水入城以助交通，势在必然。

第三个原因是排洪的要求，市区面积大，偌大的长安城，必须有排洪河道。

第四个原因就是供水了，这总是需要的，倒未必是为了作饮用水源（北方地区，以井水作为饮用水是常态），比如作坊的用水，浣洗的用水，排污的用水，生态环境用水。同时，城市渠系还有一个看不见的作用，即补给地下水。

长安与洛阳，唐时称两京，这是两个互相学习、互相借鉴的城市，城市的总规又出自同一个人宇文恺之手，故而从里坊布置到城市水系，有很多相似的地方，特别是一点：引河水入城，满足城市用水要求，水出城则助漕，思路几乎一样。

六、秦人水利甲天下：灌区与运渠

若干年前我在陕西参观李仪祉先生纪念馆，记住了馆内一方彩石上的镌刻：善治秦者必治水，善治秦者先治水。两句平实的话，说出了治秦的要诀：前一句，说的是必要性和必然性；后一句，说的是优先性。

秦之所以能够灭六国统一天下，与秦人崛起于干旱的黄土地带有直接的关系。黄土区域广大，经过千百年劳动人民的劳作、改良，黄土之表层已变成可耕作土壤[1]。整个关中地区，皆为黄土地带，越偏西、偏北，越干旱。丰厚、肥沃、具有持续的肥效[2]是中国黄土区耕作土的特点，可要将肥沃的特性充分发挥出来，必须要克服干旱这个大敌，于是重视水利就成必然的选择。当水利事业发展起来的时候，所带来的经济条件不平衡，就成了统一天下的重要推动力。

窃以为，至少在西汉中期之前，秦人水利甲天下。

周人善于农耕，《诗经》记载有周人的小型引水活动，当然是为了灌溉。周人从较高的地区迁徙到渭水边，无非是水的条件更好；养马的嬴秦从较高的地带迁到了较低的"汧渭之会"，同样是水的条件更好。至西周时期，井田上已有灌溉渠道和排水渠道。[3]

早在秦穆公时期的"泛舟之役"（公元前647年），证明了关中地区大型航运事业于春秋时期的存在，"输粟于晋，自雍及绛相继"，千船竞发，延绵不绝，也明确告诉了我们船队的规模，同时也说明了渭水所具有的良好航运条件。

若以"源远流长"即生命力为标准，秦朝建立前后，史载明确的有四大水利工程：都江堰、郑国渠、灵渠、秦渠。只此四项大型水利工程，是任何其他地方都无法比拟的，更无须加上其他更多的水利活动。

---

[1] 这里不涉及科学上有关土壤的定义。尼尔·布雷迪、雷·韦尔《土壤学与生活》："loess-黄土：矿物通过风搬运和沉积（而形成），其组成主要是淤泥大小的颗粒。soil-土壤：组成能够作为植物生长媒介的矿物和有机固体、气体、液体和活的生物体的动态自然体。"（科学出版社）

[2] 持续的肥效，可简单理解为因风力或水力而带来的土壤更新，黄土中富含苛性钾、磷与石灰成分，以及黄土的高孔隙性和强毛细作用。冀朝鼎先生在《中国历史上的基本经济区》（商务印书馆）一书中，对中国的黄土与灌溉、淤沙的价值以及"持久农业"的自然基础有着详尽的叙述。

[3] 武汉水利电力学院、水利水电科学研究院《中国水利史稿》编写组：《中国水利史稿》（上册），水利电力出版社，1979，第62页。

都江堰，引岷江，惠及成都平原，至今，都江堰灌区为中国最大的灌区之一；郑国渠，引泾，为关中地区最重要的水利工程；灵渠，为沟通中原与岭南最重要的水上交通工程；秦渠（今广利灌区），引沁河，为豫西北地区历史最长、最大的灌区。至今，这四大工程都是鲜活的存在，虽说古老，生命之树常青。

都江堰于公元前 269 年开工，此去商鞅变法秦国颁布《垦草令》（公元前 359 年）90 年时间。《垦草令》的重要内容之一就是重本抑末，以农业为本，刺激农业生产，以此为富国的重要途径。这就为水利发展提出了客观的要求，且变法令所要求的"为田开阡陌封疆"，为破除因水沟或田间道路而造成的土地区域边界提供了政令，而这又为水利的进一步发展——增加农田水利的规模——提供了条件。秦变法后五年变富，必有水利的支撑，否则西北地区不可能那么快变得富庶，因为"黄土与冲积土天然肥效的优越性，如果没有有效的灌溉系统（这种灌溉系统是一个工程措施问题，也是一个社会经济问题），也是不能充分发挥出来的"①。

我做此铺垫，意在说明秦国在水利技术方面的积累。秦人所派遣的蜀郡守李冰所创修的都江堰是当时最大的水利工程，此外，李冰还整修了大渡河航道，凿井煮盐。这些工作，需要水文地理知识，需要治水的经验，而李冰一个人是忙不过来的，推测会有一些襄赞之人，这些人极有可能是从商鞅变法起而逐代培养出来的秦国水利技术人员。

都江堰为秦国建立起不世之功，不能忘记"蜀既属，秦益强富厚，轻诸侯"的始作俑者司马错，其以"得蜀则得楚，楚亡则天下并矣"的独到眼光力压秦相张仪，使秦惠文王出兵巴蜀。历史上，司马错论战的军事战略思想，对后世有很大的影响——将西南隅视为战略大后方，占

---

① 冀朝鼎：《中国历史上的基本经济区》，商务印书馆，2017，第 28 页。

有西南隅之后得楚而进兵中原，都可从《战国策·司马错论伐蜀》中找出思想端倪，甚至蒙古人灭南宋，也因为蒙古人先占据了西南，之后而实施了迂回包抄之策。

秦得蜀即中原政权越过了秦岭，后秦殖民于蜀、修都江堰，秦因之而"益富厚轻诸侯"，这标示着黄河文化在华阳之地的生根、开花、结果。

郑国渠公元前246年兴工，引泾水，浇灌泾河东岸的广大地区。按《史记》的记载，负责修建郑国渠的"总工程师"郑国，是韩国派来的间谍，其施行"疲秦之计"，让秦修筑渠道，以损耗秦国国力，从而达到阻止秦国东侵的目的。尽管说，战国时代，纵横家凭借口舌之长可立取卿相，但修渠却不一样，修渠是"实务"，是"基本经济建设工程"，需要投入巨大的人力物力，不是一个陌生人的一顿口舌就会立即实施的。郑国渠是离咸阳宫不远的工程，发展经济、富国强兵，已是秦从商鞅变法起实行数代的基本国策，秦国统治者对自家的土地、河流条件最为熟悉，因而修渠是秦国本身要修——姚汉源先生就持此观点[①]，而水利工程师郑国，一定是在列国中有名望的水利专家，他拿出了令人信服的修渠方案，否则秦国何以会用他？何以会采纳他的方案？至于郑国，则有可能是按韩国的指令行事，但秦国却不是因"疲秦计"而上当。

郑国渠是建万世之功的一个水利工程，其后2000多年的时间内，引泾工程继往开来、推陈出新，直到今天，诸如：汉代郑白渠、唐代三白渠、宋代丰利渠、元代王御史渠、明代广惠渠、现代的泾惠渠等。这些渠道，都是在郑国渠基础上的维修、扩充，或以郑国渠为基本蓝本的再修。不断修建引泾工程，本质原因是河床的下切，原进水口高于河面，

---

① 姚汉源：《郑国修渠辨疑》，载《黄河水利史研究》，黄河水利出版社，2003，第590-598页。

渠道不再能引到水，需要将进水口向上游方向延伸，再开一个能自流的进水口（向上游走，河底逐渐走高，故而再开口能实现自流）。还有就是，历史长河中旧有渠道会毁坏、会堙废，因而根据情况的变化再修也就不可避免。

取水口引不到水，是无坝引水的情形，现代的泾惠渠有拦河坝，是从水库内引水，不再存在渠道引不到水的情形。

十年后郑国渠功就，"于是关中为沃野，无凶年，秦以富强，卒并诸侯"。郑国渠及后世引泾诸渠，为水利功在当代、泽被后人做了最好的诠释，是的，能泽被后代两千年的，只能是膏流不断的水利工程。

秦渠灌区初创于秦朝开国之年，即秦嬴政二十六年（公元前221年）。秦渠不在秦地，却是秦人水利，古称"枋口堰"，地理位置在沁河出太行之处。颇类似都江堰，取水位置都在河流出山处，都在凹岸取水。若以"地理"的眼光从"理论上"提升，二工程引水原理相同。推而广之，则引水工程最宜放在河流出山处，引水所需工程量小，能自流灌溉，且不存在河流下切问题，因为，河流进入平原地带后，受下游河床高程和底坡的限制，河床一般不会再下切，而只会出现堆积与淤积，因而河流出山口处常见沙洲，如黄河出山处有西滩，长江出南津关后有葛洲坝。

秦渠灌区在后世不断发展，至唐，大和七年（公元833年），河阳（今孟州）节度观察使温造"奏开浚怀州古秦渠枋口堰，役工四万，溉济源、河内（今沁阳）、温、武陟四县田五千余顷"[1]，并可与东边的沁河支流丹河灌区连成一片。至明朝，已先后形成广济、利丰、永利、广惠、甘霖（今称新利渠）、大利、小利等大小七条渠道[2]。如今广利灌区与丹西

---

[1]《旧唐书》卷一百六十五《温造传》，中华书局，1975，第4318页。
[2] 张汝翼：《沁河广利渠古代水工建筑物初探》，《水利学报》1984年第12期，第65-71页。

灌区、丹东灌区连成一片，本质上是唐时格局的扩大。秦渠我写过专文，见《源远流长·家乡的秦渠》。

公元前221年秦灭六国，建立秦朝。当年，秦始皇发兵50万出征岭南，同期"秦已并天下，乃使蒙恬将三十万众北逐戎狄，收河南"(《史记》)，对比用兵数量就可以知道，秦始皇将南边拓土开疆看得比北阻匈奴更重，这是"千古一帝"才有的眼光。然南军出师未捷"帅"先死，粮草不继是一大问题，后始皇帝派监御史禄开灵渠，通过水运向前线运送粮草。公元前214年渠成，旋即取得岭南地，秦朝的版图多了桂林、象郡、南海三郡。

同样，灵渠在广西兴安，不在秦地，但却是秦人所修。除却各自的工程特点和巧思外，如果单从分水原理和水工建筑布置来看，都江堰、灵渠二者间没有大的区别。秦人技术、秦人所修，归属于秦之水利工程，当无疑议。

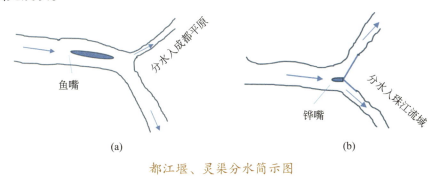

都江堰、灵渠分水简示图
（a）都江堰；(b) 灵渠

灵渠凿通了长江与珠江之间的分水岭，沟通了两大流域，从为拓土开疆和维持东南稳定所起的作用看，中华历史上没有哪条渠道能够建立如此大的功勋。自凿成通航直至粤汉铁路和湘桂铁路通车，灵渠作为连接中原与岭南地区的唯一水路通道，其作用无可替代。东汉初，伏波将军马援征岭南,就走的是这条运道①。而反过来,由岭南通过灵渠进入长江水系,水径周通,云贵、巴蜀、秦陇、中原、华北,均可顺利抵达。作为世界文化遗产,灵渠被英国人李约瑟称为历史的奇迹,并认为灵渠是世界上最早的等高运河②。

后秦军在兴安修建了古秦城,殖民兴安,黄河文化扎根岭南。

至西汉,关中农田水利尽多,现略述为转漕而所修之大工程。

京城,永远有着异乎寻常的吸引力,经过文景之治,至西汉中期武帝时期,京城人口激增,再加上西北军事的需要,东西交通量增大,或漕粮,或财物,渭水至长安的水上运输难以负荷。此时主管治粟的大农令上言曰:

异时关东漕粟从渭中上,度六月而罢,而漕水道九百余里,时有难处。引渭穿渠起长安,并南山下,至河三百余里,径,易漕,度可令三月罢;而渠下民田万余顷,又可得以溉田……天子以为然……悉发卒数万人穿漕渠,三岁而通。③

简而言之,这是一条挖运河的建议,即建议在渭河的南边挖一条运河,直通黄河,道直,省时省力,便于漕运,漕渠引渭河为水源,南边发源于秦岭的河流可增补漕渠水量,漕渠并有灌溉之利。

渭水东流,古有舟楫之利,循行既久,自当凭依转输,何以要再挖一条漕运专线?为灌溉,还是因为渭河弯曲迂回九百里太长?非也。九百里是黄河运道加上渭河运道的总长。然"时有难处",对三门峡段,高山峡谷,滩多流急,(西汉)人无奈黄河,只能在渭河段做文章,渭

---

① 姚汉源:《中国水利发展史》,上海人民出版社,2005,第84、89页。
② 等高,大约是指沟通分水岭两侧的运河段底坡为等高程或底坡很小。明渠流动需有坡度。
③ 《史记》卷二十九《河渠书第七》,中华书局,1982,第1409-1410页。

河弯曲水浅，负舟难行。我们读出了重要的信息：渭河在西汉时已经产生了较为严重的淤积，与"泛舟之役"的春秋时期已经大不相同。中国最典型的多泥沙河流有三条：渭河、黄河、永定河。渭河、永定河多沙，与森林植被的破坏有很大关系，后将述及。

此段运道挖掘后，"通，以漕，大便利"（《史记》）。至隋朝初年，隋文帝命宇文恺修广通渠，即蹑其旧迹。旧迹难考，则循其旧思想。中国史书最多，对水利工程，其修筑，其沿革，其管理条例，或有史籍志之，或有碑刻记之，尽管现代科技昌明，但有意识地"古为今用"，则是利用了历史进程中的经验与知识积累，此知史之好处。

千里转漕，总是不便，于是河东太守潘系建言，可通过引黄，开发黄河出禹门口至潼关的河旁荒地（谓之"渠田"），其认为，此一项粮食所获，即当有漕粮的两倍；同时，可开发引汾灌区，如此，则河东所出漕粮，可溯渭水而上。这就不必通过黄河转输漕粮，从而彻底避开了三门峡河段之险。

应该说，这是一条极具眼光的建议。

时至晚清，林则徐在《畿辅水利议》中建议开发京东水利，停漕，消除漕运流弊，以节省公帑之靡费。这种思想与当年潘太守有类似处。林大人将此一条建议视为"经国远猷"之策，无奈时至晚清，国运日衰，内忧外患，虎门销烟后，林大人谪戍伊犁，其发展畿辅水利的"更有进益"之建议，也成了一纸空文。

"出师未捷身先死，长使英雄泪满襟。"想起了杜工部（杜甫）的话。

非也！谪戍伊犁的林大人，开发边疆水利，"周历南八城，濬水源，辟沟渠，垦田三万七千余顷"，"而名节播宇内、焕史册矣！"[①]

至今，京东"准荒地"尚存，特别是渤海、黄海滩涂之开发，尤有

---

① 《清史稿》卷三百六十九《林则徐传》《达洪阿传》，中华书局，1977，第11493页。

潜力,国家当投入更大的力量予以开发。

话题转回黄河。

黄河太复杂,"数岁,河移徙"。出禹门口的黄河游荡,致使河旁渠田无功。

黄河不但会游荡,还会有"揭河底"现象的出现(又称揭底冲刷)。当高含沙量的洪峰通过时,有时就会诱发这种现象[1]。揭河底能将已经"板结"的厚度达1米左右的河底成片、成片地掀起来,托举到水面。此后,失去胶泥"板结层"保护的河床会产生非常严重的冲深,冲刷深度从几米到十米左右。黄河中游禹门口至潼关段、下游泾水入黄处、黄河大北干流府谷河段、黄河小浪底库区河段、小北干流放淤输沙渠等地方,均发生过"揭河底"现象[2]。

为满足不断增长的漕运要求,又有人建议开褒斜道。即漕船可由南阳入汉水,溯流而上,入褒水,陆地转运百里,沿斜水顺流而下,入关中。如此,不但近了400里入蜀道路,且避开了黄河风波之险。汉中之产出,包括谷物、木材、竹子等,也可运到关中。

褒水,即褒河,源出秦岭,南入汉水,下游于民国年间开发有褒惠渠灌溉工程,新中国成立后建有石门水库;斜水,亦名斜谷水,今曰石头河,发源于秦岭,北入渭,建有石头河水库。

汉武帝批准了开褒斜道的建议。《史记·河渠书》记曰:

> 天子以为然……发数万人作褒斜道五百余里。道果便近,而水湍石,不可漕。

发源于秦岭的河流水速太快,河中礁石多,大约山中河流的水也太

---

[1] 水利部黄河水利委员会编《黄河河防词典》,黄河水利出版社,1995,第15页。
[2] 李军华、张清、江恩惠、许琳娟:《2017年黄河小北干流"揭河底"现象分析》,《人民黄河》2017年第12期,第31-33页。

浅，总之是难以行船，作为漕运工程，失败了。治水艰难古今同。

我想起了在宝成铁路沿线看见嘉陵江面的白色浪花，色白，证明水浅，有高高低低的浪花存在，说明水面之下即是石头。建议开褒斜水道者，地理上成立，但可能缺少现场踏勘的经历。干水利，缺少与实践结合，往往会闭门造车。

进行大型水利工程建设的必备条件之一是先通道路，"发数万人作褒斜道五百余里"，说的是修路，不应当是修航道，因为后来这条沿河谷的路线，成了关中至汉中之间的一条主要交通道路①。

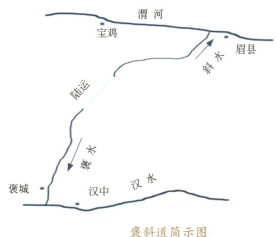

褒斜道简示图

石门水库之谓，在于褒水南口有一条东汉永平年间开凿的隧洞，是世界上首条人工隧洞，系采用"火焚水激"法开凿②，1961年被确定为全国第一批重点文物保护单位。石门水库的建设因为采用的是石门坝址，众多的文物古迹（包括石门隧洞及部分题刻）却被淹没于水下，抢救下的精品被移放到今汉中市博物馆，称石门十三品，或称为汉魏十三品。

---

① 李令福：《关中水利开发与环境》，三秦出版社，2004，第126页。
② 曹忠德：《曹操与"褒雪"》，《陕西水利》1994年第3期，第44页。

所淹没的一段就是当年秦惠文王伐蜀所走路线,秦惠文王最早开辟了褒斜道。褒斜道栈道最为著名,盖因张良送汉王至褒中,建议汉王烧绝了所过栈道,以示霸王无归意。后汉王用韩信计,从故道还,但却"明修栈道,暗度陈仓",绕道陈仓,复归咸阳。此系众人皆知的故事。"当年蜀道秦关,万里飘然往还",南宋词人陆游曾任职蜀中。今依石门水库修有仿古栈道,一牌坊上大书:"蜀道秦关"。

将文物搬到博物馆,无疑是保护文物,虽然大型水利水电建设会注意保护文物,但文物保护有赖于全体国民素质的提高,正如环保。欣见国民在这两方面都有了长足的进步,其效果是不一样的。

移放到博物馆中的摩崖石刻有"衮雪"二字,说是曹操留在世间的唯一真迹。对这两字的评述多矣,我不懂书法,不再赘言。何谓"衮雪"?有说法"衮雪"就是"滚雪",曹孟德少写三点水,是见眼前水流滚滚向前,激起层层雪浪,故无须再赘加水旁。算是巧妙的解释吧!且以"滚雪"理解,河水冲出峡谷,浪花翻卷白如雪。"乱石穿空,惊涛拍岸,卷起千堆雪!"这里,为苏东坡的雄浑绝唱找到了出处。

七、几位重视水利的皇帝

梳理史料的过程中,我觉得秦皇、汉武、隋文帝对水利开发都深感兴趣,实际上是他们对水利开发寄予了很大的希望,或为战争之需,或为经国之要。中国是一个农业国,国家的富足依靠的是农本,在历史进入工业社会之前,对农业支持最大的,也只能是水利。

这几位皇帝都是将都城建在关中的皇帝。我再重复那句话,他们之所以重视水利,在于熟悉渭水流域气候、水文地理的特征并受其影响。我特意谈他们与水的关系、谈他们对水利事业的关心,在于他们的文韬武略,或是让人诟病的地方都太过突出,以至于人们忽略了他们在这方面的功业，水太平常，太冰冷，与雄才大略相距太远。

在前述秦人所修四大水利工程中，在秦始皇手中完成了三个：郑国渠、秦渠、灵渠。这不表明秦始皇对发展水利事业有着强烈的兴趣吗？

不只是列举的工程。

始皇帝三十二年（公元前215年），秦始皇东临碣石，刻碣石门，其辞曰：

堕坏城郭，决通川防，夷去险阻。

这就是国家政令了。

窃以为，此条政令，对水利发展是一件大事，在水利发展史上也是一件大事，有着深远的影响。《碣石门辞》虽然相当于国家当时发布的文告，可事实上，秦始皇已经这么做了，因为这几句石门刻词是纪功，是完成时。始皇帝要求天下继续这么做下去，原因是，战国时代，各诸侯国"雍防百川，各以自利"，再加上分封制带来的星罗棋布的大大小小城郭，为水利事业的发展带来了极大的阻碍，即沟洫不通。始皇帝海内混一之后，为河流湖泊的"全流域"治理带来了条件，为国家的通盘考虑带来了条件。始皇帝于三十七年（公元前210年）十月再次出游，登会稽山，祭大禹陵，以望南海，由李斯作《会稽山刻石》，再次发表政府文告，颇类三十二年始皇帝之行。东汉末，魏武帝曹操东征乌桓奏凯而归，亦东临碣石，写下了雄浑的"东临碣石，以观沧海"（《观沧海》），显然是在效仿始皇帝。

再以具体工程而论。譬如兰池，东西二百里、南北二十里的大规模，很难仅仅以秦始皇为了模拟海上蓬莱来解释，其渔猎之利一定不少，供水功能一定存在，其以渭水为源，近在渭滨，则防洪功能也一定存在，这么大的面积，相当于一个滞洪湖泊，有吞吐作用，对咸阳宫及其下游的渭川平原防洪、减灾（旱灾）有大的作用。鉴于钻探资料表明淤积很深,以及周边三面为岸崖、一面敞向渭河的地形①,个人看法这是利用了河旁本已存在的天然洼地或湖泊。始皇帝对眼前的这个超级大湖泊的功能不可能不了解,故而会重视。

除却兰池这个超级大蓄水池,从咸阳宫出发,越渭桥至城南,城内、城郊河流纵横,池泊星罗棋布,上林苑在焉,其中就有牛首池、滴池、滮池、皇子陂、曲江池,池沼数量多,规模也不小②。再往南,发源于秦岭的河流、溪水众多,河溪顺势而下,为引水提供了条件,因而京畿水利必定得到秦皇的眷顾,这是自然的推论——始皇帝能对郑国渠那样重视,怎会漠视京畿水利?

咸阳宫在渭北,这里对发掘出的渭北井群作一点补充,勿以其小而轻视之。已发现的水井一百余处,分布于制陶作坊区域。如此密集的分布,显然可以为手工作坊区供水。此外,还有排水管的发现,包括瓦管地下管道和地面管道,该属于市政水利③。园林水利与市政水利都属城市水利,都为城市水利重要的内容。要之,这些井都有瓦圈的箍壁,说明了对城市供水水井的高标准与严要求——笔者少时在农村看到的水井,除机井外,井壁还都是裸露的土壁。井群集中区域有制陶坊,极可能制陶作坊的产品就是井箍和瓦管下水道,这是城市水利料物完备性的表现,也代表秦汉时期城市水利的先进性。据中国水利博物馆的展示资料,汉代的长安城排水系统包括了护城河、明渠与地下管道系统——其设计思想与今日城市排水系统的设计已无明显差别,其中地下排水管道种类繁多。大量的考古实物资料的发现,证明汉代城市水利已经发展得较为完备。

---

① 李令福:《关中水利开发与环境》,三秦出版社,2004年,第60页。
② 同上书,第73页。
③ 陕西省考古研究所:《秦都咸阳考古报告》,科学出版社,2004,第34-45页。

第七章 渭水东流

汉代陶井圈（摄于中国水利博物馆）

就郑国渠而论，其兴建于秦王政元年（公元前246年）。修筑郑国渠过程中，郑国的间谍身份"中作而觉"，《史记》《汉书》记载完全相同，这是件大事，震动朝野，于是秦国下逐客令，六国之人一概逐之，包括李斯。此为秦王嬴政十年事。但在李斯上书《谏逐客书》之后，秦王收回成命。我的意思是，引起逐客事件的郑国渠总工程师间谍身份曝光后，朝野震动，始皇帝知其事而能继续用其人，则充分说明了秦始皇对该工程的重视，是用其才以建不世之功，更说明了农田水利对于富国强兵的重要性。

历史学家范文澜先生在总结秦始皇的事功时，其中一项就是水利：

兴水利——战国时代各国筑堤防，阻塞水道。嬴政开通堤防，凿鸿沟（河南开封县汴河）作水路中心，通济、汝、淮、泗等水。在楚、吴、齐、蜀等地，也大兴水工。可以行船灌田，对商业、农业有很好的影响。①

---

① 范文澜：《中国通史简编》，北京联合出版公司，2020，第114页。

这些水利建设工作，应当多理解为在原有基础上的重建或扩大规模，最明显的例子就是凿鸿沟。

汉武帝说："农，天下之本也。泉流灌浸，所以育五谷也。左右内史地，名山川原甚众，细民未知其利，故为通沟渎，畜陂泽，所以备旱也。"① 从汉武帝的话中，我们可以判断出其对水利所持的态度。单就个人对水利史的了解，像汉武帝那样有亲身经历、那样用心的皇帝，也确实不多。

"农为天下之本"是汉文帝、汉景帝、汉武帝都说过的话，汉武帝能更进一步，是其对水利的格外重视。农、水相连，水为基础。与乃祖、乃父不同，汉武帝有亲身堵黄河决口的经历。人们常引用的那句话"自是之后，用事者争言水利"，就是指武帝元光年间黄河决口复堵完工之后，司马迁对水利事业大兴的描述。所谓用事者，即任事者，也就是朝廷任命的官员。所兴工程繁多，正如《汉书·沟洫志》所载：

> 朔方、西河、河西、酒泉皆引河及川谷以溉田。而关中灵轵、成国、湋（wéi）渠引诸川，汝南、九江引淮，东海引巨定，泰山下引汶水，皆穿渠为溉田，各万余顷。它小渠及陂山通道者，不可胜言也。②

此段文字中，没有包括六辅渠和白渠。六辅渠，开凿于元鼎六年（公元前111年）；白渠，开凿于太始二年（公元前95年）。"辅"字意义明显，乃辅助郑国渠之意，可认为是为了扩大灌区规模而兴建的配套工程；白渠，是引泾工程，将引水渠道向泾河的上游方向延长，抬高进水口，也因此，白渠与郑国渠齐名。

这里须特别提出开六辅渠的不寻常之处，即"定水令、以广溉田"。这是左内史倪宽表奏开六辅渠时一并包括的内容。水令者，农田水利之

---

① 《汉书》卷二十九《沟洫志第九》，中华书局，1962，第1685页。
② 同上书，第1684页。

法令也！这是我国首次制定灌溉用水制度①。既然是"表奏"，则由武帝"批准"，认为其属于法律当无问题。

说起中国的隋唐大运河，人们总会把目光投向隋炀帝，这当然没错，但却不应当忘记其父隋文帝的初创之功。中国东西向的大运河线路，计分广通渠、通济渠（汴渠）、山阳渎（淮扬运河）、江南运河诸段，加上中间的黄河河道，总规模不小于元以后南北向的京杭大运河，可却早1400多年。隋唐至北宋，其兴盛既迈前代又超后人②。其南段（淮扬运河、江南运河）不但为京杭大运河所采用，也为今日南水北调东线所采用。

广通渠、山阳渎即是于文帝时期完成。说隋文帝重视水利水运，除开皇年间完成此二渠外，还在于，隋文帝为开渠所成立的"完备"的组织管理机构。

隋朝既建，户口岁增，而京城仓廪尚虚，水旱不备，则转漕以实京师，就成唯一选择。转漕，必须依赖水运。

"上每忧转运不给，仲文请决渭水，开漕渠。上然之，使仲文总其事。"（《隋书·于仲文传》）

"每忧"，就不是一时的忧虑，说明隋文帝对渭水转漕情况的关心，也表明渭河航道颇不理想："以渭水多沙，流乍深乍浅，漕运者苦之。"这是河床淤积的问题；"渭川水力，大小无常，流浅沙深，即成阻阁"（《隋书·食货志》），这是水浅难以满足吃水深度的问题。

大臣于仲文对症提出了建议：引渭水，开漕渠。这是循西汉武帝时期的成法。

---

① 武汉水利电力学院、水利水电科学研究院《中国水利史稿》编写组：《中国水利史稿》上册，水利电力出版社，1979，第62页。

② 姚汉源：《中国水利发展史》，上海人民出版社，2005，第84、248页。

"上然之"更说明隋文帝对漕运前世今生的了解。

于是,隋文帝成立了引渭水开漕渠的工程建设管理机构。

"使仲文总其事"委任于仲文为建设管理局局长。

"后决渭水达河,以通运漕,诏恺总督其事。"(《隋书·宇文恺传》)诏宇文恺任设计院院长兼总工程师。

"征(郭衍)为开漕渠大监。部率水工,凿渠引渭水,经大兴城北,东至潼关,漕运四百余里,关中赖之,名曰富民渠①。"(《隋书·郭衍》)征调郭衍为工程局(施工)局长。

"决渭水为渠以属河,令孝慈督其役。渠成,上善之。"(《隋书·苏孝慈传》)令苏孝慈出任工程总监。

当然,这是我的解读。

如此完备的工程建设管理机构,表观上,与现代工程管理所要求的业主方、设计方、施工方、监理方有多少区别呢?至少,理念上近乎一致。中国古代工程的建设管理很先进呢!当年大兴城的建设也设置有类似的机构与官员,推想,继之的洛阳城建设也一样。

组织机构的完善,说明了两个问题:一是工程大,隋文帝非常重视;二是隋文帝,一个出身于军事贵族的人,很重视制度的建设。是的,影响中国大历史的三省六部制就出自隋文帝。

隋文帝开皇七年,"于扬州开山阳渎,以通运漕"。这是《隋书·帝纪第一·高祖上》的内容,当然属于隋文帝的功绩。这是为平定江南(平陈)而疏浚的旧运道,既为战争服务,隋文帝必定多有关心。这条战争渠道,后又经过隋炀帝的大加整修。隋朝,构筑完成了以洛阳为中心的全国水运网络,因而为后世带来了无穷的效益。"尽道隋亡为此河,至今千里赖通波。若无水殿龙舟事,共禹论功不较多。"这是唐朝诗人皮

---

① 这里认定富民渠就是广通渠。

日休在论史,不赘述了。

八、水清水浑与森林植被

想再谈谈"泾水清清渭水浑",兼及河床下切。前者存在的时代是西周,《诗经·邶风·谷风》:"泾以渭浊,湜湜(shí 水清澈)其沚(zhǐ)"。邶(bèi)在河南汤阴县附近,却扯到很远的关中泾水,说明泾清的声名远播。泾水变浑与泾水河床下切,二者本质原因相同,山区河道流速高,高含沙水流导致河床下切速度变快。该现象又归因于生态环境的破坏而导致的水土流失增大。这种现象,应该说在不晚于西汉就出现了,西汉之所以傍渭水而开漕渠,就因为渭河航道淤积。

多年来,我在南方、北方的山区河谷地带看到过不少栈道孔,很是奇怪,为什么栈道要悬空修在那么高的地方?对此,我思索了一个答案:视觉上的高,是以河面为基准的,历史的长河中,河流的不断磨蚀导致河床持续下切,于今,栈道孔看起来就悬在半空中了。

我之所以得出这个结论,是因为栈道的修筑,只要高于洪水位,就可免除栈道被洪水冲毁的危险。地面近,容易构建脚手架,施工也简单,因而栈道的高程距离地面(河面)不该那么大——人没必要走在半空中嘛!这当然是从工程思维出发的。

我是在参观引泾工程——泾惠渠时得出这个结论的。当我站在宋代的引泾工程——丰利渠的引水口处,探头俯视深谷中的泾河,才意识到,奔腾在谷底的泾河,其河床原本与脚下的进水口底同高,设若宋代的泾河如现在的样子,岸边渠道就是在天上,怎么可能引到谷底流淌的泾河水?我目测,谷深在 15 米左右。后检阅资料后才知道,2000 多年以来,泾河下切约 20 米，渠首上移约 5 公里①。

那问题来了，大自然山体的隆起，河流的形成，动辄需要数十万年、上百万年的时间，何以宋代以来，时光只是越过了千年，河床就下切了这么多？

这就是上边所谈到的河中含沙量的增多，水流挟沙，加快了河床磨蚀的速度；尤其汛期高含沙条件下，河谷地带，磨蚀速度加剧；再进一步追寻原因，除却自然的因素外（如气候干旱植被退化导致的水土流失增加），那就是人类活动导致的结果。

"泾水清清渭水浑"的问题，我以前的文稿中讨论过，见《源远流长·秦以富强，卒并诸侯——从郑国渠谈起》。我不想重复以前的内容。这里叙述的，只是看到的新资料，或产生的新想法。

一个美国历史学者彭慕兰（K.Pomerer），将眼睛盯在了黄河下游地区的一隅，这个地区被作者定义为"黄运地区"，主要区域包括鲁西、豫东、冀南相邻处——必须赞叹作者选择的这一区域，基本上属于已经撤销的平原省，该区域正是遭受黄河水害最严重的区域，新中国成立初年，之所以要成立平原省，其中原因之一就是在同一行政区划内便于防汛、治黄②。作者主要研究该地区的社会经济问题，并与黄河灾患、黄河航运以及生态结合起来。

"黄运地区"人口稠密，这些地区对于石料和木材的需要不能自给，需要从外地购进。当这些物品不能从外部区域获得时，当地的生态就遭到了破坏，甚至导致了当地林木资源的消失。输入黄运地区的木材，主要用作薪材、建筑材料或修筑堤防。作者引述了一个中国学者的研究成

---

① 《古渠今生｜世界灌溉工程遗产："天下第一渠"郑国渠》，2019 年 8 月 9 日，详参 https://www.sohu.com/a/332564790_99926945，访问时间：2023 年 6 月 29 日。

② 邢克鑫：《平原省治理黄河的历史功绩和意义》，《平原大学学报》2003 年第 3 期，第 77-78 页。

果：在 18 世纪与 19 世纪初，大量陕西的木材顺黄河漂流下来，进入徐州市场并影响到对山东的供应。由于过度的砍伐，加上黄河改道，陕西于 19 世纪中期结束了这项向下游漂送木材的贸易①。

以前从未想到过，生态环境的影响区域居然像河流的流域般那样广，只以为，生态环境问题是当地的问题。也没想到，黄河下游地区所用木材居然是来自渭水流域的山林，那就该是来自秦岭北坡、渭北地区或六盘山。

泾河就发源于六盘山。六盘山、渭北高原一带为泾水流域。当该区域的林木被大量砍伐之后，干燥的黄土高原地带水土流失增加，于是泾水变浑、变得比渭水还浑就不令人奇怪了。当然，这个历史时期比较长，不局限于上述的 18—19 世纪。

我以为，资源性的输出与输入，可带来"生态状况"的输入与输出，如此，则某一地方的"生态状况"就不仅仅属于当地，而是可以跨区域移动。有鉴于此，一时性的市场获利，比如林木和石料资源的输入，未必就能反映出较长时间之后对生态环境的影响。如果不能虑及生态的后续影响，有可能当下的获利行为，在多年之后变得得不偿失。

薪柴的需求是持续性的，因而会对森林造成累积性的伤害。白居易《卖炭翁》："卖炭翁，伐薪烧炭南山中……"白居易告诉我们，唐代的薪材取自于南山。很显然，言及生态问题，也须有历史的眼光。

人总需要薪柴做饭、取暖，薪柴一日不可或缺，这又让人陷入无可奈何的境地。时至近代，终于有了新的办法，有了化石能源的使用，有了电力资源，由此就可以减少对林木资源的砍伐。这使我想到近几十年来推行的"以电代柴"，这可以有效地减少乱砍滥伐现象，有利于生态

---

① 详参彭慕兰：《腹地的构建：华北内地的国家、社会和经济》，马俊亚译，上海人民出版社，2017，第三章。

环境的保护与改善。"以电代柴"的电主要来源于小水电——我国有很多的"小水电县",小水电属绿色可再生能源,其开发利用有利于减少林木资源的消耗,有利于生态环境保护和可持续发展。

可近年来,小水电也遭遇了许多的诟病,认为小水电采取的引水式开发方式,导致了下游区间河段的断流。这不是小水电的问题,是人的问题,任何种类的水力发电都不耗水,都不损耗水资源(水库或河道的渗漏、蒸发除外),小水电只要不将河里的水完全引走,就不会有下游区间河段断流的问题。无序的小水电开发应该禁止,有序的小水电开发应该鼓励。小水电基本上采取的都是引水式开发方式,而不是坝式开发方式,即无坝或只满足引水要求的低坝,比坝式开发更具环境效益,这是必须厘清的概念。我欣喜看到现今人们生态环境意识的提高,这是素质的提高。我约在20年前亲眼看到过山民盗伐林业资源偷烧木炭,这种现象现在不会有了,不仅仅是政府的禁止与监督,更为重要的原因是很少有人再愿意这样干。

我再次检阅了史念海先生有关黄河中游地区森林面积变化的研究成果[1]。

历史上,黄河中游地带曾经极富森林资源。

"森林地带包括黄土高原东南部,豫西山地丘陵,秦岭、中条、霍山、吕梁山地,渭河、汾河,洛河下游诸平原。""关中南北二山,皆富于森林。"

史先生如是说。

从西周以来,黄河中游一带森林是大面积减少的。利用史先生给出的森林变化图,我粗略进行了估算,即以泾河以东的渭北地区为例,秦汉时期,该地区森林面积减少到西周的86.4%,唐宋减少到46.5%,明清减少为14.8%,现代则减少为12.7%。

---

[1] 史念海:《黄河流域诸河流的演变与治理》,陕西人民出版社,1999,第179-250页。

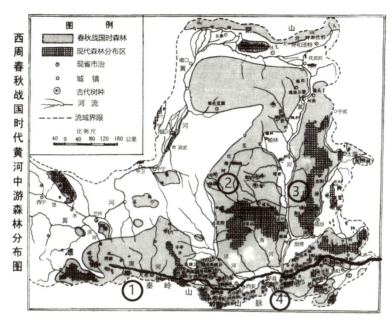

森林面积减少的黄河中游4个区域图示（修改自史念海）[1]

不同时期森林面积占西周面积的比值（%）

区域编号	①	②	③	④
秦汉/西周	80.6	86.4	97.1	90.7
唐宋/西周	78.2	46.5	88.2	93.5
明清/西周	20.2	14.8	43.5	23.9
现代/西周	8.2	12.7	30.7	17.1

注：①西秦岭之北泾河之西；②泾河之东渭北；③黄河东汾河之西；④伊洛河流域

在所给的估算表中，①②两个区域关乎泾河流域的产水量、泾水的清浊变化。"泾水清清渭水浑"，这个源于西周时代的谚语，在历史的长河中，因为流域中森林面积的巨大变化，成为泾、渭间清浊转换的重要影响之一（除去气候变化的因素，森林的减少，土地利用方式相应发生

---

[1] 史念海：《黄河流域诸河流的演变与治理》，陕西人民出版社，1999，第179-250页。

的变化，当为重要因素），最终使得泾河有了比渭河更为浑浊的时段，而二者一定比历史上都更为浑浊。③④不关乎渭河，但③可用于解释何以汾河在历史的长河中逐渐失去了航运能力，汉武帝曾泛舟汾河上作《秋风辞》："泛楼船兮济汾河，横中流兮扬素波"；④则可用于说明何以洛河逐渐变浑，北宋之时，曾引洛水助汴而代替引黄，说明北宋时洛河清澈程度较大。

先谈秦岭北坡，其森林面积的减少直接导致了涵养水资源能力的显著下降，进而源出秦岭的河流发生了变化，原本较大的河流变小了，原本具有航运能力的河流也就再无从谈起，如沣水；还有的河流变得非常小，流程缩短或改道并入其他河流，如滈水。一个共有的现象就是河中洪水来得凶猛，去得迅速。那种雨期河水位不紧不慢上涨，再缓缓消退的现象，现在少了。极端但已经司空见惯的现象是，许多北方的河流，本应一年四季清流不断，但在枯水季节却是干涸的。植被对地面径流的产生影响非常大，且以自身经历说，在植被良好的泰晤士河下游段，亲见暴雨期河水位涨得很慢，而雨后的第二天，河水位才慢慢涨到最高，淹没了两岸的缓坡地面，显然，良好的植被极大地延缓了洪峰的到来，并将这个过程拉长，结果是洪峰流量变小，不但有利于防洪，也极大地有利于地下水的补充。

其次是泾河以东渭北地区森林的变化，以及黄河、汾河间森林的变化。黄河的粗泥沙主要来源于黄河的中游地区①，森林的大面积消失导致渭北黄土地区水土流失的增大，这必然导致河流泥沙的增多。无须在古文献中寻觅证据，只此渭北地区森林面积减少值，就足可以告诉人们，何以泾河变得如此浑浊，何以渭清泾浑。所谓的渭清也只是相对而言，

---

① 钱宁、王可钦、闫林德、府仁寿：《黄河中游粗泥沙来源区及其对黄河下游冲淤的影响》，载《第一届河流泥沙国际学术讨论会论文集》，光华出版社，1980，第53-62页。

其不可能比西周时期更清。

想必（北）洛河的情况也一样。

森林何以减少，史先生有极为详细的分析，相关的内容可参看《历史时期黄河中游的森林》。有农、牧的原因，有构筑宫室、民宅的原因，有作为薪柴的原因。个人看法，这些使用上的原因都是可以理解的。不能让人理解的是疯狂地滥采滥伐。滥采滥伐导致了黄河中游地区森林的极大破坏，甚至毁坏殆尽[①]。"明清时代是黄河中游（森林）受到摧毁性破坏的时代。尤其是明代中叶以后更是如此。"史先生如是说。

明建立之后约百十年时间，"北京的达官贵人，边地的驻军将士，以及本处的土著居民都群起采伐，仅贩到北京的每年就不下百十余万株。满山林木已经十去其六七了"。此后又百年，"原来一望不彻的林木，竟然砍伐净尽"。

史先生所举例子是山西的偏关、雁门关长城一带，这一带林木资源的损毁虽然不影响渭水，但却影响了黄河。原来，我曾经去过的光秃秃的偏关县黄河万家寨水库一带，本不是那样。同期，影响渭水产流的秦岭、陇山（六盘山）一带的森林，遭受了同样的命运。

我站在泾惠渠的渠首。夏日的中午，炎热无风，天空没有一丝的云，远山近水一览无余。水库大坝两侧的山呈现出同样的色调，灰黄。间或可见一团绿色，相信那不是树林，顶多是一些灌木。如果暴雨来临，则

[①] 靳建辉、康相武在《全新世以来黄土高原侵蚀环境研究述评》一文中指出："研究认为黄土高原的古植被状况呈现非地带性特点，沟谷和塬面的植被类型有着明显的差异。由于巨厚的塬面有其特有的岩土学特点，目前的气候状况及全新世适宜期相对湿润的气候条件都不足以支持在塬面上生长大面积的森林植被，即使在气候条件较好的关中盆地，在全新世最适宜期也只有短暂的疏林生长。基岩山地是适合森林分布的区域。"（全新世指约12000年前至今的这段时间）(《亚热带资源与环境学报》，2009年，第4卷，第2期）。此说虽与史念海先生的研究结果有差异，但结合其他古都周围的状况，如洛阳、北京，乱采滥伐导致森林破坏的现象是存在的。

坡面产流将冲刷掉山体表层的土壤，这就是水土流失，这就是现状。而历史上，这里却是连山密布的森林。

我又想起了泾渭分明的成语。"泾水清清渭水浑"是有确定意义的民谚，已形成文化，无须辨析。泾渭分明，孰清孰浑，却是个科学问题，从历史文献和水文测量资料中得知，泾水渭水的清浊不但在不同朝代是不同的，而且在同一个年份的不同季节也是不同的[1][2]。古人缺乏科学方法对河水进行长时段系统的定量观测，所以在这个问题上有分歧。如果对比泾、渭二河水文站的逐日含沙量资料，就可以清晰地看到泾水和渭水在同一年份中的清浊是时刻在变化的。全年看来，如今的泾河，总体上比渭河浑浊。

九、引汉济渭及其他

"八百里秦川尘土飞扬，三千万老陕齐吼秦腔……"

这是一句带有戏谑味道的顺口溜，30多年前听到的。近几年被诗词作者"采风"使用。

秦腔实际上是我国最古老的剧种，是多种"梆子"的始祖，据说源于西周时期，是国家级非物质文化遗产。"三千万"说明秦腔的受众广，当地人喜欢听秦腔。吼者，中气突出声腔之谓也，说明了秦腔的高亢，秦腔不吼反映不出西北人的阳刚。

"尘土飞扬"是因为缺水，如果不缺水，则尘土将化为泥，秦川将有更多的绿色，在绿色的护卫下，尘土不复有产生之源。目前陕西实行了省内"南水北调"工程，即"引汉济渭"，从汉江调水到渭河，解决

---

[1] 李海明：《"泾渭分明"考辨》，《西安文理学院学报》（社会科学版）2015年第1期，第30-34页。

[2] 钞晓鸿：《泾渭清浊：乾隆朝的考察辨析及其功用意义》，《中国社会科学》2015年第12期，第177-198页。

关中的缺水问题，以补充西安、宝鸡、咸阳等城市的给水量。长江流域的水穿越秦岭入关中，实现了历史上的第一次。

我国将实施国家水网重大工程建设。国家水网工程体系有三要素，就是"纲、目、结"。其中的"纲"，是指以自然河道和重大引调水工程为纲，属国家水网的主骨架和大动脉。我想，连通了长江最大的支流汉水和黄河最大的支流渭水，"引汉济渭"工程应该有较高的层次。

可以预见，"引汉济渭"将为关中人民带来清流不断的福祉，要之：源远流长，福如东海！我由衷地祝福关中人民。